Christian Meyer

Geschichte der Stadt Augsburg

Christian Meyer

Geschichte der Stadt Augsburg

ISBN/EAN: 9783955641788

Auflage: 1

Erscheinungsjahr: 2013

Erscheinungsort: Bremen, Deutschland

@ EHV-History in Access Verlag GmbH, Fahrenheitstr. 1, 28359 Bremen. Alle Rechte beim Verlag und bei den jeweiligen Lizenzgebern.

Tübinger Studien
für Schwäbische und Deutsche Rechtsgeschichte.

Geschichte der Stadt Augsburg.

Von

Dr. Christian Meyer.

Tübingen
Verlag der H. Laupp'schen Buchhandlung
1907.

Druck von H. Laupp jr in Tübingen.

Inhaltsverzeichnis.

	Seite
Verzeichnis der wichtigeren Literatur	VII—VIII
I. Römerzeit	1— 5
II. Die bischöfliche Stadt	5— 24
III. Augsburg wird Reichsstadt	24— 33
IV. Augsburg im 14. und 15. Jahrhundert	33— 51
V. Innere Zustände	52— 63
VI. Reformationszeit	64— 83
VII. Im Zeitalter der Renaissance	83— 99
VIII. Dreissigjähriger Krieg	100—106
IX. Vom westfälischen Frieden bis 1790	106—114
X. Ausgang der Reichsfreiheit	114—118
XI. Die bayerische Stadt	119—121
Namenregister	122—130

Verzeichnis der wichtigeren Literatur.

Annales Augustenses. Monum. Germ. histor. ed. Pertz. Script. III.
Berner, Ernst, Zur Verfassungsgeschichte der Stadt Augsburg. 1879.
Braun, Placidus, Geschichte der Bischöfe von Augsburg. 1819.
Brunner, Luitpold, Die Einfälle der Ungarn in Deutschland bis zur Schlacht auf dem Lechfeld. 1854.
— — Kaiser Maximilian I. und die Reichsstadt Augsburg. 1877.
Buff, Adolf, Verbrechen und Verbrecher zu Augsburg in der zweiten Hälfte des 14. Jahrhunderts. 1877.
— — Augsburg in der Renaissancezeit. 1893.
Chroniken der deutschen Städte vom 14. bis ins 16. Jahrh. Bd. 4, 5. 1865.
Dirr, Pius, Aus Augsburgs Vergangenheit. 1906.
Gasser, Achill. Pirmin., Annales civitatis ac reipublicae Augsburgensis. 1728.
Gebele, Eugen, Das Leben und Wirken des Bischofs Hermann von Augsburg vom Jahre 1096—1133. 1870.
Hecker, Paul, Der Augsburger Bürgermeister Jakob Herbrot und der Sturz des zünftischen Regiments in Augsburg. 1874.
Herberger, Theodor, Konrad Peutinger in seinem Verhältnis zu Kaiser Maximilian. 1851.
— — Sebastian Schertlin von Burtenbach und seine an die Stadt Augsburg geschriebenen Briefe. 1852.
Meyer, Christian, Das Stadtbuch von Augsburg, insbes. das Stadtrecht von 1276, herausgeg. u. erläut. 1872.
— — Das Urkundenbuch der Stadt Augsburg (1399). 2 Bde. 1874. 1878.
— — Die Selbstbiographie des Elias Holl, Baumeisters der Stadt Augsbg. 1873.
— — Chronik der Familie Fugger vom Jahre 1599. 1902.
Monumenta Boica Bd. 22, 29a, 30a, 33a, 34a.
Riezler, Sigmund, Geschichte Bayerns. 1878 ff.
Riehl, Berthold, Augsburg (Berühmte Kunststätten Bd. 22).
Roth, Friedrich, Augsburger Reformationsgeschichte. 2 Bde. 1901—1903.
Simmet, Ludwig, Augsburg und der Reichstag des Jahres 1530. 1882.
— — Die Reichsstadt Augsburg in der ersten Hälfte des dreissigjährigen Krieges. 1901.

Thudichum, Friedrich, Die Einführung der Reformation und der Religionsfrieden von 1552, 1555 u. 1648. 1896.
Vita s. Udalrici, Monum. Germ. histor. ed. Pertz. Script. IV.
Vogel, Hermann, Der Kampf auf dem westfälischen Friedenskongress um die Einführung der Parität in Augsburg. 1900.
— — Die Exekution der die Reichsstadt Augsburg betr. Bestimmungen des westf. Friedens.
Werner, Lorenz, Geschichte der Stadt Augsburg. 1900.

I. Römerzeit.

Es ist nicht mehr mit Bestimmtheit festzustellen, ob schon — wie die Sage will — vor der Römerzeit an der Stelle des heutigen Augsburgs eine keltische Niederlassung bestanden hat. Strabon, der älteste Berichterstatter über Raetien, nennt in seinem geographischen Werke [1]), etwa ums Jahr 18 n. Chr., drei vindelicisch-raetische Städte aus vorrömischer Zeit: Bregenz, Kempten und Damasia. Ueber die Deutung des letzten Ortsnamens sind die Gelehrten nicht einig. Strabon sagt, Damasia sei „gleichsam die Burg der Likatier" gewesen. Baumann, der treffliche Geschichtsschreiber des Algäus, verlegt den Ort auf den Auerberg bei Pfronten. Wahrscheinlich fällt aber Damasia mit dem späteren Augsburg zusammen. Die Likatier wohnten, wie ihr Name andeutet, am Lech; auffallend ist es auch, dass schon der in der ersten Hälfte des 2. Jahrhunderts n. Chr. lebende Geograph Ptolemäus bei Aufzählung der vindelicischen Städte Damasia nicht mehr erwähnt, woraus hervorzugehen scheint, dass dieser Name in einen andern aufgegangen ist. Freilich bliebe dann immer noch aufzuklären, warum Strabon die sicher vor Niederschreibung seines Werkes gegründete Römerkolonie Augusta nicht bei ihrem Namen, sondern Damasia genannt hat. Möglich, dass der erstere den letzteren damals noch nicht verdrängt hatte. Für Augsburg fällt auch noch der Umstand schwer in die Wagschale, dass die Römer ihre Kolonien erfahrungsgemäss zumeist in bereits bestehende Orte verlegten. Auffallend wäre es in jedem Falle gewesen, wenn die Kelten die seltene Gunst der natürlichen Lage unserer Stadt nicht ausgenutzt hätten. Auf der ganzen Strecke von da, wo der Lech aus dem Gebirge tritt, bis zu seinem Einfluss in die Donau findet sich keine Stelle, die zu einer Niederlassung gleich geeignet gewesen wäre, wie der nach Osten und Westen gleich steil abfallende Höhenrücken in dem Winkel der Flüsse Lech und Wertach unmittelbar vor ihrem Zusammenfluss. Andere Vorzüge, als die in ihrer natürlichen Lage begründeten, entbehrte freilich die Ansiedlung: weder war der Boden von besonderer Fruchtbarkeit, noch gestattete die wilde Gebirgsnatur der beiden Flüsse einen Handelsverkehr; die Ausnutzung ihrer Wasserkräfte blieb erst einer späteren Zeit vorbehalten.

---
1) Geographica IV. 6.

Erhalten hat sich aus jener ältesten vorrömischen Periode nur wenig: breitbeetige Hochäcker (jetzt meist überwaldet), die auf einen blühenden Ackerbaubetrieb hinweisen, Grabstätten auf der Ebene und an den Hügeln und in ihnen die uralten Spuren hochentwickelter Metalltechnik, wie jenes reizende Goldgefäss, das die Gebeine eines keltischen Fürstenkindes birgt, oder jene herrlichen blaugrünen Bronzeschüsseln, zum Opfergebrauch bestimmt, die einen Schmuck des Augsburger Museums bilden. Auch eigene Goldmünzen, mit einfachen Stempeln einseitig geprägt und hohl, führten die Vindeliker; sie werden noch heutzutage vielfach bei Feld- und Waldarbeiten gefunden und vom gemeinen Mann wegen ihrer absonderlichen Gestalt „Regenbogenschüsselchen" genannt.

In das Licht der Geschichte tritt unsere Stadt erst mit der Zeit der Eroberung Raetiens durch die Römer. Die Einfälle und Beutezüge der in den Alpen und nordwärts derselben sitzenden raetischen Stämme — und für die wildesten galten die Likatier, die Anwohner des Lechs — in die üppigen Fluren der Poebene zwangen den ersten römischen Kaiser Augustus, durch Eroberung und militärische Besetzung des Herdes jener Unruhen ein für allemal Ruhe für seine italienischen Provinzen zu schaffen. Im Jahre 14 n. Chr. rückten seine Stiefsöhne Drusus und Tiberius, der erstere von Süden in das Oberinntal, der letztere von Westen über den Bodensee vor und unterwarfen in einem einzigen kurzen Sommerfeldzug, dessen Triumphe Horaz besang, das ganze weite Gebiet von den Alpen bis zur Donau, vom Bodensee bis zum Inn. Seitdem haben diese Kelten dem römischen Staat ruhig ihre Steuern gezahlt und ihre jungen Mannschaften als Besatzung in die rheinischen Kastelle gesandt. Nicht ein einzigesmal haben sie gemeutert, obwohl vier Jahrhunderte lang die Steuerbelastung Raetiens sprichwörtlich berüchtigt war. Sie verschmolzen bald mit den römischen Soldatenfamilien, die sich im Lande ansiedelten, in barbarischem Latein feierten sie in Inschriften ihre Toten, verschmolzen ihre Idole mit den Göttern Roms und fügten sich den römischen Sitten.

Die neugewonnenen Länder wurden in römische Provinzen umgewandelt und in einer derselben unser Augsburg, zunächst als Markt (forum) gegründet: Augusta Vindelicorum — ein Doppelname, gewählt einerseits nach dem Namen des Gründers, anderseits nach der geographischen Lage der jungen Kolonie. Bis zu den Tagen des Tacitus hatte sie sich zu der „splendidissima Raetiae provinciae colonia" entwickelt. Zahllose Reste des Altertums, Münzen, Inschriften und Bildwerke, zeugen von ihrer Bedeutung. Bald ward sie der grösste Messplatz der deutschen Provinzen, wo nicht nur griechische Töpfer und kleinasiatische Modisten die Erzeugnisse der östlichen Kultur feilboten. Von der Saale und vom Main brachten die Hermunduren ihre berühmten Rosse.

Im übrigen lag die Bedeutung der ganzen Provinz mehr darin, dass sie ein Vorland war, die Operationsbasis für militärische Unternehmungen an den Rhein- und Donaulinien, ein Strassenland, für die Durchreise nach Gallien, Germanien und Britannien äusserst wichtig. Auch der Handel scheint mehr ein Transitverkehr gewesen zu sein, da der Absatz römischer Waren für die kolonialen Bedürfnisse bei den wenigen Städten nur gering sein konnte. Die Augusta der Vindeliker war gewissermassen der befestigte Brückenkopf für die Alpenübergänge.

Hier kreuzten sich die drei bekannten römischen Militärstrassen: von Vindonissa (Windisch) nach Regensburg, von Como, Chiavenna, Chur, Bregenz nach Augsburg, von Trient über Bozen, den Brenner, Innsbruck nach Augsburg. Diese Verhältnisse lassen es denn auch erklärlich erscheinen, dass Raetien zu den Provinzen geringeren Ranges gerechnet ward. Es wurde durch Prokuratoren verwaltet, später durch Propraetoren, endlich vom 3. bis ins 5. Jahrhundert durch Präsiden, lauter geringere Beamte. Als höherer Finanzbeamter erscheint ein praepositus thesaurorum Augustae Vindelicensis Raetiae secundae, ein Schatzmeister für das II. Raetien. Alle diese Beamte residierten in Augsburg und hatten zugleich auch bis um die Mitte des 3. Jahrhunderts neben der Civil- die Militärgewalt unter sich, die um diese Zeit einem „Herzog der raetischen Militärgrenze" übertragen ward, welcher als Kommandant der Pfahlgrenze vielleicht damals schon in Regensburg seinen Sitz hatte. Bis um die Mitte des 2. Jahrhunderts lag nur fluktuierende Besatzung in Augsburg; seit Mark Aurel hatte hier eine Abteilung der dritten italischen Legion ihr Standquartier, neben deren Postenketten die rätischen Milizen sowie die freiwillige Landwehr der Räter die Kastelle und Wachttürme an den Strassenzügen besetzt hielten. Verstärkt war die Garnison durch zwei Reiterabteilungen. Die Besatzung betrug im ganzen ca. 1500 Mann. Die Zahl der rätischen Truppen insgesamt lässt sich auf nahezu 14000 Mann angeben. Von allen diesen lassen sich Spuren in Augsburg nachweisen, bald auf Grabsteinen, bald auf Denkmälern, die der Verehrung der Götter geweiht sind. Jupiter ist vor allen vertreten, aber auch dem Mars und der Victoria hat ein contubernium Martis cultorum einen Altar gestiftet. Dem Pluto und der Proserpina hat eine Frau infolge eines Gesichts eine Kapelle gegründet, und es versteht sich von selbst, dass Merkur in der Handelsstadt nicht leer ausging. Eine Stunde von der Stadt stand am Lech ein Tempel desselben, mehrere seiner Statuen, von denen eine edelste Formen zeigt, wurden daselbst aus der Erde gehoben. Auch sonst ist uns noch Kunde geblieben von der Widmung eines Tempels durch die Genossenschaft der Kaufleute des municipium Aeliae Augustae, wie die Stadt später zu Ehren des Kaisers Aelius Hadrianus, der sie zur Stadt erhoben hatte, hiess. Ein Denkstein fand sich vor, der die Schwägerin dieses Kaisers, Matidia, feierte. Gemächer mit bemalten Wänden, Mosaikböden, Mauerfragmente und Säulentrommeln wurden seit Bischof Ulrichs Zeiten viele gefunden, hie und da liegen in abgelegenen Gassen an den

Hausecken verwitterte Fragmente römischer Arbeit. Massenhafte Antikaglien fördert fast jeder Kellerumbau in der unteren Stadt zutage, Münzen, Lampen, Weinkrüge und bemalte Wandstücke oder Fragmente bunten Marmors.

Diese alte höchst wahrscheinlich mit einer Ringmauer umgebene Augusta lag auf dem nördlichen Hügelausgang. Noch im Jahre 1874 fand man mächtige Befestigungen in hemicyclischen Gussmauern an der Nordseite der Stadt. Gegen Süden war sie ausser der Mauer durch einen Graben, gegen Osten durch den natürlichen Abhang, gegen Nord und Nordost durch Befestigungen, gegen Nordwest und West teils durch natürliche Erdtiefen, teils durch künstliche Gräben begrenzt. Der Mauerring war wohl durch vier Tore nach den vier Weltgegenden unterbrochen, durch welche die vier Strassen zogen, deren Knotenpunkt die Stadt war; die mit Türmen besetzten Mauern waren zweidrittel hoch aus Quadern gebaut, während das letzte Drittel aus Ziegelsteinen aufgemauert war; sie waren breit genug, um als Umgang zu dienen. Durch die Mitte der südlichen Ringmauer führte die Hauptstrasse, später „Hoher Weg" genannt, an einem festen Torturme vorüber in die Mitte der Kolonie. Die äussersten Punkte dieser Römerstadt wurden durch folgende fünf Punkte gebildet: der Hohe Weg, die Kirche zum heil. Kreuz, das Wertachbruckertor, St. Stefan und der Mauergraben. Als Ausgangspunkt ist die äusserste nördliche Höhe, der sogenannte Pfannenstiel, zu betrachten. Hier stand die Citadelle. Von da zog sich die Mauer über Luginsland, St. Stefan, den Schweden- und Mauerberg, das Schwalbeneck, den Obstmarkt und das Tal entlang bis an die noch vorhandene westliche uralte Stadtmauer. An der Stelle der heutigen Ulrichskirche stand das Kapitol, neben ihm ein hoher Wachtturm und auf einer hohen Säule das Koloniezeichen, die Frucht der Zierbelkiefer, in der Volkssprache später Pyr genannt. Da wo jetzt der obere Teil des Domes steht, war das Forum (praetorium). Noch bis auf späte Jahrhunderte haben sich von dem dasselbe umgebenden Portikus Säulenreste erhalten. Auch die Basilika oder Gerichtsstätte ist in jener Gegend zu suchen. Zahlreiche Ausgrabungen, darunter ein leider zugrunde gegangener, sehr schöner Mosaikboden in der Gegend von St. Stefan, lassen aus ihrer Beschaffenheit auf dort bestandene grosse Badeaustalten schliessen, und in der Nähe derselben dürfte die Richtung einer halbkreisförmig laufenden Reihe alter Häuser das hier wohl kaum fehlende Amphitheater bezeichnen. Den Palast des Prätors sucht Markus Welser an dem sogenannten Hohen Weg zunächst dem früheren Imhof'schen Hause. Den dahinter gelegenen sogenannten Königsturm bezeichnet die Sage als das Gefängnis der hl. Afra. In dem Wohnlich'schen Garten, an der Strasse nach Pfersee, haben wir den allgemeinen Begräbnisplatz der Römerstadt zu suchen, und erst noch 1824 fand man die mannshohen festgewölbten Kloakenleitungen derselben. Bei dem nahegelegenen Stadtbergen hatten die vornehmen Römer ihre Landhäuser, dort kam eine Menge Antikaglien und zierlich bearbeiteter Basreliefs zum Vorschein.

Aber der Tag des Untergangs kam für die glänzende Stadt, es lässt sich vermuten, im Ausgang des vierten Jahrhunderts, da die Münzfunde das Jahr 378 wenig und selten überschreiten. Die Eroberer waren die Alemannen, wahrscheinlich plötzlich fand die Zerstörung statt und sie war eine gründliche, nicht einmal die Mauern fand Bischof Ulrich mehr vor, als er seine Herde vor den Ungarn schützen wollte. Vielleicht geschah der Angriff vom Nordwesten der Stadt. Dort wenigstens hatte er die Bewohner eines Hauses in den friedlichsten Beschäftigungen überrascht. Durch die Jahrhunderte hindurch ward durch eine übergestürzte Wand uns ein Pfännchen Brei aufbewahrt, noch lagen über der weisslichen zerreiblichen Masse die braunen Reste von Eierschalen, nicht weit davon lag ein Amphorenhals mit einer heiteren Aufforderung zum Trunke. Die neuen Eroberer, Stammesverwandte der Bajuwaren, die zu Anfang des 6. Jahrhunderts aus dem heutigen Böhmen von nachrückenden Slaven westwärts gedrängt wurden, sassen unter ostgotischer, später fränkischer Oberhoheit, von ihren bajuwarischen Nachbarn durch den Lech getrennt.

II. Die bischöfliche Stadt.

Mit den römischen Legionen war auch das Christentum nach Augsburg gekommen. Die kirchliche Ueberlieferung versetzt die ersten Bekenner desselben, die heil. Afra und ihre Familie, in die zweite Hälfte des dritten Jahrhunderts und lässt sie den Märtyrertod in einer der Christenverfolgungen des Diocletian sterben. Zum Feuertod verurteilt, starb sie auf einer der Inseln, welche der Lech im Südosten der Stadt bildete. Noch jetzt hält eine ansehnliche Kapelle auf freiem Felde zwischen Augsburg und Friedberg die Erinnerung an die Stätte des Martyriums fest. Die Grabstätte der Heiligen war schon bald nach ihrem Ende ein Gegenstand frommer Verehrung geworden. Um das Jahr 565 erwähnt der spätrömische Dichter Venantius Fortunatus ihres Grabes mitten unter barbarischer, aber nicht mehr ganz heidnischer Bevölkerung:

Pergis ad Augustam, quam Vindo Lycusque fluentant,
   Illic ossa sacrae venerabere martyris Afrae[1]).

Ob Augsburg (Augustburg) schon in dieser frühesten Zeit Sitz eines Bischofs gewesen — wie dies die kirchliche Tradition berichtet[2]) — ist

---

1) Vita s. Martini ed. Chr. Brouwer (1603) lib. IV pag. 340 u. Supplem. ed. Brouwer p. 348. F. W. Rettberg, Kirchengeschichte Deutschlands (1846) I. 146. J. Friedrich, Kirch.-Gesch. Deutschl. (1869) II. 643.

2) Dieselbe kennt, im Anschluss an das Martyrium der heil. Afra, schon im 4. Jahrh. einen Bischof Dionysius, den Oheim der heil. Afra, der, bevor

mehr als zweifelhaft. Von den zwei Bischofskatalogen gehört der des Domkapitels erst dem 12. Jahrhundert an, der andere, der Bibliothek des St. Ulrichsstifts entstammende ist älter, aber augenscheinlich verwirrt[1]). Geschichtlich gesichert ist erst Bischof Wicterp (Wiggo)[2]). Sein Todesjahr geben die Annales Petaviani an[3]): 756, wie sie auch von ihm rühmen zu müssen glauben, dass er schreiben konnte; das Chronicum Elwacense berichtet dagegen[4]), dass er erst 781 zur bischöflichen Würde gelangt sei. Bald verwischen jedoch die in Bayern und Alemannien ausgebrochenen Empörungen gegen die Frankenherrschaft wiederum jede Kunde von der Augsburger Kirche[5]). Erst Karl der Grosse stellte mit fester Hand Ruhe her. 787 wandte er sich auf seinem Zuge gegen Herzog Tassilo von Bayern mit einem Teil des Heeres nach Augsburg, um von hier aus gegen den Aufständischen zu operieren[6]). Er setzt Sintpert (787—808) als Bischof in Augsburg ein[7]). Sintpert erbaut die Kirche der heil. Afra[8]), dagegen wird die Nachricht Gassers, als sei er auch der Erbauer der Domkirche[9]) gewesen, durch die gleichzeitigen Quellen nicht beglaubigt. Das Gleiche gilt für die weitere Notiz bei Gasser bezüglich einer Eroberung Augsburgs durch die Hunnen und Avaren im

er den bischöfl. Stuhl bestieg, den Namen Zosimus geführt haben soll. Aeusserlich hat das Bistum wohl sicher an das St. Afra-Kloster angeknüpft, denn darin wenigstens ist die Tradition glaubwürdig, dass das Bistum vor dem Bau der Kathedrale, der jedenfalls nicht früher als im 7. oder 8. Jahrhundert erfolgt ist, gegründet wurde. E. Berner, z. Verfass.-Gesch. d. St. Augsb. (1879) S. 35, Note 2.

1) Marc. Braun, Gesch. d. Bisch. v. Augsb. (1813) I. 64 flg. J. Friedrich II. 646.
2) 739 in einem Briefe Papst Gregors III. Ph. Jaffé, Regesta Pontificum (1851) nr. 1731.
3) Monum. Germ. hist. Scr. III. 170.
4) Monum. Germ. Scr. X. 35.
5) Nahe Augsburg, auf dem bayerischen Lechfeld, soll es gewesen sein, wo Pippin 743 den Bayernherzog Odilo aus dem Geschlecht der Agilolfinger, der sich von der fränkischen Oberherrschaft losmachen wollte, entscheidend schlug. Nach Frankreich gebracht, erhielt Odilo 744 sein Land wieder zurück.
6) Annales Einhardi, Mon. G. Scr. I. 171.
7) Translatio s. Magni, Mon. G. Scr. IV. J. Friedrich II. 652. Die in der Translatio erwähnten Güterschenkungen Pipins an die Augsb. Kirche sind unsicher, doch war der Grundbesitz derselben schon damals ein sehr beträchtlicher. E. Berner S. 36.
8) a. a. O. S. 17.
9) Die älteste Nachricht über die Domkirche findet sich in einer Urkunde v. 823: ecclesia ad episcopatum Augustensis civitatis ad s. Mariam. C. Meichelbeck, Hist. Frising. (1724) I. 2. 247. Die Annahme Schildhauers (Baugesch. d. Augsb. Domkirche S. 6 in der Zeitschr. d. Hist. Ver. XXVI), dass die älteste Domkirche schon während oder bald nach der Römerzeit aus der zerstörten Gerichtsbasilika erbaut worden sei, klingt sehr glaublich.

II. Die bischöfliche Stadt.

Jahre 794, den Wiederaufbau und die Vergrösserung der Stadt durch Karl den Grossen. Historisch beglaubigt ist dagegen für Sintperts Regierungszeit die feste Abgrenzung des Augsburger Bistumsprengels und seine Unterordnung unter den erzbischöflichen Stuhl von Mainz.

Nach Sintpert folgen Hanto, Nidgar und Lanto, der c. 840 von Ludwig dem Deutschen zum Bischof ernannt worden sein soll. Der Stadt Augsburg geschieht in dieser Zeit bei Gelegenheit des Krieges der Söhne Ludwigs des Frommen gegen den Vater Erwähnung: 832 hat ersterer in oder bei Augsburg mit seinem Sohn Ludwig von Bayern eine Zusammenkunft, die ihr gutes Einvernehmen wieder herstellt[1]). Bischof Witgar wird in den Jahren 858—860 als Kanzler des Letztgenannten und 877 als solcher Karls des Dicken namhaft gemacht[2]). 868 erscheint er auf der Synode zu Worms. Von der Königin Emma, Gemahlin Ludwigs des Deutschen, erhielt er einen von ihr selbst gefertigten seidenen Gürtel, der noch bis zum heutigen Tage ein Bestandstück des Augsburger Domschatzes ist. Eine gleiche hervorragende Rolle in Reichsangelegenheiten spielte sein Nachfolger (seit 887) Adalbero als Ratgeber König Arnulfs und Erzieher seines Sohnes Ludwig des Kindes. Von seiner Tätigkeit für die Augsburger Kirche erfahren wir dagegen nichts ausser einer Schenkung an diese von sieben ihm von Arnulf übergebenen Ortschaften[3]), ebensowenig von seinem Nachfolger Hiltine, der 913 in einer Urkunde Ludwig des Kindes auftritt, wie überhaupt merkwürdiger Weise der Name Augsburg in den Berichten über die verheerenden Einfälle der Ungarn in der ersten Zeit des 10. Jahrhunderts, von denen doch Schwaben so hart betroffen wurde, gar nicht genannt wird.

Mussten wir uns bisher für die Geschichte Augsburgs mit vereinzelten spärlichen Notizen begnügen, so ändert sich das Bild mit dem Auftreten Bischof Ulrichs des Heiligen. Mit ihm tritt die Geschichte des Bistums und der Stadt in volle Beleuchtung. Bischof Ulrich ist nicht blos der Heilige kirchlicher Verehrung, er ist der Vater des mittelalterlichen Augsburgs. Seine Lebensbeschreibung[4]), von einem Augsburger Geistlichen und jüngeren Zeitgenossen des Bischofs, dem Priester Gerhard, am Ende des 10. Jahrhunderts verfasst, ist die Quelle, der wir die Züge zu unserm Bilde entnehmen. Niemand konnte besser das Leben und Wirken des Bischofs schildern, als der Verfasser, der wie jener ganz von dem grossen und heiligen Berufe der Kirche erfüllt war. Darum wollen wir nicht fragen, was in seiner Darstellung vielleicht legendenartig ausgeschmückt ist, wenn uns darüber nur der Geist des Bildes nicht verloren geht.

---
1) S. Riezler, Gesch. Baierns (1878) I. 198.
2) E. Dümmler, Gesch. d. ostfränk. Reichs (1865) II. 293. Anm. 97.
3) E. Berner, S. 36.
4) Mon. Germ. Scr. IV.

II. Die bischöfliche Stadt.

Doch zuvor wollen wir noch einen Blick auf die äussere Gestalt Augsburgs im frühen Mittelalter werfen. Da müssen wir nun vor allem darauf aufmerksam machen, dass wir den Begriff, den wir heutzutage mit dem Worte Stadt[1]) verbinden, nicht auf das Augsburg des 10. und 11. Jahrhunderts übertragen dürfen. Nach unserer Anschauung möchte es eher noch ein Dorf genannt werden, auch wenn dasselbe schon mit einer Mauer umgeben war. Jedenfalls war das damalige Augsburg noch nicht das Augsburg des 15. und 16. Jahrhunderts, das sein grösster Geschichtsschreiber, Achilles Pirminius Gasser, als eine „schöne, lustige, zierliche, wohlerbaute, saubere, ganz bequem gepflasterte, mit fröhlichem Volk und sonderlich schönen Weibspersonen, künstlichen Handwerkern" und dergleichen begabte Stadt schildert. Aecker, Wiesen und Gärten lagen innerhalb der Stadt; da diese nicht besonders schutzwürdig waren, bestand die Befestigung nur aus Holzplanken und schlechten Wällen. Erst Bischof Ulrich liess die Stadt mit Mauern umziehen, doch waren auch diese noch niedrig und nicht mit Türmen versehen. Der Raum, den die umwallte Bischofstadt einnahm, war nur von mässiger Grösse, etwa der nordöstliche Teil des späteren Umfanges, der Hauptsache nach dasselbe Gebiet, auf dem einst die Römerstadt gestanden hatte; nur der nördliche Teil der ehemaligen Römerkolonie hinter dem Frauentor (nördliches Burgtor) blieb ausserhalb der Mauern des ältesten bischöflichen Augsburgs. Den Mittelpunkt bildeten die Domkirche (ecclesia s. Mariae, matrix ecclesia, tuom) und die zugehörige bischöfliche Pfalz nebst den Wohnhäusern der Kleriker und dem bischöflichen Wirtschaftshof (Fronhof). Nach Süden, doch schon ausserhalb der Mauer, die hier von dem südlichen Burgtor durchbrochen wurde, lag der Perlach (collis qui dicitur Perleihc[2]). Ausserhalb der Stadt befanden sich Vorstädte, notdürftig mit Zäunen und Planken umgeben, und die Kirche der heil. Afra mit ihren Ansiedlungen. Späterhin, bei steigender Bevölkerung, wurde dann diese primitive Befestigung durch feste Mauern ersetzt. Die Häuser waren fast durchgängig von Holz; noch am Ausgang des 13. Jahrhunderts gehörte ein Steinhaus zu den Seltenheiten. Aber auch ein solches sah unwohnlich genug aus. Die Bürgerhäuser glichen mehr Festungen als Wohnungen, denn je weniger für die allgemeine Sicherstellung der Stadt geschehen konnte, desto mehr musste vonseiten des Einzelnen zum Schutze des eigenen Herdes geschehen. Mit dem Wohnhaus erscheinen stets die nötigen Wirtschaftsgebäude, Hofstätten und da und dort auch Gärten verbunden. Auch das Innere dieser Häuser mit ihren kleinen Fenstern, dunkeln Kammern und Stiegen und ihrem einfachen, derben Hausrat hatte wenig Anheimelndes.

---

1) Den Namen civitas gibt ihr schon Einhard, der Biograph Karl d. Gr. Der deutsche Name Augustburg ist urkundlich vor 874 nicht nachweisbar. J. Fr. Böhmer, Reg. Karol. (1833).

2) mittelalt. Name für Bärenzwinger.

II. Die bischöfliche Stadt.

Gewiss war es ein gutes Schicksal für unsere Stadt, dass nach den langen Zeiten der Verwüstung und inneren Auflösung, welche dem Niedergang der kräftigeren Karolinger gefolgt waren, ein Bischof voll Kraft und Eifer und doch voll Milde und Sanftmut auftrat, einer von den Männern, die auserwählt sind für den Beruf der Versöhnung. Vor allem zeichnete er sich durch ein kirchlich strenges Leben aus, worin er dem ganzen Klerus mit seinem Beispiele voranging: im Fasten, Wachen und Beten kamen ihm wenige gleich. Nur kärgliche und einfache Nahrung nahm er zu sich. Unter der bischöflichen Kleidung trug er ein härenes Gewand mit einer eisernen Kette. Vor Tagesanbruch ging er in seine Kapelle und blieb dort bis zur ersten Morgenstunde; dann hielt er unermüdet die Messe. Aber Ulrich war nicht bloss frommer Asket, sein Glaube war zur Liebe und die Liebe zur Tat geworden. Oft suchte er in der Stadt die Kranken und Armen auf, um Trost und Almosen zu spenden, am liebsten in der Nacht, nur von einem Vertrauten begleitet, damit kein anderer es erfahre. Während einer Krankheit liess er die Angehörigen seiner Kirche fragen, ob er widerrechtlich einem etwas genommen habe, und befahl, dass es doppelt ersetzt werden solle.

Als Ulrich zu Ende des Jahres 924 in Augsburg einzog, fand er die Stadt zerstört und verödet. Sie schien eher zu einem Schlupfwinkel für wilde Tiere, als zu einem Wohnort für Menschen geeignet. Das erste, was Ulrich tat, bestand in der Herstellung von Gräben und Mauern mit drei Toren. So vermochte er in zwei Belagerungen — die erste im Jahre 926[1]) — den Ungarn Trotz zu bieten. Die Zeit des Friedens benutzte er, Augsburg mit kirchlichen Bauten zu schmücken. Er baute an der Domkirche[2]) und errichtete die derselben benachbarte St. Johanniskirche. 969 gründete er das Nonnenkloster St. Stephan. Sein Hauptbau aber ist die neue Kirche der heil. Afra; die alte war bei dem Ungarnkriege des Jahres 955 in Flammen aufgegangen. Bis zum Ende des 10. Jahrhunderts war sie wegen ihrer historischen Bedeutung die Grabstätte der Bischöfe, auch Ulrich wählte sie als letzte Ruhestätte. Sein Biograph berichtet von reicher künstlerischer Ausschmückung, die Ulrich dem Neubau zuteil werden liess — „gewiss nicht ohne Zusammenhang mit den Bestrebungen St. Gallens, dem er seine Jugendbildung verdankte"[3]).

---

1) Nach Ekkehard Casus s. Galli (Mon. G. hist. II) wurde damals Augsburg lange Zeit von den Ungarn belagert, endlich aber durch die Gebete Ulrichs errettet. Die Vita Udalrici erwähnt allerdings nichts davon.

2) Ulrich fand bei seinem Regierungsantritt die Kirche durch Feuersbrünste zerstört. Nach ihrer Wiederaufrichtung bestattete er in der neuerbauten Krypta den bei Mantahinga (s. u.) gefallenen Grafen Adalbert und seine in der Lechfeldschlacht gebliebenen Verwandten Dietpold u. Reginbald. Vita 400 u. 402.

3) Chronik. d. deutsch. Städte IV (1865) S. XIV.

II. Die bischöfliche Stadt.

Im August 952 fand in Augsburg unter dem Vorsitz König Ottos I. eine grosse Reichsfürstenversammlung und kirchliche Synode statt. Markgraf Berengar von Ivrea, der sich wiederholt den Titel eines Königs von Italien angeeignet und Otto I. den hartnäckigsten Widerstand geleistet hatte, unterwarf sich hier noch einmal dem König[1]). In dem Aufstand des Alemannenherzogs Ludolf gegen seinen Vater (953) stand Bischof Ulrich fast ganz allein von den schwäbischen und bayerischen Grossen — nur die Grafen Dietpold von Dillingen, Ulrichs Bruder, und Graf Adalbert von Marchthal, sein Verwandter, hielten zu diesem — auf der Seite Ottos. Pfalzgraf Arnulf plünderte dafür die Stadt Augsburg und verteilte die bischöflichen Güter unter seine Vasallen. Ulrich selbst wurde in Mantahinga (Schwabmünchen oder Merching a. d. Paar) durch Arnulf eingeschlossen, aber durch seine obengenannten Vettern wieder entsetzt[2]).

Das grosse Ereignis der Regierungszeit Ulrichs war die Schlacht gegen die Ungarn unter den Mauern Augsburgs am 10. August 955[3]). Ein auf 100000 Mann geschätztes Heer derselben war neuerdings in Bayern eingebrochen und raubte und mordete in der alten Weise. Erst eilten die wilden Scharen an Augsburg vorbei und liessen nur die damals noch ausser dem Mauerbereich liegende St. Afrakirche in Flammen aufgehen. Bis zum Schwarzwald wurde hierauf das Land verheert, dann aber kehrte der Feind wieder an den Lech zurück. Ehe es zur Schlacht kam, hatte die Stadt eine äusserst gefährliche Belagerung durch die wilden Horden auszuhalten. Ulrich leitete selbst die Verteidigung seiner Stadt. Der Feind hatte die östliche, dem Lech zugekehrte Seite zum Angriff gewählt und war in wildester Hast auf das daselbst befindliche Tor (das spätere, jetzt abgebrochene Barfüssertor) zugestürzt. Aber die Besatzung machte einen Ausfall, unter den Streitenden Ulrich. Der Ungarnführer, der den Sturm geleitet, fiel tödlich getroffen. Als die Seinen ihn zu Boden sinken sahen, erhoben sie ein wildes Geheul und flohen ins Lager zurück. Ulrich liess jetzt, da er eines neuen Angriffs gewärtig sein musste, in aller Eile rings um die Stadt Blockhäuser bauen. Am nächsten Morgen wälzte sich wieder das Ungarnheer zum Sturm heran, als es aber rings die Vorwerke mit den kampfgerüsteten Kriegern erschaute, wankten die vorderen Reihen. Wütend hieben die Führer mit Geisseln in die Scharen, um sie zum Sturm zu treiben, doch umsonst! Die Lage der Eingeschlossenen blieb immer noch eine äusserst gefährliche. Da meldete Berthold, der Sohn des im Ludolfinischen Aufstand gefallenen Pfalzgrafen Arnulf, dem ungarischen Heerführer den Anmarsch König Ottos.

---

1) E. Dümmler II. 205 flg.
2) E. Dümmler II. 225 flg. S. Riezler I. 344 flg.
3) E. Dümmler II. 250 flg. S. Riezler I. 351 flg. L. Brunner, Die Einfälle der Ungarn in Deutschland bis zur Schlacht auf dem Lechfeld (1854).

Um nicht von diesem im Rücken gefasst zu werden, brach Karchan Bultzu, der Ungarnführer, die Belagerung ab und zog auf das zur Entfaltung seiner Reiterei äusserst günstige Lechfeld, ihm nach die in acht Züge geteilten Deutschen, voran drei Züge Bayern, sodann die Franken unter ihrem Herzog Konrad, der König mit der Reichsfahne des Erzengels Michael, die Schwaben unter Herzog Burkhard und zum Schluss die Böhmen unter Herzog Boleslaw. Aber noch vor dem Zusammenstoss hatte ein Teil des feindlichen Heeres den Lech überschritten, war am rechten Ufer hinabgezogen, dann im Rücken der Deutschen wieder auf das linke Ufer übergegangen und fiel plötzlich das deutsche Heer von hinten an. Auch die nächsten Abteilungen gerieten in arge Verwirrung; erst Herzog Konrad gelang es, die Ungarn zurückzutreiben. Allen voran stürzte sich der König in die Reihen des Feindes. Der furchtbar blutige und erbitterte Kampf endete mit einer vollen Niederlage der Ungarn.

Unter den auf dem Schlachtfeld Gebliebenen befanden sich auch zwei der nächsten Angehörigen des Bischofs: sein Bruder Dietpold und sein Schwestersohn Reginbald. Am Abend des Schlachttages kam Otto nach Augsburg herein und verbrachte die Nacht mit Ulrich im Dankgebet für den herrlich errungenen Sieg. Nach der Abreise des Königs begab sich Ulrich auf das Schlachtfeld zur Aufsuchung und Bestattung der Leichen seiner Verwandten.

Unzweifelhaft haben sich an der Schlacht auf dem Lechfeld auch die Augsburger beteiligt und durch glänzende Tapferkeit hervorgetan: das erhellt deutlich aus dem reichen Sagenkranz — mehr als dies ist es nicht —, der sich um die Taten einzelner Bürger und ganzer Zünfte, namentlich der Weberzunft[1]), gebildet hat[2]).

Die hingebende Treue, welche die Stadt und ihr Bischof dem König und Reiche in den Ungarnstürmen bewiesen hatten, knüpften ein festes Band zwischen beiden Teilen. Im August 961 ist Otto wieder in Augsburg[3]), um von hier aus seinen zweiten italienischen Zug anzutreten.

---

1) Als eine alte Sage (veteri fama proditum) bezeichnet schon Welser in den Anmerkungen zu seiner Ausgabe der Vita Udalrici (1595) die rühmliche Teilnahme der Augsburger Weber an der Lechfeldschlacht. Jedenfalls ist ihre Organisierung als wohlgeregelte Zunft für das 10. Jahrhundert ganz unmöglich, wie auch die heute noch gezeigten Siegestrophäen (Schild, die sogen. Hunnenfahne, Schwert u. Helm in der Domkirche) neuere Türkentrophäen sind.

2) Noch heute schreibt der Landmann die zahlreich auf den Lechfeldgründen sich findenden kleinen Hufeisen den Ungarnpferden zu, wie auch die Lokalsage die Ortschaften Haunswies (Hunnenwiese) und Todtenweis (Todtenwiese) mit Massengräbern der auf ihrer Flucht erschlagenen Ungarn in Verbindung bringt. Geschichtsbilder a. d. Umgeb. Augsb. im „Sammler" 1884 nr. 19.

3) K. F. Stumpf, Reichskanzler (1865) nr. 295.

Mehr und mehr wird unsere Stadt, dank ihrer natürlichen Lage im Vorland der Alpen, der Sammelplatz der Reichsheere vor ihren Zügen nach Italien, was wiederum nur von fördersamstem Einfluss auf die Hebung des städtischen Handels und Gewerbes sein konnte.

Während seiner letzten Lebensjahre trat bei Ulrich der asketische Zug seines Charakters in einem merkwürdigen Entschluss hervor: er wollte die weltliche Regierung seines Stiftes seinem Neffen Adalbero übertragen, sich selbst aber in ein Kloster zurückziehen. Obwohl nun König Otto hiezu seine Zustimmung gab, scheiterte der Plan dennoch an dem Widerstand der deutschen Bischöfe, die auf einer Synode zu Ingelheim (972) ein solches Beginnen als unkanonisch erklärten, und zuletzt auch an dem plötzlichen Tode Adalberos[1]). Im folgenden Jahre (13. Juli) ist dann Bischof Ulrich hochbetagt gestorben; seine Heiligsprechung erfolgte zwanzig Jahre später (31. Januar 993) auf einer lateranensischen Synode.

Werfen wir, ehe wir in der Darstellung der äusseren Schicksale Augsburgs fortfahren, noch einen Blick auf die Rechtszustände der Stadt bis zum Ausgang des 10. Jahrhunderts.

Leider gibt uns die Lebensbeschreibung des heil. Ulrich in dieser Beziehung soviel wie keine Aufschlüsse, doch geht wenigstens aus vereinzelten Notizen das eine bestimmt hervor, dass die Augsburger Verfassungs- und Rechtsverhältnisse denen der andern bischöflichen Städte des 9. und 10. Jahrhunderts analog waren. Unter den letzten Karolingern war durch die unaufhörlichen Kriege die Zahl der Freien in Abnahme geraten, indem die angeseheneren die Vasallen der Reichsbeamten wurden, die geringeren immer häufiger einen Herrenschutz suchten; das Gebiet der Kirche vergrösserte sich dagegen durch Schenkungen und entzog der öffentlichen Gewalt immer mehr Boden. Für Augsburg ist es namentlich die oben erwähnte hervorragende Rolle, welche einzelne Bischöfe des 9. und 10. Jahrhunderts in den Reichsangelegenheiten spielten, die auf die Erweiterung ihrer weltlichen Rechte von förderlichstem Einfluss gewesen sein wird. Der erste Schritt zur Gründung einer weltlichen Herrschaft bestand überall darin, dass die Güter der Kirche mit der sogenannten Immunität beliehen wurden, d. h. dem Rechte, dass auf denselben den öffentlichen Beamten jede Ausübung ihrer Amtsrechte (Gerichtsbarkeit, Einhebung von Abgaben und Diensten u. a.) untersagt wurde. Die nächste Folge davon war, dass die Kirche nunmehr selbst die Jurisdiktion über ihre Hintersassen erwarb — ein Umstand, der notwendig zur Auflösung der Grafschaftsverfassung und Bildung einer neuen Territorial-Einteilung führen musste. Bis dahin war die Stadt noch nicht aus dem allgemeinen Verwaltungskörper ausgeschieden, sondern unterstand wie das flache Land der Gaueinteilung, nämlich dem Augstgau (Augustgave, Augesgave). Solange indes die Hintersassen nur in Unfreien be-

---

1) E. Dümmler II. 509.

II. Die bischöfliche Stadt.

standen — und dies mag wohl bis gegen die Mitte des 10. Jahrhunderts der Fall gewesen sein —, waren die Wirkungen der Immunität kaum merklich. Die Bischöfe mögen allerdings schon damals einen bedeutenden Grundbesitz in der Stadt und auf dem Lande gehabt haben, auf dem eigene Fronhofbeamte[1]) die Finanzgerechtsame ihrer Herren wahrten und über die Unfreien und Handwerker zu Gericht sassen; neben diesen hatten sich jedoch eine Menge Leute frei erhalten, über welche nur der königliche Richter zu Recht erkannte.

Diese Verhältnisse änderten sich jedoch in der ersten Hälfte des 10. Jahrhunderts aus Ursachen, die weniger den besonderen Verhältnissen der Augsburger Kirche, als vielmehr dem ganzen Zeitalter angehören. Immer weitere Kreise von bisher Freien gerieten in milderer oder härterer Form in Abhängigkeit von der Kirche, und dazu kam nun noch die Verleihung königlicher Regalien an dieselbe. Während die früheren Immunitätsprivilegien und Schenkungen von Land und Leuten an dem alten Verhältnis zwischen der Kirche und den freien Einwohnern nichts geändert hatten, indem der Machtzuwachs stets nur auf Kosten des Schenkers ging, musste der Erwerb fast aller Staatshoheitsrechte, wie Gerichtsbarkeit, Münz-, Zoll-, Besteuerungsrecht etc., der Kirche die Mittel in die Hand geben, in kurzer Zeit die früheren Unterschiede zwischen Freien und Kirchenhörigen verschwinden zu lassen und beide Klassen unter das gemeinsame Joch der Untertänigkeit herabzudrücken. Ueber die Art und Weise, wie sich dieser für die Geschichte unserer Stadt so wichtige Prozess vollzogen hat, sind uns keine Nachrichten erhalten. Es ist dies vermutlich die Folge der wiederholten Zerstörungen und Plünderungen, welche die Stadt und namentlich die bischöflichen Gebäude im 11. und 12. Jahrhundert erfuhren. Nur für den Erwerb des Münzrechts in der Zeit des heil. Ulrichs liegt eine ausdrückliche Bestätigung vor: König Heinrich IV. erneuert im Jahre 1061 dem Bischof von Augsburg dieses Münzrecht „secundum morem antiquitus hoc est temporibus . . . sancti confessoris Oudalrici constitutum[2]).

Bei den nahen Beziehungen Bischof Ulrichs zum königlichen Hofe ist der Schluss wohl nicht übereilt, dass unter ihm auch die übrigen königlichen Regalien des Zolls, des Geleitsrechts u. s. w., sowie der öffentlichen

---

1) Noch heute heisst in Augsburg der Platz zwischen dem Dom und der vormaligen bischöflichen Residenz der „Fronhof", vermutlich weil der alte Fronhof daselbst gestanden hatte. — Ein bischöflicher Vogt wird schon zu Anfang des 9. Jahrhunderts erwähnt. C. Meichelbeck, Hist. Frising. I. 2. 247 u. Chron. Lauresh., Mon. Germ. Scr. XXI. 381.

2) Mon. boica XXIX a. nr. 401. Auch die noch erhaltenen Münzen zeigen uns die Ausübung dieses Rechts schon durch den Bischof Ulrich als des ersten unter allen deutschen Kirchenfürsten. E. Berner, Zur Verfass.-Gesch. d. St. Augsb. S. 47.

Gerichtsbarkeit, mit einziger Ausnahme des Blutbanns, in den Händen der Kirche vereinigt wurden. Der Bischof erscheint in allen Beziehungen als Herr der Stadt[1]), aber seine Herrschaft ist gemildert durch sein oberhirtliches Amt. Die Einwohner der Stadt bilden seine „Familie". Voran steht naturgemäss der Klerus, dann folgen der Bedeutung nach die bischöflichen Vasallen, mit denen der Bischof dem König die schuldigen Kriegsdienste leistet. Von Bürgern (cives) ist nur ganz vorübergehend die Rede, jedenfalls kommt diesem Worte in dieser frühesten Zeit irgend eine rechtliche Bedeutung nicht bei; es ist zweifellos die allgemeine Bezeichnung für die Einwohner der Stadt.

Die Bedeutung der Stadt können wir aus einem in das Jahr 980 gehörigen Anschlag der von den Reichsfürsten zu stellenden loricati (gepanzerte Krieger) abschätzen, nach welchem Augsburg, in erster Reihe mit Mainz, Köln und Strassburg, auf 100 loricati veranschlagt wird, während Trier, Salzburg, Regensburg nur je 70, Würzburg 60, Konstanz und Worms 40 stellen [2]).

Nach Ulrichs Tode gelang es den vereinten Bemühungen Herzog Heinrichs II. von Bayern und des schwäbischen Herzogshofes, entgegen dem Kandidaten des Augsburger Klerus, Abt Wernher von Fulda, einen der Ihrigen, den Grafen Heinrich, einen Schwestersohn der Herzogin Judith von Bayern, auf den Augsburger Bischofsstuhl zu bringen[3]). 976 finden wir ihn mit Herzog Heinrich dem Zänker von Bayern im Aufstand gegen Otto II. Nach Niederwerfung der Empörung übergab dieser den Bischof in die Haft des Abts von Werden. Später erscheint er wieder auf der Seite des Kaisers. Im Juli 982 fällt er bei Colonna in Calabrien gegen die Araber[4]). Von seiner Tätigkeit für Augsburg ist uns nur überliefert, dass er eine Brücke über den Lech bauen liess, auf der ein Zoll zu Almosenzwecken erhoben wurde[5]), und die Domkirche neu eindecken liess (979 oder 980) [6]).

Von seinem Nachfolger Liudolf (982—1000) hören wir, dass er von der Kaiserin Adelheid, der Witwe Ottos I., die Mittel zum Wiederaufbau der im Jahre 994 eingestürzten Domkirche erhalten hat[7]). Der älteste noch vorhandene

---

1) Auffallend ist dabei nur die Existenz einer königlichen Pfalz in Augsburg, deren zu den Jahren 962 u. 972 Erwähnung geschieht. E. Berner S. 41, Note 24.
2) S. Riezler I. 359 flg.
3) E. Berner S. 40.
4) Ann. August. mai. a. h. a. Mon. Germ. hist. III.
5) Vita s. Udalr. Mon. G. IV. S. 417.
6) Vita Udalr. 417.
7) Ann. August. ad. a. 995. Bereits 1006 scheint der Neubau, dessen Anlage an Italiens Basiliken erinnert, vollendet gewesen zu sein. Die Kirche bestand dann als romanische Kathedrale bis Anfang des 14. Jahrh., wo die Gotisierung derselben begann.

Teil derselben gehört dieser Bauperiode an, ebenso glaubt man in dieselbe Zeit die berühmte Bronzetür, welche Szenen aus dem Alten Testament, rätselhafte und phantastische Gestalten, Tierbilder etc. zur Anschauung bringt, sowie die alten Glasgemälde setzen zu müssen.

Der nächste Bischof, Siegfried I. (1000—1006), zieht mit Otto III. nach Italien und ist bei dem Transport der kaiserlichen Leiche nach Deutschland tätig.

Eine bedeutende Persönlichkeit ist sein Nachfolger Bruno, den sein Bruder Kaiser Heinrich II. auf den bischöflichen Stuhl gebracht hatte. Ihm vertraute Kaiser Konrad II. die Erziehung seines Sohnes, des nachmaligen Kaisers Heinrich III., an. Unter ihm wird auf Veranlassung Kaiser Heinrichs II. ein Teil der Ueberreste Ottos III. in der St. Afrakirche beigesetzt. Auch das mit dieser Kirche verbundene Kloster erfuhr durch Bruno eine Neugestaltung, indem er Mönche aus dem Benediktinerkloster Tegernsee berief. So lautet wenigstens die glaubwürdige Tradition, die auch die Stiftung der St. Morizkirche auf ihn und Kaiser Heinrich II. zurückführt. Dagegen ist die Urkunde Heinrichs II. vom Jahre 1023[1]), welche dem Kloster Immunität von der königlichen wie bischöflichen Gewalt zusichert, eine offensichtliche spätere Fälschung, lediglich darauf berechnet, die spätere Reichsunmittelbarkeit des Stiftes schon in jene älteste Zeit desselben hinaufzurücken. Das gleiche gilt von der Urkunde Bischof Eberhards vom Jahre 1031[2]) betr. die Schenkung des Lechbrückenzolls an das Kloster. In dem Aufstand Herzog Ernsts von Schwaben gegen seinen Stiefvater Konrad II. stand Bruno treu zur Seite des Königs, musste aber dafür sein Gebiet durch Graf Welf, den Verbündeten des ersteren, verwüstet sehen, nachdem er von seiner Fahrt mit König Konrad nach Italien im Jahre 1026 zurückgekehrt war. Auch die Stadt Augsburg war von Welf eingenommen worden; nach des Kaisers Rückkehr wurde er jedoch zur Unterwerfung und Leistung einer Entschädigung an die Stadt genötigt. Ende April 1029 starb Bischof Bruno[3]). Von seinem Nachfolger Eberhard (1029—1047) wissen wir nur sehr wenig. Nach dessen Abgang setzte Heinrich III. sogleich seinen Kaplan, Dompropst Heinrich von Goslar, zum Bischof ein (1047—1063)[4]). 1059 zogen die bayerischen Grafen Dietpold und Ratpoto wegen einer dem Bistum von der Kaiserin Agnes überwiesenen Grafschaft[5]) im Bunde

---

1) Mon. boi. XXII. p. 161.
2) Mon. boi. XXII. p. 4.
3) Ann. Aug. ad h. a.
4) W. Giesebrecht, Gesch. d. deutsch. Kaiserzeit (1855). III. 61.
5) Dass hier nicht etwa die Grafschaft, in der Augsburg selbst lag, sondern eine andere gemeint ist, hat Berner S. 45 N. 31 überzeugend nachgewiesen. Die Bischöfe von Augsburg haben die vollen Grafschaftsrechte schon früher erhalten.

mit den Bayern gegen den Bischof zu Felde, belagerten Mantichingen, wurden aber von den Augsburgern geschlagen und endlich durch die Kaiserin Agnes, die im November mit dem jungen König Heinrich IV. nach Augsburg gekommen war, zum Frieden gezwungen[1]).

Auch in den Bürgerkriegen während der zweiten Hälfte des 11. Jahrhunderts hielten die Bischöfe treu zur Sache König Heinrichs IV. Bischof Embriko (1063—1077) begleitete den letzteren nach Kanossa, wurde aber von Gregor VII. nicht absolviert, sondern entwich heimlich von da weg. Als der neugewählte Gegenkönig Rudolf 1077 mit dem päpstlichen Legaten zu Augsburg weilt, gerät des Bischofs Treue kurze Zeit ins Wanken, dann aber nimmt er zum Zeichen, dass auf König Heinrichs Seite das Recht stehe, vor dem ganzen Volk das Abendmahl. Zu den Jahren 1064—1077 hören wir von einem völligen Neubau der St. Ulrichskirche durch Bischof Embriko, zum letzteren Jahre von einer Einweihung der St. Gertrudkirche und einer Wiederherstellung bezw. Erbauung der Kirchen zu St. Stephan, St. Martin und anderer Kirchen- und Klostergebäude[2]). Nach Embrikos jähem Tode, den seine Feinde als das gerechte Strafgericht Gottes priesen, setzte König Heinrich seinen Kaplan Siegfrid zum Bischof ein, während die Gegenpartei den Augsburger Kanoniker Wigold zum Bischof wählte. Wigold wurde auch zu Ostern 1078 von Erzbischof Siegfrid von Mainz geweiht und kurz darauf von Rudolf investiert, musste aber doch bald darauf vor Siegfrid weichen und sich auf ein welfisches Kastell bei Füssen zurückziehen.

König Heinrich IV. hatte der Augsburger Kirche das dem Herzog Welf IV. von Bayern als Reichsfeind aberkannte Gut Möringen geschenkt[3]). Zur Rache hiefür und für die Vertreibung seines Schützlings Wigold verwüstete Welf 1080 die Augsburger Vorstädte und legte die Peterskirche in Asche[4]). Im folgenden Jahre rückt sogar nach der Schlacht bei Höchstädt a. D. (11. August 1081) der neue Gegenkönig Hermann von Luxemburg vor die Stadt, muss aber nach einer Belagerung von drei Wochen und nachdem auch er die Vorstädte angezündet und die Umgebung geplündert hat, schliesslich ohne Erfolg abziehen. In den folgenden Jahren setzt Welf seine verheerenden Züge gegen die Augsburger Kirche fort und 1084 gelingt es ihm endlich durch Verrat — mittelst Nachschlüssel öffnen Verräter dem Feinde die Tore —, sich der Stadt zu bemächtigen. Es folgt die furchtbarste Verwüstung: drei Kapellen, St. Michael, St. Peter, St. Laurentius, auf dem Bischofshofe gelegen, die bischöfliche Pfalz und die Häuser der Kanoniker werden in Brand gesteckt, das Kirchengut verteilt; „nichts als das elende Leben liess man den Besiegten!" klagt

---

1) Ann. Aug. ad a. 1059.
2) Ann. Aug. ad a. 1064, 1071 u. 1077.
3) Mon. boi. XXIX a. p. 202.
4) Ann. Aug. ad h. a.

der Augsburger Annalist. Auch der Gegenbischof Wigold kam jetzt wieder nach Augsburg und nahm den Kirchenschatz für sich und seine Anhänger in Verwendung. Doch schon rückt Heinrich IV. aus Italien zum Entsatz der Stadt heran, bezieht ein Lager am rechten Lechufer, worauf der Feind ohne einen Schwertstreich die Stadt räumt; unter dem Jubel der Bevölkerung zieht der König in die treue Stadt ein. Nunmehr wird auch Bischof Siegfried durch den von Heinrich ernannten Gegenerzbischof Werner von Mainz geweiht (2. Februar 1085).

Noch zweimal wiederholt sich in den nächsten Jahren der Ansturm gegen die Stadt. 1087 waren die Feinde, wieder durch Verrat, bereits eingedrungen, wurden jedoch durch die Tapferkeit der Bürger[1]) zurückgeschlagen. Dagegen gelang im April 1088 die Eroberung der Stadt. In einer hellen Mondnacht erklimmen die Feinde die Mauern mit Leitern; die Mauern werden vollständig zerstört, Bischof Siegfried auf die Feste Welfs IV., Ravensburg, gefangen weggeführt und Wigold neuerdings eingesetzt, der jedoch, wohl wegen der Zerstörung der Stadt, nicht hier, sondern in Füssen seinen Sitz nimmt, wo er bald darauf stirbt. Noch zweimal stellte die antikaiserliche Partei einen Gegenbischof auf, Werner und dann den Abt Ekkehard von Reichenau; beide aber starben kurz nach einander und sind ohne Bedeutung. Vielmehr gibt Welf IV. 1090 den Bischof Siegfried gegen ein hohes Lösegeld frei, der nun nach Augsburg zurückkehrt. 1093 überfallen die Bayern neuerdings die Stadt; zwar sammeln sich die Bürger kampfesmutig um die Domkirche, werden aber durch die an Zahl überlegenen Feinde teils niedergehauen, teils in die Flucht geschlagen. Bischof Siegfried wird neuerdings vertrieben. Die Stadt blieb in Welfs Händen, und ein neuer Gegenbischof, Abt Ekkehard von Kempten, hielt seinen Einzug. 1095 berichtet der Augsburger Annalist von einem fast völligen Abbrennen der Vorstädte und Kirchen.

Auch im neuen Jahrhundert setzen sich für unsere Stadt die Kriegsbedrängnisse fort. Der nach dem Erlöschen des salischen Hauses zwischen den staufischen Brüdern einer- und dem Sachsenherzog Lothar andererseits ausgebrochene Kampf um die Königskrone liess Augsburg, wie die deutschen Städte überhaupt, in das Lager der Staufer treten. Diese Parteinahme für das stammverwandte Geschlecht ist der Alamanniae metropolis — wie der Chronist Ekkehard von Aura sie einmal nennt — am allerwenigsten zu verdenken. Mit den Gefühlen der Rachsucht harrte der Sachse des Augenblicks, wo es ihm vergönnt sein würde,

---

[1]) Es ist wohl nicht zufällig, dass hier, wie bereits 1084, die „Bürger" als Verteidiger der Stadt auftreten, während in den Kämpfen in und um Augsburg zur Zeit Bischof Ulrichs allein die Ministerialen und die bisch. Familie als solche genannt werden. Das deutet auf eine Besserung der rechtlichen Stellung der Einwohner hin.

die Stadt aufs empfindlichste zu züchtigen.

Bald sollte sich Gelegenheit finden[1]). Lothar hatte im Jahr 1132 in Würzburg ein Heer zum Römerzug gesammelt und mit einer Schar von 1500 Rittern die Fahrt nach Italien angetreten. Am 26. August zog er in Augsburg ein. Kurze Zeit vor seiner Ankunft hatten die Bürger den Bischof Azo von Acqui, der als päpstlicher Legat durch die Stadt gekommen war, trotz des bischöflichen Geleits angefallen und beraubt. Darüber erhob Bischof Hermann jetzt vor dem versammelten Fürstengericht Klage und verlangte Bestrafung der Stadt. Während die Fürsten zu Gericht sassen (am Morgen des 28. August), entstand in der Vorstadt zwischen den Dienern des Königs und den Einwohnern beim Einkauf von Lebensmitteln Streit. Die Vorstädter erhoben alsbald ein gewaltiges Geschrei und läuteten Sturm. Darauf liefen auch in der Stadt die Bürger und die königlichen Vasallen zusammen, ohne die Ursache des Lärms zu kennen. Die Ritter und Dienstleute des Bischofs stellten sich bewaffnet bei der Domkirche auf. Sie argwöhnten, dass man sie durch List dem König habe in die Hände liefern wollen. Dieser dagegen glaubte, dass ihm Ermordung zugedacht sei, und sah in der gerüsteten Aufstellung der bischöflichen Dienstmannen schon den Beginn der Ausführung einer solchen Absicht. Der greise Bischof Hermann, der uns in einem Briefe mit warmer Teilnahme selbst den Hergang schildert, begab sich mit dem Kreuz in der Hand, auf zwei Geistliche gestützt, mitten in das Gedränge zwischen die feindlichen Parteien und bat um Gottes willen, den Streit ruhen zu lassen. Doch umsonst war alles Flehen. Der König griff mit seinen Rittern die Augsburger an; sechs Stunden wütete nun von Mittag bis gegen Abend der Kampf, am heftigsten in und vor der Domkirche. Der Bischof rettete sich kaum durch die Menge der erbitterten Streiter; von allen Seiten klirrten die Schwerter und flogen die Pfeile und Wurfgeschosse. Durch eine Seitentüre wurde er vor den Hochaltar gebracht, wo er im Blut der Verwundeten liegen blieb. Während in der Stadt um den Besitz der Kirche gekämpft wurde, tobte in der Vorstadt der Kampf mit gleicher Heftigkeit. Böhmen und Slaven, die zum Heere des Königs gehörten, verübten hier wilde Gräuel: die Kirchen wurden erbrochen, geplündert und verbrannt, Mönche und Nonnen beraubt und aus ihren Klöstern verjagt, ja selbst Kinder fortgeschleppt oder ermordet. Die Nacht machte zwar dem Kampfe ein Ende, doch blieb die Domkirche auf allen Seiten vom Heer des Königs umlagert. In dieser Nacht wurde auch der Bischof aus seinem Asyl vertrieben; lange Zeit musste er auf offener Strasse liegen, von allen verlassen, bis Erzbischof Norbert von Magdeburg sich seiner erbarmte und ihn aufnahm. Den folgenden Tag schlug Lothar im Feld bei der Stadt

---

1) Vgl. z. Folg. E. E. Gebele, Das Leben u. Wirken des Bisch. Hermann v. Augsb. v. J. 1096—1133 (1870).

sein Lager auf und liess alle, welche noch in der Kirche waren, gefesselt mit fortführen. Die geistlichen Herren, welche in seiner Begleitung waren, suchten ihn durch Bitten zu bewegen, dass er die Besiegten schonen und die Stadt nicht weiter strafen möchte. Allein noch war sein Zorn nicht gestillt. Am dritten Tage kehrte er mit seinem Heere zurück, liess die Mauern schleifen, die Stadt ausplündern und sie dann in Brand stecken. Der grösste Teil derselben ging in Flammen auf. Lothar verliess am 31. August die Stadt, die er auf diese Weise ohne Urteil und Recht von Grund aus hatte zerstören lassen. Bitter beschwerte sich der ehrwürdige Bischof über ein solches Verfahren, das die Gerechten mit den Gottlosen zugleich ins Verderben gestürzt habe. „Siehe, unsere Stadt ist nun zerstört", ruft er in dem schönen Briefe aus, worin er den Bischof Otto von Bamberg um Unterstützung bittet, „die heilige und altehrwürdige Stadt, welche bisher die erhabene (augusta) genannt wurde, doch nun viel eher die bedrängte (angusta) genannt werden muss" [1]).

Dies war der letzte Sturm, den Augsburg zu erleiden hatte. Mit den staufischen Kaisern begann, wie für die deutschen Städte überhaupt, auch für Augsburg eine Zeit der stetigen und gedeihlichen Entwicklung. Die staufischen Fürsten wandten der Stadt ihre volle Gunst zu, weilten wiederholt hier bei Reichstagen oder besonderen festlichen Gelegenheiten. 1185 fand hier die Verlobung Heinrichs, Friedrich Barbarossas ältesten Sohns und Nachfolgers, mit Konstanze, Tochter des Königs Roger von Sizilien, statt und zu Pfingsten 1197 auf der nahegelegenen welfischen Burg Gunzenlê (bei Kissing) die Hochzeit des jüngsten Sohnes Friedrichs, Philipps von Schwaben, des nachmaligen deutschen Königs, mit Irene, der Tochter des griechischen Kaisers Isaak Angelos. 1187 war Kaiser Friedrich hier zur Einweihung der nach einer Feuersbrunst neuaufgebauten Kirche und Kloster zu St. Ulrich und Afra. Bei der Erhebung und Transferierung der Gebeine des heil. Ulrich beteiligte sich der Kaiser persönlich. Augsburg war denn auch den Staufern in treuer Ergebenheit zugetan. Als Kaiser Friedrich II. 1239 von Papst Gregor IX. in den Bann getan wurde, zögerte Augsburg so wenig wie andere schwäbische Städte, ihm trotzdem Kriegsmannschaft nach Italien zu schicken, und als bald darauf die Stadt für ihren Ungehorsam selbst gebannt werden sollte, fand Bischof Siboto den Mut, den Papst auf das Elend hinzuweisen, das aus seiner und des Kaisers Zwietracht emporwuchs. In die Zeit der staufischen Kaiser und ihrer nächsten Nachfolger fallen auch mehrere kirchliche und Wohltätigkeits-Stiftungen. Bei der Kirche des heil. Georg ward 1135 ein reguliertes Kanonikatstift nach der Regel des heil. Augustin errichtet, das Spital zum heil. Kreuz ward besser dotiert und später mit demselben das Muttershofer Augustinerkloster vereinigt, die Kirche aber, nach Uebertragung des wunderbarlichen Gutes in diese,

---

1) J. G. Eccard, Corp. histor. med. aevi (1723) II. 364.

1199 zur Pfarrkirche erhoben. In den achtziger Jahren des 12. Jahrhunderts wurde die um 1060 errichtete St. Peterskirche auf dem Perlach nach ihrem Einsturz neu aufgebaut. Mit einigen Abänderungen ist sie in dieser romanischen Gestalt bis heute erhalten[1]). Vor der Stadt gegen Westen erhob sich 1241 die St. Leonhardskapelle; bald darauf erhielten die Dominikanerinnen auf dem Gries — einer Vorstadt gegen den Lech — die Erlaubnis, in die Stadt zu ziehen, und erbauten in der Nähe von St. Moriz ein neues Kloster und eine Kirche zu Ehren der heil. Katharina. 1285 erfolgte die Gründung des Nonnenklosters St. Margareth, 1288 die Stiftung eines Siechenspitals durch Heinrich Langenmantel und seine Ehefrau Mechtild[2]), um diese Zeit auch auf Kosten des Bürgers Bertold Bitschlin, der sich grosse Verdienste um Ludwig den Bayer als städtischer Hauptmann erwarb und bei Burgau fiel, der Bau einer Allerheiligen-Kapelle bei St. Ulrich und durch Ulrich Langenmantel und seine Ehefrau die Stiftung des Siechenhauses St. Servatius auf dem Gries.

Kaiser Friedrich I. verdankt Augsburg auch sein erstes Stadtrecht. Im Jahre 1152 waren an ihn seitens des dortigen Klerus Klagen über den schlechten und verwirrten Rechtszustand in Augsburg gelangt. Er ordnete nun die Aufzeichnung des alten Rechts an, infolge dessen die Stadtrechtsurkunde von 1156[3]) zustande kam. Was hier an Rechtsbestimmungen vorgetragen wird, ist demnach schon älteres Stadtrecht. Und zwar stammt dasselbe bereits aus dem Jahre 1104. Es geht dies aus der Einleitung der Urkunde von 1156 deutlich hervor. Auf dem im Jahre 1104 von König Heinrich IV. zu Regensburg abgehaltenen Hoftage waren auf die Klage der Augsburger Kanoniker über Gewaltthätigkeiten von seiten des Bischofs und des Vogts durch Urteilsspruch der Fürsten die Streitigkeiten zu gunsten der Kläger ausgeglichen und zwei von einander unabhängige Urkunden ausgestellt worden. Die eine[4]) hat die Restitution der von Bischof Hermann dem Kapitel widerrechtlich entrissenen Orte Straubing und Geisenhausen zum Gegenstand, die zweite dagegen richtet sich auf Feststellung der Rechte des Vogts auf den Gütern des Kapitels. In der Urkunde von 1156 steht nun zunächst mit unwesentlichen Abänderungen die letztgenannte Urkunde, sodann folgt das eigentliche Stadtrecht. Hier hat nun dem Redaktor mit höchster Wahrscheinlichkeit gleichfalls eine Urkunde Heinrichs IV. vorgelegen,

---
1) A. Schröder, Mittelalt. Wandgemälde bei St. Peter a. Perlach in der Zeitschr. d. hist. Ver. XXI. 139.
2) Urkundenbuch der Stadt Augsburg, her. v. Chr. Meyer (1874—79), nr. 106.
3) Mon. boi. XXIX a. p. 327—332 u. F. Th. Gaupp, Deutsche Stadtrechte d. M.-A. (1852) II. 199—206. Im Auszug bei H. G. Gengler, Codex jur. municip. Germ. I. 69 (1863).
4) Gedr. bei A. Nagel, Origines domus boic. (1804) p. 276.

die jedoch verloren gegangen ist. Das Stadtrecht von 1156 heisst also richtiger das Stadtrecht von 1104 und ist, nachdem der jüngere Ursprung des im übrigen mit dem Augsburger Statut sehr nahe verwandten ältesten Strassburger Stadtrechts schon längst erwiesen ist, die älteste deutsche Stadtrechtsaufzeichnung.

Treten wir nunmehr an den Inhalt der Urkunde, soweit er Stadtrecht betrifft, heran! Zwei bischöfliche Beamte, der Vogt und der Burggraf, repräsentieren die städtische Obrigkeit. Der Vogt war der von den erblich belehnten Schirmvögten der Augsburger Kirche, den Herren von Schwabeck, bestellte Richter für alle diejenigen Straffälle, bei welchen es den Beklagten an Leib und Leben ging. Dreimal im Jahre hält er zu Augsburg Gericht; bei seiner Rechtsprechung ist er an das in der Stadt geltende (Gewohnheits-) Recht (urbanorum justicia) gebunden. Ohne Zweifel ist er aber auch nur Vorsitzender des Gerichts, die Urteilfinder werden, wie im gesamten deutschen Mittelalter, die Schöffen gewesen sein[1]). Die ihm seitens der Gerichtsuntertanen zu leistenden Abgaben erweisen sich lediglich als Beiträge zu seinen Zehrungskosten. Dass die Fleischer, Bäcker und Wirte die Last seiner Unterhaltung durch Entrichtung bestimmter Geldabgaben zu tragen haben, lässt darauf schliessen, dass sie vor dieser Fixierung die Unterhaltungskosten für den zum Gericht anwesenden Vogt in natura (Fleisch, Brot, Bier und Salz) zu liefern hatten. Ausserdem kam dem Vogte auch der übliche dritte Teil der Gerichtsgefälle zu.

Zu den Obliegenheiten des Burggrafen gehören die Instandhaltung und Verteidigung des festen Platzes, die Handels- und Gewerbepolizei und das Gericht über alle Vergehen, die durch Geld und Gut geledigt oder an Haut und Haar gebüsst werden. Er soll täglich zu Gericht sitzen. In seinem Gericht wurden auch Akte der freiwilligen Gerichtsbarkeit, z. B. die Uebertragung von Erbe und Eigen, vorgenommen, wie auch wohl die eigentliche Stadtverwaltung in seiner Hand lag.

Bezüglich des Münzers könnte es zweifelhaft sein, ob schon in jener ältesten Zeit neben demselben die im zweiten Stadtrecht von 1276 aufgeführten Hausgenossen fungiert haben. Ich neige zur Bejahung dieser Frage, da die Besorgung der Münzgeschäfte jedenfalls eine grössere Anzahl von Personen notwendig machte. Die Ausübung des Münzrechts ist, ganz im Geiste jener Zeit, dem Münzer zur selbständigen Verwaltung und Nutzniessung überlassen, der hiefür lediglich bestimmte jährliche Leistungen an den Bischof zu entrichten hat. Gleich der Münze ist auch der Geldwechsel Regal und in der Hand des Münzers. Nur den Kaufleuten, die nach Köln Handel treiben, ist der Geldwechsel bis zum Betrage von 10 Mark gestattet. In ähnlicher Weise erscheint die Aus-

---

1) Den Beisitz von Schöffen glaube ich mit unter dem Ausdruck „urbanorum justicia" verstehen zu dürfen.

übung des Zollrechts geregelt. Von dem Ertrag werden dem Bischof, ausser gewissen Abgaben in Geld, so oft er zu Augsburg badet, Leistungen in Gewandstücken entrichtet. Erwähnt die Urkunde auch nicht ausdrücklich eines Zöllners, so ist das Vorhandensein eines eigenen Zollbeamten kaum in Zweifel zu ziehen.

Dagegen hat der Bischof zwei andere vormals königliche Regale, die Wahrung des Stadtfriedens und das damit zusammenhängende Geleitsrecht, zu eigener Nutzung zurückbehalten: wie er allein Geleit erteilt und — dürfen wir beifügen — die Gebühren hiefür zu eigenem Nutzen verwendet, so ist ihm auch derjenige, welcher den Stadtfrieden gebrochen hat, zu der enorm hohen Busse von 10 Talenten verpflichtet.

Einen Hauptpunkt bilden die ständischen Verhältnisse der Einwohner. In der Stadtrechtsurkunde werden unterschieden ministeriales, urbani (civitatenses) und censuales. Ausser Erwähnung bleiben der Klerus und die leibeigene Familie der Kirche, die beide in keiner rechtlichen Beziehung zur Stadt stehen. Den obersten Rang nehmen die Ministerialen oder Dienstmannen der Kirche ein. Sie bekleiden die Hof- und städtischen Aemter und bilden die kriegerische Mannschaft für die Heerfahrten. Von den eigentlichen Bürgern sind sie scharf unterschieden. Dies ergibt sich zum Teil aus der Auseinanderhaltung der ministeriales und urbani, zum Teil werden aber auch die ministeriales ausdrücklich von der Stadt ausgeschlossen. Immer und überall stehen sie den Bürgern mit höherem Rang und Ansehen voran. Unter den urbani werden wir uns die Masse der zinspflichtigen und sonst abhängigen, wenn auch persönlich freien Leute zu denken haben.

Der Bischof erscheint als Herr der Bürger. Von den städtischen Grundstücken insgesamt erhält er jährlich vier Talente. Es ist dies der auch anderwärts vorkommende sogenannte bischöfliche Michaelisgrundzins, der wahrscheinlich auf die Grafschaftszeit zurückgeht und mit der Verleihung der Grafschaftsrechte an die Kirche gelangt ist. Da zur Aufbringung jener Pauschalsumme alle diejenigen mitzusteuern hatten, welche mit eigenem Grund und Boden in der Stadt angesessen waren, so werden auch die Ministerialen von dieser Grundsteuer nicht befreit gewesen sein. Ausser dieser regelmässigen Abgabe kann der Bischof aber auch noch ausserordentliche Beden von den Bürgern fordern: bei jeder Hoffahrt, die er auf Geheiss des Königs zum Nutzen seiner Kirche unternimmt, sowie bei jeder Romfahrt, auf die er sich mit dem Reichsheer oder zum Empfang der Konsekration begibt, soll er das einemal eine Beisteuer von 10 Mark von den Bürgern erhalten, das anderemal der Betrag zwischen ihm und den letzteren vereinbart werden. Treffen diese Leistungen an den Bischof alle Bürger ohne Unterschied, so sind zu den Natural- und Geldabgaben an den Vogt und den Burggrafen nur einzelne Gewerke (Bäcker, Metzger, Wurstmacher) verpflichtet. Es sind diese Abgaben

II. Die bischöfliche Stadt.

eine Art von Rekognitionsgebühr für das Schutz- und Gerichtsuntertänigkeits-Verhältnis; dafür spricht auch die Geringfügigkeit ihrer Beträge. Und auch die Donativen an den Bischof bedeuten wohl mehr eine Anerkennung seiner Herrschaft über die Stadt, als eine privatrechtliche Abhängigkeit von ihm in dem Sinne, dass die persönliche Freiheit der Bürger dadurch verkürzt wäre.

Eine Schmälerung derselben haben jedoch die kirchlichen Censualen erlitten. Der Bischof wird ihr defensor (Schirmherr) genannt, alle ihre Habe soll bei Säumnis in der Zinszahlung in der Gewalt desselben sein. Doch erscheinen auch diese bischöflichen Censualen nicht mehr rechtlos gegenüber ihrem Herrn. Wenn sie ihren Zins bezahlen und die drei Vogtdinge regelmässig besuchen, so dürfen sie nicht weiter mit Auflagen beschwert werden, ausser dass nach ihrem Tode ihr bestes Stück Vieh an den bischöflichen Fronhof und ihr Arbeitskleid an den Gerichtswaibel fällt. Die bischöflichen Zinsleute — diejenigen der übrigen Kirchen der Stadt befanden sich in einer ähnlichen Lage — werden meist sogenannte kleine Leute gewesen sein, die sich auf dem Grund und Boden der Kirche angesiedelt haben, sei es als Handwerker oder Ackerbauer. Dass die Bodenbearbeitung damals noch einen wichtigen Erwerbszweig der Einwohnerschaft ausmachte, ja wenigstens nebenbei so ziemlich von allen Einwohnern betrieben wurde, dürfen wir schon aus der Analogie anderer Städte der damaligen Zeit entnehmen, die bekanntlich durchgängig mehr den Eindruck von Dörfern als von Städten im jetzigen Sinne machten. Wir erhalten aber überdies speziell was Augsburg anlangt eine Bestätigung hierüber durch zahlreiche Urkunden aus noch späterer Zeit, in welchen die Bürger über landwirtschaftliche Grundstücke Verträge abschliessen.

Von einem korporativen Zusammenschluss der Bürger und einer gemeindlichen Organisation enthält das erste Stadtrecht noch keine Andeutung. Man hat zwar aus dem Umstand, dass die Michaelisgrundsteuer sowohl als die Ehrengaben an den Bischof nicht von den einzelnen gefordert werden, sondern auf die Bürger insgemein gelegt sind, dass hiebei die Romfahrtbede jedesmal besonders zwischen Bischof und Bürgern vereinbart werden soll, und endlich aus der Bestimmung, dass eine dem Bischof vorgetragene Gesamtbeschwerde über das Verhalten des Burggrafen oder des Vogts eine Entsetzung der letzteren zur Folge haben kann, auf das Vorhandensein einer bestimmten gemeindlichen Organisation einen Rückschluss gemacht, aber — wie uns dünkt — mit Unrecht. Die einzige urkundlich bezeugte Beteiligung der Bürger an der öffentlichen Verwaltung ist ihr Beisitz im Vogt- und Burggrafengericht; hiervon abgesehen, trägt die gesamte Stadtverwaltung noch den Charakter der reinen bischöflichen Herrschaft an sich.

Von eigentlichem Privatrecht enthält die Urkunde nur wenig. Einen nicht unbeträchtlichen Prozentsatz der Einwohnerschaft der damaligen Städte bildeten Leute unfreier Herkunft, die ihrem bisherigen Herrn entlaufen waren und in der Stadt Aufnahme gefunden hatten. Wenn dafür die Urkunde den Ausdruck „das Bürgerrecht erlangen" (jus civitatis nancisci) gebraucht, so darf hiebei nicht etwa an eine förmliche Aufnahme in ein noch gar nicht existierendes Bürgerrecht, durch welches nun sofort dem Neuaufgenommenen eine Reihe bestimmter Rechte und Pflichten zugeteilt worden wäre, gedacht werden: dies geschah erst viel später, nach der Ausbildung der Ratsverfassung; im Jahre 1104 bedeutete es jedenfalls nichts weiter als die Tatsache, dass ein vom Lande in die Stadt Eingewanderter in den Schutz derselben aufgenommen worden ist, sodass Ansprüche an ihn nur vor dem Stadtgericht geltend gemacht werden können. Bei dem bedeutenden Grundbesitz, den die Kirche auch innerhalb des eigentlichen Stadtgebietes besass und für dessen Verwertung die einheimische Censualenbevölkerung immer weniger ausreichte, musste ihr ein solcher frischer Zustrom vom Lande doppelt erwünscht sein. Und es war daher wieder nur das eigene Interesse der Kirche, die neuen Hintersassen gegen ihre früheren Herren zu schützen. Rein privatrechtlich ist die Bestimmung, dass wer einen Hof Jahr und Tag in ruhigem Besitze gehabt hat, gegen jede spätere Anfechtung geschützt wird.

III. Augsburg wird Reichsstadt.

Verfolgen wir nun die Entwicklung, welche die Verfassungs- und Rechtsverhältnisse Augsburgs im Anschluss an das älteste Stadtrecht genommen haben, so stossen wir alsbald nach dem Jahr 1156 auf ein Ereignis, das von den allerwichtigsten Folgen für die Gestaltung der Aemter, dann aber auch der gesamten Stadtverfassung begleitet war. Im Jahre 1167 starb ohne Hinterlassung von Erben Adelgoz von Schwabeck, der letzte Inhaber der Augsburgischen Vogtei[1]. Mit den übrigen Besitzungen desselben nahm Kaiser Friedrich I. auch jene an sich. Und zwar, wie uns der Berichterstatter Burchard von Ursperg meldet, nachdem er zuvor hierüber die Zustimmung des Bischofs erlangt hatte. Selbstverständlich konnte sich diese Einziehung nur auf denjenigen Bestandteil der Vogtei beziehen, welcher zur Zeit der ottonischen Privilegien durch die Verleihung der Grafschaftsrechte an die Kirche gekommen war, also auf die Vogtei über die nicht kirchlichen Besitzungen oder, kurz gesagt, die Stadtvogtei. Die Herren von Schwabeck hatten beide Vogteien in ihrer Hand vereinigt, sie waren zugleich Stadt- und Kirchenvögte gewesen. Jetzt nach ihrem Aussterben fiel die Stadtvogtei an den König zurück,

---

1) Burchard, Chronicon Urspergense. Mon. Germ. Scr. XXIII.

während die Kirchenvogtei dem Bischof heimfiel. Die erstere bleibt nun bei den Staufern, bezw. bei den Herzögen von Schwaben, die den Stadtvogt einsetzen und seine Amtsführung überwachen; ihrer Energie und Vorsicht gegenüber ist von da ab kein Versuch mehr gemacht worden, das Amt erblich zu machen oder in dem Uebermass wie früher zum eigenen Nutzen auszubeuten. Die Stadtvögte nahmen nunmehr in Augsburg selbst ihren Sitz. Unverkennbar findet von da an eine starke Kompetenzerweiterung des königlichen Vogts auf Kosten des bischöflichen Burggrafen statt. Im alten Stadtrecht erscheint der Burggraf beispielsweise noch im Besitz der gesamten Civil- und eines Teils der Kriminalgerichtsbarkeit. Die letztere hat er im Stadtrecht von 1276 ganz, die erstere bis auf geringe Reste an den Vogt verloren. In Handhabung der Gewerbe- und Handelspolizei erscheint der Vogt wenigstens mitberechtigt; in andern städtischen Angelegenheiten ist dagegen der Stadtrat mit freigewählten Vorstehern an der Spitze ausschliesslich kompetent geworden.

So wurde allgemach Augsburg aus einer bischöflichen Stadt eine königliche Stadt[1], wenn auch noch eine zeitlang Verpflichtungen gegenüber dem Bischof fortdauerten, die ihn gewissermassen berechtigten, sich den Herrn der Stadt und diese seine Stadt zu nennen, wie es sogar noch geschah, als die Stadt bereits ihre völlige Freiheit erlangt hatte.

Dieser Zwitterstellung wurde erst in der Mitte des 13. Jahrhunderts in dem langen und harten Kampf der Stadt mit dem Bischof Hartmann von Dillingen (1248—1286) ein Ende gemacht. Bischof Hartmann gehört zu denjenigen geistlichen Fürsten des 13. Jahrhunderts, die, mit seltener Kraft des Geistes und Energie des Willens ausgerüstet, noch einmal, ganz erfüllt von dem ausschliesslichen Recht der Kirche, die fast verlorne Position zu behaupten suchen. Wie in Strassburg Walter von Geroldseck (1260—1263), in Köln Konrad von Hochstaden (1260—1263), in Speyer Friedrich von Bolanden (1232—1302) mit allen Mitteln der Gewalt und List die aufkeimende Stadtfreiheit zur alten Untertänigkeit herabdrücken wollten, dabei aber ohne Ausnahme unterlagen, so richtete auch Bischof Hartmann während seiner ganzen Regierungszeit sein Streben auf Wiedererlangung, bezw. Behauptung der alten Machtstellung der Kirche. In hohem Grade wurden diese Bestrebungen unterstützt durch die Ohnmacht, in die die Reichsgewalt in jenen Jahren versunken war, und durch das Beispiel der weltlichen Fürsten, die gerade damals an die Bildung einer starken Territorialmacht gingen.

Gleich zu Anfang der Regierung Hartmanns finden wir die Bürger im Aufstand gegen ihn begriffen, wobei die Häuser und Höfe des Domkapitols zerstört wurden. Das Zerwürfnis artete bis zur offenen Feldschlacht am Hammelberge aus, in der die Bürger Sieger geblieben zu sein scheinen,

---

1) Urbs regia heisst Augsburg in einer Urkunde König Heinrichs VI. von 1231 (Mon. boi. XXX a. nr. 702).

da der Bischof sich zu einem unbequemen Vergleich entschliessen musste[1]). Man kann mit allem Recht diesen Vergleich den ersten Freiheitsbrief der Stadt nennen, indem er nicht nur verschiedene Lasten der Bürgerschaft aufhob, sondern ihr auch wichtige Freiheiten und Rechte verlieh. An der Spitze des Vertrags steht das bedeutsame Zugeständnis, dass in Zukunft alle Tore[2]) der Stadt in der Bürger Gewalt und Obhut sein sollten. Sodann wendet sich der Rechtsbrief den persönlichen Rechtsverhältnissen der verschiedenen Einwohnerklassen zu und bestimmt, dass der civis servilis conditionis seinem Herrn jährlich nur 12 Pfennige Augsburger Münze oder den gleichen Wert in anderer, der servus in feodum datus aber seinem Lehensherrn bloss 4 Kannen Meth zu leisten habe. Stürben dieselben ohne Erben, so sollte das gesamte Vermögen dem Herrn zufallen. Die Zinsleute sollen den üblichen Jahreszins entrichten, im übrigen aber frei sein, nur dass nach dem Tode das beste Gewandstück dem Zinsherrn abgeliefert werden sollte (Totfall, Sterbfall). Die ministeriales et liberae personae sollen nur das bei den übrigen Bürgern Hergebrachte zu leisten schuldig sein. Gehe aber ein ministerialis ecclesiae unbeerbt mit Tod ab, so solle dessen Nachlass der Kirche zufallen. Die Geistlichen, die Beamten und die „Familie" der Kirche dürfen mit keinerlei Steuer belegt werden, wenn sie nicht Kaufmannschaft oder Handel treiben.

Aus diesen letzten Bestimmungen geht klar hervor, dass die Bürgerschaft sich dem Bischof gegenüber zu einem abgegrenzten Kreise zusammengeschlossen hat. Denn nur daraus erklärt sich das Recht, Steuern und Abgaben aufzulegen.

Die Streitigkeiten zwischen Bischof und Stadt waren jedoch durch diesen Vergleich noch nicht beigelegt: drei Jahre später begegnet uns ein zweiter Vergleich[3]), der den Bürgern neuerdings die früher verliehenen Freiheiten gewährleistete und sie an der Erhebung des von dem Bischof

---

1) Urkundenbuch d. St. Augsburg I. nr. 9.

2) Von den späteren Toren haben im 13. Jahrhundert schon bestanden: das nördliche (Frauen-) und südliche Burgtor (doch waren vermutlich die die alte Bischofs- von der südlich anstossenden Bürgerstadt trennenden Mauern damals bereits gefallen), das Haunstetter- (spätere Rote-) Tor, das Sträffinger- (spätere Barfüsser-) Tor, das Gögginger-Tor und wahrscheinlich auch schon das Heil. Kreuztor am Nordende der heutigen Ludwigstrasse. Diesem Mauerzug entsprechend müssen damals die Stadtteile südlich vom Perlach bis St. Ulrich, am Abhang des Perlachs und westlich von St. Moritz, event. auch vom Perlach bis Heil. Kreuz bereits bestanden haben. Die sog. untere Stadt bei St. Georg und St. Stephan und die Jakobervorstadt erhielten erst im 14. Jahrhundert feste Mauern, denn erst da treten das Klinker-, Wertachbrucker-, Stephinger- und Jakobertor (nova porta, Steuerreg. v. 1346) urkundlich sicher auf. — Das Vogel- und Oblattertor gehören erst der Mitte des 15. Jahrhunderts an. P. Dirr, Aus Augsburgs Vergangenheit (1906) S. 10.

3) Urk.-Buch I. nr. 13.

gleich nach seinem Regierungsantritt bewilligten Ungelds, einer Art Konsumtionssteuer, nicht hindern zu wollen verspricht. Noch eine Zeit lang erneuert der Bischof die abgelaufene Frist[1]), bis schliesslich (am Ende des 13. Jahrhunderts) die Erhebung als ein Recht in Anspruch genommen wird, das keiner ferneren Verleihung mehr bedarf. Eine wesentliche Stütze ihrer Bestrebungen hatte die Bürgerschaft an der stetigen Finanznot der bischöflichen Kirche, die sich gezwungen sah, gegen Darleihung namhafter Summen ein Recht nach dem andern aus der Hand zu lassen. So verpfändet Bischof Hartmann 1253 dem Augsburger Bürger Heinrich Schongauer gegen ein Darlehen von 150 Pfund Pfenn. die bischöfliche Mühle in Augsburg[2]) und belehnt denselben für 270 Pfund Pfenn. mit den Zollerträgnissen der Wertachbrücke und einem bischöflichen Meierhof vor dem Haunstettertor[3]); gleichzeitig überträgt er für 100 Pfund Pfenninge den der Kirche von altersher gehörigen, schon im Stadtrecht von 1104 genannten Marktzoll leibgedingsweise auf die Söhne des Bürgers Heinrich Schongauer[4]), weiter überliess er im Jahr 1262 an dieselben für ein Darlehen von 50 Pfund das schon stark geschmälerte Burggrafenamt auf 12 Jahre[5]); ferner 1272 den Bürgern die Münze auf 3 Jahre[6]).

Den wichtigsten Gegenstand in den Verhandlungen jener Jahre bildete jedoch die Vogtei. Seitdem die Macht der Staufer mehr und mehr schwand, scheint auch die Verfügung über jenes Amt ihrer Hand entfallen zu sein. Als Herzog Konradin von Schwaben, der letzte Hohenstaufe, 1264 mit seinem Oheim Herzog Ludwig dem Strengen von Bayern in Augsburg weilt, stellt er die Frage der Vogtei zur Entscheidung eines Fürstengerichts. Gleichzeitig nimmt er die Stadt unter Hinweis auf die zwischen ihr und Bischof Hartmann bestehenden Streitigkeiten in seinen Schutz[7]). Trotzdem muss letzterer kurz darauf die Vogtei selbst in seine Hände bekommen haben. Denn nur daraus erklärt sich die von ihm im Jahre 1266 erfolgte Belehnung Konradins mit der Augsburger Vogtei[8]); doch sollte dieselbe nur ihm und seinen Leibeserben als solchen, nicht vermöge ihrer fürstlichen Würde zustehen, an niemand veräussert oder verpfändet werden und nur durch einen herzoglichen oder bischöflichen Ministerialen

---

1) Urk.-Buch I. nr. 41. 102. 116. 139 (Priv. Kön. Adolfs).

2) Urk.-Buch I. nr. 12. 3) Urk.-Buch I. nr. 16.

4) Urk.-Buch I. nr. 17.

5) Urk.-B. I. nr. 23. 1264 wurde die Ueberlassung auf weitere vier Jahre verlängert. Mon. boi. XXXIII a. nr. 97.

6) Urk.-B. I. nr. 43. 1277 wird die Frist auf weitere vier Jahre verlängert. Die Stadt bezahlt dem Bischof dafür 80 Pfd. Pfenn., übernimmt die Bestreitung der gewöhnlichen Ausgaben und verpflichtet sich, die bisherige Prägeform und Beschaffenheit der Münze aufrecht zu erhalten. Urk.-B. I. nr. 55. 7) Mon. boi. XXX a. nr. 806.

8) Mon. boi. XXX a. nr. 810.

oder einen Augsburger Bürger ausgeübt werden. Konradin hielt diese Bedingung nicht ein, sondern verpfändete 1268 an seinen Oheim Herzog Ludwig von Bayern für 300 Mark die Vogtei der Stadt Augsburg, die Kirchengüter in Füssen, die Burg Schwabeck und den Berghof bei Trauchburg[1]). Als Ludwig nun nach dem Tode seines Neffen (1268) lehensoberherrliche Ansprüche geltend zu machen suchte, schlossen 1269 Bischof, Domkapitel und Bürgerschaft ein Schutzbündnis[2]), wobei ersterer gelobte, er werde die Vogtei an niemand vergeben, als an den zukünftigen römischen König unter Zustimmung des Kapitels, der Ministerialen und angesehensten Bürger. Darüber entbrannte der Kampf; auf seiten des Bischofs standen Markgraf Heinrich von Burgau, Rudolf und Berthold von Hoheneck und viele andere Herren, auch eine Anzahl Augsburgischer Bürger. Bei Hammel a. d. Schmutter kam es zu einem blutigen Treffen, das für die Augsburger günstig ausgefallen sein muss, da der Herzog in einem Vergleich vom 31. März 1270[3]) auf alle Ansprüche an die Vogtei über die hochstiftischen Besitzungen Verzicht leistete und den Bischof bezüglich dieser nie mehr zu beirren versprach. 1272 kam es dann sogar zu einem besonderen Schutzvertrag mit dem Bayernherzog und der Gewährung völliger Handelsfreiheit für jene in dem Nachbarlande[4]). Die Vogtei blieb nun in den Händen Hartmanns bis auf die Zeit Rudolfs von Habsburg. Wann und in welcher Weise derselbe die Augsburger Vogtei an das Reich zurücknahm, lässt sich genau nicht bestimmen; jedenfalls aber war dieselbe zur Zeit der Niederschreibung des grossen Stadtrechts bereits in den Händen des Königs, da der Vogt an mehreren Stellen ausdrücklich „des kuniges vogt" genannt wird.

Während der Kämpfe der Bürgerschaft mit Bischof Hartmann taucht, in einer Urkunde von 1257[5]), zuerst der Name consules in der Bedeutung einer Bürgerrepräsentation auf[6]). In einer weiteren Urkunde von 1266[7]) stossen wir dann zuerst auf einen Vorstand (magister civium) dieser Bürgerbehörde. Jene consules bildeten zugleich durch Teilnahme an der Urteilsprechung den Gerichtsbeisitz im Vogt- und Burggrafengericht[8]). Die Bestimmung des Stadtbuches von 1276, dass der Ratmann ein „ehrbarer" Mann sein soll, „der mit der Stadt hebt und legt", darf wohl dahin verstanden werden, dass nur die Angehörigen der Geschlechter als ratsfähig galten. Begünstigt wurde diese Herrschaft einer Bürgeraristokratie

---

1) Mon. boi. XXX a. nr. 821. 2) Mon. boi. XXXIII a. nr. 107.
3) Mon. boi. XXXIII a. nr. 108. 4) Urk.-B. I. nr. 45.
5) Urk.-B. I. nr. 15.
6) Eines eigenen Stadtsiegels geschieht bereits in einer Urkunde von 1239 (Urk.-B. I. nr. 4) Erwähnung.
7) Mon. boi. XXX a. nr. 816.
8) Vgl. die Urk. v. 1260 u. 1265 im Stadtbuch v. Augsburg, her. v. Chr. Meyer (1872) S. 323—25.

auch dadurch, dass nach einer andern Bestimmung des Stadtbuchs die Ergänzung der im Rat entstandenen Lücken durch die Abgehenden selbst geschehen sollte. Wahrscheinlich bildeten diejenigen Einwohner die Grundlage des städtischen Patriziats, die sich aus der Abhängigkeit zuerst wieder zur vollen Freiheit emporgearbeitet hatten und durch Handel und Kaufmannschaft zu Reichtum gelangt waren. Zu ihnen mochten sich Freie vom Lande gesellt haben, die zur Hebung ihres Wohlstandes nach der Stadt gezogen waren. Die nicht seltenen Beispiele von Benennung der Geschlechter nach Ortschaften in der Nähe Augsburgs weisen auf diese Entstehung hin[1]). Die am häufigsten vorkommenden Bürgernamen sind: Heinrich Schongauer, Ulrich Fundan, Stolzhirsch (curialis cervus) (Konrad d. A., Konrad d. J., Siboto), Konrad Bart, Volkwin, Heinrich von Weilheim u. a.

Die Bürger („die biderben burger die eltesten und auch die witzigsten [weisesten] ratgeber") waren es denn auch, die dem König Rudolf von Habsburg bei seinem Aufenthalt in Augsburg im Frühjahr 1276 die Bitte vortrugen, ihre Rechte in ein Statutenbuch zusammenstellen zu dürfen. Die Aufzeichnung[2]) („das Buch", Stadtbuch, spätestens 1281 vollendet) enthält, im Gegensatz zu dem ausserordentlich knappen, kaum über den Umfang einer Kaiserurkunde hinausgehenden älteren Stadtrecht, eine reichhaltige Sammlung von Bestimmungen aus allen Gebieten des Rechts. Die öffentliche Gewalt erscheint zwischen den drei Faktoren: König, Bischof, Gemeinde geteilt. Die Kompetenz des Vogts ist annähernd noch dieselbe wie im alten Stadtrecht. Für sein Gericht, das nach wie vor namentlich die peinlichen Rechtsfälle abzuwandeln hat, sind insbesondere die drei jährlichen Vogtdinge bestimmt, die je vom Montag nach Walpurgis, Michaelis und Lichtmess drei Tage lang, den ersten Tag auf der (bischöflichen?) Pfalz, den zweiten und dritten Tag auf dem Dinghause abgehalten werden. In Handhabung der Gewerbe- und Handelspolizei erscheint der Vogt neben dem Burggrafen wenigstens mitberechtigt, wie ihm auch die Verleihung des Bürgerrechts zusteht. Als polizeiliche und gerichtliche Hilfsorgane sind ihm Waibel mit einem Selbmeister als Vorstand zugeordnet. Beschwerden über die Amtstätigkeit des Burggrafen gehen in erster Instanz an seinen bischöflichen Herrn, in zweiter an den Vogt. Ueberall aber, in der Verwaltung der Gerichtsbarkeit sowohl als der städtischen Angelegenheiten, steht ihm der Rat zur Seite.

Auch des Burggrafen Kompetenz ist so ziemlich noch die alte. Er richtet in Schuldsachen und hat die Aufsicht über Mass und Gewicht, über Lebensmittel u. s. w. Auch er ist, wie der Vogt, dabei an den Beirat des Stadtrats gebunden. Der letztere tritt als selbständige Gemeinde-

---

1) Chronik. d. deutsch. Städte IV. S. XXXIII.
2) Stadtbuch von Augsburg.

behörde fast noch gar nicht hervor; nur wenige Stellen deuten auf ein unabhängigeres Verhältnis hin: so sind z. B. die Stadtmauern ausschliesslich in der Gewalt der Bürger. Es waren die ersten Regierungsjahre König Rudolfs von Habsburg; nach jahrelangen Kämpfen mit Bischof Hartmann war, wie im Reiche überhaupt, so auch in Augsburg durch das feste und energische Eingreifen des neuen Königs Friede und Ordnung wieder hergestellt und die Vogtei, der Hauptgegenstand des Streites, zum Reiche zurückgenommen worden. Was war natürlicher, als dass die unmittelbar darauf folgende Niederschreibung des Stadtrechts Augsburg noch mehr als eine königliche, d. h. von königlichen Beamten regierte, denn als eine freie, d. h. von selbstgewählten Organen regierte Stadt erscheinen lässt?

Neben dem Vogt- und Burggrafengericht erwähnt das grosse Stadtrecht ein geistliches Gericht (Kapitel) für Ehesachen, Seelmessstiftungen, Wucher und verfallene Pfänder. Sämtlichen Kirchen der Stadt steht das Asylrecht zu. Die Ausübung des Münzrechts ist dem bischöflichen Münzmeister und seinen 12 Hausgenossen übergeben. Jede Weihnachten erhält der Bischof 1 Pfund Pfenninge als Opferpfennige, das Gleiche bei jeder Neuausprägung. Silber darf nur an die Münze verkauft werden; gebrauchen die Bürger solches für ihre Handelsgeschäfte nach Frankreich oder Venedig, so dürfen sie es bis zum Höchstbetrag von 40 bezw. 20 Mark in der Münze kaufen.

Wie die Münze, so sind auch Zölle und Wage noch in der Hand des Bischofs. Die ersteren werden in doppelter Form erhoben: als Verkaufszölle am Markt und als Eingangszölle an den Toren. Der bischöfliche Zöllner erhebt den jährlichen Michaeliszins von den in der Stadt zu Burgrecht liegenden Grundstücken. Jedes grössere Kaufquantum muss auf der bischöflichen Fronwage gewogen werden. Eine Reihe detaillierter Bestimmungen betreffen einzelne Handwerke, wie die Tuchhändler, Lodenweber, Krämer, Hutmacher, Messerschmiede, Weissgerber, Rindsschuster, Lederhändler, Fischer, Geflügelhändler, Träger u. s. w.

1291 erfolgte eine neue Rats- und Gerichtsordnung [1]). Der alte Zwölferrat hat sich zu einem Vierundzwanziger-Rat erweitert, doch so, dass neben diesem ein Ausschuss von zwölf Mitgliedern unter dem Namen der „Zwölfer" oder der alte Rat bestehen blieb. Ueber das Verhältnis dieses Ausschusses zum Plenum enthalten die Quellen keine Andeutung. Vermutlich war der ganze Rat die regierende Behörde, während der Zwölferrat nur eine vorberatende Funktion hatte. Dieser regierende oder, wie er gewöhnlich genannt wurde, kleine Rat versammelte sich regelmässig Dienstags und Samstags auf dem Rathause, das genau auf der Stelle des heutigen Rathauses stand. Der Zwölferrat hatte keine festgesetzten Sitzungstage. Ein weiterer Ausschuss des kleinen Rates waren die Vierer.

---
1) Stadtbuch S. 235—239.

Sie hatten eine doppelte Funktion, indem sie einmal neben den Pflegern die Ordnung in den Ratssitzungen aufrecht zu erhalten hatten und sodann als gesonderter Ausschuss die an den Rat zu bringenden Vorlagen berieten. Ausserdem standen sie dem Vogt und dem Burggrafen bei besonderen richterlichen und polizeilichen Funktionen, wo die Beiziehung des ganzen Rates unnötig erschien, zur Seite (Verleihung des Bürgerrechts, Beaufsichtigung der Kornmesser, der Gewichte und Masse).

An der Spitze der Stadtverwaltung standen die beiden Pfleger. Sie erscheinen zuerst in einem Ratsdekret von 1294[1]). Wann dieselben an Stelle des älteren Bürgermeisters als Ratsvorsteher aufgekommen sind, lässt sich nicht nachweisen. Sie wechselten ebenfalls jedes Jahr, indem sie wahrscheinlich nach der Neuwahl des kleinen Rates aus der Mitte desselben gewählt wurden.

Endlich wurde dem aristokratischen kleinen Rat gegenüber eine mehr demokratische Gemeindevertretung durch den sogenannten grossen Rat gebildet. Dieser begegnet uns indirekt schon im Grundtext von 1276 Art. LIV (S. 124). Ueber die Zusammensetzung, Wahlmodus u. s. w. desselben ist jedoch nichts bekannt.

Fassen wir unsere Untersuchung zusammen, so ergibt sich für das Ende des 13. Jahrhunderts folgendes Bild der Ratsverfassung: Den Mittelpunkt des städtischen Verwaltungsorganismus bildet der kleine Rat, aus 24 Mitgliedern bestehend. Er hat sich aus dem alten Zwölferrat dadurch herausgebildet, dass der letztere nach und nach in seiner Mitgliederzahl auf 24 gestiegen ist. Der so angewachsene Rat trat früher jedes Jahr ab, nachdem er zuvor einen neuen Rat an seine Stelle gesetzt hatte[2]). Noch vor dem Jahr 1291 muss jedoch eine Aenderung dahin erfolgt sein, dass fortan immer nur 12 Mitglieder aus dem Kollegium ausschieden; die andern 12 kooptierten sich dann durch 12 neue Mitglieder. Die 12 alten Ratgeben bildeten dann den alten Rat, das Plenum den regierenden kleinen Rat. Dieser wählte aus seiner Mitte den Ausschuss der Vierer und die beiden Pfleger und endlich aus der Bürgerschaft den grossen Rat. In allen diesen Kollegien entscheidet bei Abstimmungen einfache Majorität. Bei Streitigkeiten ist der Instanzenzug folgender: der alte Rat, der kleine Rat, der grosse Rat. Die Ratsverhandlungen waren nicht öffentlich; bei der Umfrage durften nur die Ratsgeschworen (d. h. wohl die Ratsmitglieder) anwesend sein.

Was nun das Verhältnis des Stadtrats zum Stadtgericht des Vogts und des Burggrafen anlangt, so weisen eine Menge Stellen[3]) sowohl des

---

1) Stadtbuch S. 161.   2) Stadtbuch S. 72 letzte Novelle.
3) Bez. des Vogts: art. V (S. 12), XXX. nov. 1 (S. 86), LXX. § 3. Nov. (S. 135), XCVII. nov. 1 (S. 178), nov. 6 (S. 179), CXIII (S. 188). Für die Zeit nach 1276 s. namentl. d. Urk. v. 1281 (Mon. boi. XXXIII a. nr. 138). Bez. d. Burggrafen: Art. VII. (S. 13), CXIV § 5 (S. 193), CXXIV § 1 (S. 203).

III. Augsburg wird Reichsstadt.

Grundtextes des Stadtbuchs als der Nachträge darauf hin, dass die jeweiligen Ratgeber das Amt von Urteilern im Gericht des königlichen und bischöflichen Beamten versahen. Diese Doppeleigenschaft des Rats hat nichts Auffallendes, wenn man erwägt, wie schwer es in jener Zeit war, die nötige Anzahl tüchtiger Kräfte zusammenzubringen. Dazu kommt noch, dass die Kompetenz des Vogts, wenigstens in den ersten Jahrzehnten nach Niederschreibung des Stadtrechts, keineswegs von der des Rats scharf geschieden war, dass vielmehr wichtige Zweige der Stadtverwaltung damals noch in seiner Hand lagen, die er ebenfalls gemeinsam mit den Ratgeben handhabte.

Seit dem Ende des 13. Jahrhunderts naht sich der Prozess, durch den Augsburg aus einer bischöflichen Stadt eine Stadt des Reichs wurde, seinem Ende. Einengung der bischöflichen Rechte, womöglich Erwerbung derselben für die Stadt einerseits, Erlangung von Privilegien aus der Hand des Königs andererseits — das sind die beiden Richtungen, in denen die Bürgerschaft die nächste Zeit hindurch ihre Tätigkeit entwickelt.

1279 wurde die Stadt von einer grossen Feuersbrunst heimgesucht; es geht dies aus einer Urkunde König Rudolfs hervor, durch die er die Bürger auf ein Jahr von Bede und Steuer befreit[1]).

Als ein Palladium der städtebürgerlichen Freiheit galt namentlich die Befreiung der Bürger von auswärtigen Gerichten. Für Augsburg ist eine solche zuerst urkundlich bezeugt in einem Privilegium König Adolfs von 1294[2]). Die Erneuerung desselben sowie überhaupt die Bestätigung aller Rechte seitens der späteren Könige bildet dann immer eine der vornehmsten Sorgen der Bürgerschaft bei eintretendem Thronwechsel.

Gegen das Ende des 13. Jahrhunderts erneuerten sich nochmals trotz des Vergleichs von 1270 die Streitigkeiten mit den Herzogen von Bayern wegen der Augsburger Vogtei, ja es kam sogar hierüber zu neuem Kriege mit Herzog Ludwig. Am 8. Februar 1292 einigte sich jedoch dieser mit Bischof Wolfhard und der Stadt Augsburg über Einsetzung eines Schiedsgerichts[3]). Ludwig überliess dem Bistum die Vogtei für die nächsten fünf Vierteljahre[4]). Zu gleicher Zeit begab sich die Stadt Augsburg, „da sich die Lande nach Unfrieden stellten", zu Friedberg unter den Schutz des Herzogs und schloss mit ihm Bündnis und Landfrieden[5]). 1294 starb Herzog Ludwig. Sein Sohn und Nachfolger Rudolf einigte sich am 4. Oktober 1295 auf dem Lechfeld mit Bischof Wolfhard und den Bürgern von Augsburg neuerdings über einen schiedsrichterlichen Austrag ihrer Streitigkeiten[6]), ohne dauernden Erfolg, da uns bereits

---

1) Urk.-B. I. nr. 61.   2) Urk.-B. I. nr. 140.
3) Mon. boi. XXXIIIa. nr. 185.
4) Mon. boi. XXXIIIa. nr. 186.   5) Urk.-B. I. nr. 129.
6) Mon. boi. XXXIIIa. nr. 199. Vgl. auch d. Urk. v. 6. Dez. 1295. Urk.-Buch I. nr. 154.

zum nächsten Jahre von einem Ueberfall der bischöflichen Burg Mergentau a. d. Paar durch bayerische Truppen berichtet wird, den die Augsburger unter Führung ihres Dompropstes Friedrich mit einem verwüstenden Einfall ins bayerische Gebiet erwiderten, wobei die Stadt Friedberg und drei Burgen in Flammen aufgingen. Am 9. Mai 1297 kam dann endlich in München eine Aussöhnung zustande[1]), die dann im November des gleichen Jahrs durch ein auf zwei Jahre vereinbartes Bündnis gegen eine an der bayerisch-schwäbischen Grenze auftretende Einigung von Rittern eine weitere Kräftigung erfuhr[2]). Doch scheinen auch jetzt noch nicht alle Streitpunkte bereinigt worden zu sein, da laut Urkunde vom 31. Dezember 1297 König Adolf die Streitteile auf Laetare 1298 vor sein Gericht citiert[3]).

IV. Augsburg im 14. und 15. Jahrhundert.

Eine glänzende Periode der Stadtgeschichte beginnt mit der Regierung Kaiser Ludwigs des Bayern. Schon in der vorkaiserlichen Zeit Ludwigs hatten freundschaftliche Beziehungen zwischen diesem und der Stadt bestanden. 1308 waren Rat und Domkapitel mit den herzoglichen Brüdern zu einer Einung behufs Wahrung des durch den Tod König Albrechts gefährdeten Landfriedens gelangt[4]). In dem Tronstreit Ludwigs mit Friedrich von Oesterreich hielt Augsburg von Anfang an treu zu ihm, nicht nur im Gegensatz zu dem eigenen Bischof Friedrich, sondern auch fast allein von allen schwäbischen Städten — ein unschätzbarer Vorteil für Ludwig, weil es ihm den ersten Anprall des Feindes vom Westen her abhielt. Die Stadt gewährte ihm 1315, als Herzog Leopold von Oesterreich, der Bruder Friedrichs, mit Heeresmacht von Schwaben her, wo das Haus Habsburg stark begütert war, anrückte und die bayerische Stadt Landsberg einnahm, Schutz in ihren Mauern[5]) und Gelegenheit, eine grössere Streitmacht um sich zu sammeln, zu der die Stadt selbst ein ansehnliches Kontingent stellte, und dem Habsburger nach Buchloe entgegenzurücken. Sie sah dafür ihre noch nicht in die städtische Befestigung eingezogenen Vorstädte in Flammen aufgehen; doch jagten die Bürger den Feind von den Mauern weg. Bei der Zerstörung des Städtchens Herrieden, einem Schlupfwinkel für Räuber und Diebe, welches Kraft von Hohenlohe, einem Anhänger Friedrichs, ge-

---

1) Mon. boi. XXXIIIa. nr. 209.
2) Urk. v. 8. Nov. in Mon. boi. XXXIIIa. nr. 214.
3) Urk.-B. I. nr. 165.   4) Mon. boi. XXXa. nr. 275.
5) Nach einer alten Tradition holten die Bürger den König in finsterer Nacht mit Fackeln von Friedberg her in ihre Stadt.

hörte, beteiligte sich auch Augsburg mit Mannschaft (März 1316¹). In den nächsten Jahren verliess das Kriegsglück Ludwig; er zog sich ganz nach Bayern zurück, wo sein älterer Bruder Rudolf mit Tod abgegangen war. Durch den gleichzeitigen Einfall der habsburgischen Brüder in Bayern (Leopold von Schwaben, Friedrich von Oesterreich her) geriet auch Augsburg in die äusserste Bedrängnis, so dass es sich genötigt sah, mit den Verbündeten des letzteren am 2. November 1319 einen dreijährigen Waffenstillstand abzuschliessen²). Ob in der Schlacht, welche die Entscheidung für Ludwig brachte, Augsburger mitkämpften, ist nicht sicher, urkundlich beglaubigt dagegen die Nachricht, dass der Münchner Eberlin, der die Siegesbotschaft überbrachte, und der Bote mit dem königlichen Briefe von der Stadt ein reiches Geschenk erhielt³). Aus den späteren Kriegsjahren erfahren wir bezüglich einer Beteiligung der Augsburger nur noch, dass sie zu dem Heere Ludwigs, das 1324 die österreichische Feste Burgau belagerte, eine stattliche Mannschaft gestellt hatten. Burkhard von Ellerbach verteidigte die Burg aufs tapferste; bei einem Ausfall nahm er den Belagerern 500 Pferde weg. Zu Weihnachten zogen deshalb die Augsburger ab, und auch der König hob bald darauf, als Herzog Leopold zum Entsatz heranrückte, die Belagerung auf⁴). Dass der Augsburger Hauptmann Bertold Bitschlin bei dieser Belagerung fiel, haben wir schon oben erwähnt. Im März des nächsten Jahres schloss Augsburg mit dem Ellerbacher einen einjährigen Waffenstillstand ab⁵).

Auch in Ludwigs Kampfe mit dem Papsttum stand Augsburg treu zu seiner Seite, ebenso auch der Klerus, indem er die Verkündigung von Bann und Interdikt gegen Ludwig und die Anerkennung des von Papst Johann XXII. aufgestellten Gegenbischofs weigerte.

Ludwig bewies sich der Treue seiner Stadt gegenüber dankbar. Gleich nach seiner Königswahl bestätigte er den Bürgern alle Freiheiten, welche sie von seinen Vorgängern im Reiche erlangt hatten, und befreite sie von jeder fremden Gerichtsbarkeit, die auch dann nicht Platz greifen sollte, wenn es sich um Bürgergüter in fremdem Gebiete handelte⁶). Später bestimmte er, unter Nachlass der Steuer auf die Dauer von vier Jahren, die Summe von jährlich 400 Pfund Pfenn. für ewige Zeiten als der Stadt höchste Reichssteuer⁷). Durch Urkunde vom 9. Januar 1316⁸) erklärt der König die Stadt für ewig vom Reich unveräusserlich⁹), stellt ihre

---

1) J. Knöpfler, Kaiser Ludwig d. B. u. d. Reichsstädte etc. in Forsch. z. Gesch. Bayerns XI. S. 12—13.   2) Urk.-B. I. nr. 252—256.
3) Baumeisterrechnung v. J. 1322.   4) S. Riezler II. 358.
5) Urk.-B. I. nr. 276.   6) Urk.-B. I. nr. 233.
7) Urk.-B. I. nr. 234.   8) Urk.-B. I. nr. 235.
9) Mit Recht hat man (J. Knöpfler, S. 12. Anm. 3) darauf hingewiesen, dass damit die Stellung Augsburgs als Reichsstadt rechtlich anerkannt war. Die Worte der Urkunde: cives Augustenses qui discreti probantur, beziehen sich nicht bloss auf die Geschlechter als die allein zum Gerichtsbeisitz mit

Bürger den Reichsministerialen gleich, so dass sie gleich diesen mit Edeln und Vasallen zu Gericht sitzen und Urteil finden können, und bestimmt, dass sich bei Strafe der Acht niemand ihrer gestrandeten oder dem Feuer entrissenen Güter bemächtigen solle. 1324 sichert er den Handel und Verkehr der Stadt in Bayern[1]). Als Kaiser erweiterte er das Münzrecht der Stadt und gab ihr das Recht, über die schädlichen Leute zu richten, welche die Bürger an Leib oder Gut gefährdeten[2]), und freie Flossfahrt auf der Wertach[3]). Er ermächtigte die Augsburger, die Raubschlösser Brenz und Stotzingen zwischen Augsburg und der rauhen Alb, die den Handelsverkehr der Stadt arg geschädigt hatten, zu zerstören[4]). Zusammen mit den im Landfrieden vereinigten Städten zogen sie vor die Raubnester und machten sie dem Erdboden gleich. Zur Entschädigung für die aufgewendeten Kosten überliess Ludwig der Stadt 1000 Mark Silber auf die zu den Burgen gehörigen Güter[5]). Für den Handel nach Bayern stellte Ludwig eigene Sicherheits- und Geleitsbriefe aus und räumte der Stadt das Pfandrecht gegen ihre Schuldner in Schwaben und Bayern ein[6]).

Ludwig war mehr als zwanzigmal persönlich in Augsburg, und ein Augsburger, Magister Ulrich Hofmayer, war sein oberster Ratgeber und Geheimschreiber.

Die nächsten Jahre nach dem Tode Kaiser Ludwigs (11. Oktober 1347) sind ausgefüllt durch einen Streit der Stadt mit ihrem Bischof Markwart von Randeck[7]), einem der bedeutendsten und tatkräftigsten Kirchenfürsten des ausgehenden Mittelalters. Derselbe war von Papst Clemens VI. 1348 gegen den bisherigen Bischof Heinrich von Schöneck zum Bischof ernannt worden. In dem jetzt zwischen beiden ausbrechenden Kampfe verhielt sich die Bürgerschaft zunächst teilnahmslos, bis ihr der neue Kaiser Karl IV. die Anerkennung und Unterstützung Markwarts gebot[8]). Schon im Mai 1349, gerade zur Zeit, als die berüchtigten Geissler (Flagellanten), etwa 400 an der Zahl, auch nach Augsburg kamen, wo sie übrigens, im Gegensatz zu andern süddeutschen Städten, nur eine kühle Aufnahme fanden[9]), finden wir Markwart zunächst im

---

den Rittern Berechtigten — wie P. v. Stetten (Gesch. d. Augsb. Geschlechter S. 8) u. K. H. Roth v. Schreckenstein, Das Patriziat etc. (1856) S. 251, annehmen — sondern auf die Bürger insgesamt. Eine solche Einschränkung hätte sich schlecht mit der bekannten Bürgerfreundlichkeit Ludwigs vertragen.

1) Urk.-B. I. nr. 274.   2) Urk.-B. I. nr. 402.
3) Urk.-B. I. nr. 421.   4) Urk.-B. I. nr. 370.
6) Urk.-B. I. nr. 373. 422.   5) Urk.-B. I. nr. 372.
7) Vgl. üb. dies. F. X. Glasschröder, Marquart von Randeck, Bischof v. Augsburg u. Patriarch v. Aquileja, in der Zeitschrift d. hist. Ver. XXII. S. 97 flgd.   8) Urk.-B. II. nr. 457.
9) Chronik d. Erhart Wahraus in Chronik d. d. Städte IV. S. 221.

Bund mit der Stadt zur Bekämpfung Schwiggers von Mindelberg[1]), eines jener den aufblühenden Städten und ihrem Handel so gefährlichen Raubritter. Er war von dem ehemaligen Bürgermeister Heinrich Portner, der wegen Aneignung städtischer Gelder und liederlicher Finanzwirtschaft für ewig der Stadt verwiesen worden war[2]), gegen diese aufgereizt worden und hatte den Bürgern seit geraumer Zeit argen Schaden zugefügt. Am 19. Mai rücken Bischof und Bürgerschaft vor die Feste Mindelberg und nehmen sie ein[3]). Durch Urkunde vom 14. Juni[4]) unterwirft sich Schwigger. Zwei Jahre später treffen wir die Bürgerschaft dagegen im Konflikt mit Bischof Markwart. Das bischöfliche Hofgericht hatte wiederholt versucht, seine Kompetenz, welche sich den Bürgern gegenüber nach dem Stadtrecht von 1276 auf Ehesachen, Seelmessstiftungen, Wucher und verfallene Pfänder beschränkte, auf Kosten des Stadtgerichts zu erweitern. Der Rat nahm daraus Anlass, den Bürgern unter Androhung schwerer Strafen zu verbieten, in andern Rechtsstreitigkeiten einer Vorladung vor das geistliche Gericht Folge zu leisten oder andere dahin zu citieren[5]), und wandte sich zugleich an den Kaiser um Schutz für sein Gerichtsprivilegium[6]). Ueber den weiteren Gang des Streites sind wir nicht unterrichtet; vermutlich ist der Bischof von seinen Ansprüchen zurückgekommen. Ein zweiter Streitpunkt ergab sich im Jahre 1360 wegen des städtischen Ungelds. Am 29. Juni hatte die Bürgerschaft von Karl IV. ein Privilegium[7]) erlangt, für zehn Jahre ein Ungeld von Meth, Wein und Bier erheben zu dürfen. Dagegen lehnte sich Bischof Markwart, der eine solche Privilegienerteilung als ein Recht seiner Kirche in Anspruch nehmen zu müssen glaubte, auf und erliess unterm 24. November 1363 an den Pfarrer zu St. Moritz den Befehl, das Volk von der Kanzel herab zum Widerstand gegen die unbequeme Konsumtionssteuer aufzufordern[8]). Gleichzeitig führte er bei Papst Urban V. und dem Kaiser Klage gegen die Stadt. Ersterer beauftragte den Bischof Bertold von Eichstätt mit der Schlichtung des Streites[9]), während Karl IV. von vornherein in seiner Städtefeindlichkeit gegen die Stadt Partei ergriff und jede Beeinträchtigung der hochstiftischen Rechte untersagte[10]). Auch hier ist der Ausgang des Streites nicht bekannt. Da es jedoch noch unter dem Nachfolger Markwarts, Burkart von Ellerbach, neuerdings zu Zwistigkeiten über den gleichen Gegenstand gekommen ist, dürfte der Streit damals kaum verglichen worden sein.

---

1) Chron. d. Hector Mülich in Chron. d. d. Städte XXII. S. 2.
2) Urk.-B. II. nr. 459. „Er hielt Hof wie ein Grauf" und hatte die Stadt mit Hilfe von Landadeligen und Bauern gerade an dem Tage der grossen Judenverfolgung zu überrumpeln versucht. P. Dirr, S. 48—50.

3) Städte-Chron. IV. S. 246.   4) Urk.-B. II. nr. 468.
5) Gasser, S. 1490.   6) Urk.-B. II. nr. 494.
7) Urk.-B. II. nr. 532.   8) Urk.-B. II. nr. 578.
9) Urk.-B. II. nr. 542.   10) Urk.-B. II. nr. 583.

IV. Augsburg im 14. und 15. Jahrhundert.

Die Erweiterung der Stadtfreiheiten konnte eine Rückwirkung auf Hebung des bürgerlichen Gemeingeistes nicht verfehlen. Bis in die Mitte des 14. Jahrhunderts herein war Augsburg eine von seinen alten Geschlechtern regierte Stadt gewesen; Rat und städtische Aemter wurden allein aus jenen besetzt. Hier drängte jedoch schon die Natur darauf hin, dass mit der Zeit denjenigen Elementen der Bevölkerung, welche die eigentlich gewerbtreibenden waren, das Uebergewicht in der Regierung zufiel. Zwei benachbarte Gaue, Schwaben und Bayern, stossen hier zusammen, hier geht die Strasse nach den Alpen, nach Italien durch. Aus keiner von der Natur gesegneten Flur ragt Augsburg empor; das Lechfeld ist eine öde, dürftige Gegend. Aber die rührige Anstrengung wusste auch die Ungunst der natürlichen Verhältnisse zu kompensieren. Der Hauptvorteil der Lage ist ihr ausserordentlicher Wasserreichtum. Der Lech, der sich unterhalb Augsburg mit der Wertach vereinigt, ist kein schiffbarer Strom, der an und für sich den Handel begünstigte, aber dem Gewerbe nach jeder Richtung hin dienen durch ihr grosses natürliches Gefälle diese beiden Flüsse, welche mit noch zwei kleineren Bächen die ganze Stadt in unzähligen Armen durchschneiden. Augsburg ist auf das Gewerbe angewiesen, das, mit Fleiss, Kraft und Kenntnis ausgeübt, es auf seine Höhe gebracht hat, und hierauf fussend konnte sich erst der glänzende Handel entfalten, der immer erst in zweiter Linie steht. Aber erst nachdem die grosse demokratische Reform in der städtischen Verfassung vor sich gegangen war, konnte Augsburg allmählich sich zu der Stellung emporarbeiten, die es im 15. und 16. Jahrhundert eingenommen hat.

Die Bestrebungen, die ausschliessliche Herrschaft der Geschlechter in der Regierung der Stadt zu brechen, reichen bis in den Anfang des 14. Jahrhunderts zurück. Bei der 1303 zum Ausbruch gekommenen Verschwörung der Stolzhirsche handelte es sich allerdings zunächst nur um ehrgeizige Pläne innerhalb des Kreises der Geschlechter — Siboto und Leopold Stolzhirsch strebten das Bürgermeisteramt für ersteren an, während nach geltendem Rechte zwei Stadtpfleger an der Spitze des Stadtregiments stehen sollten —, es ist jedoch unzweifelhaft, dass die Aufständischen die Unzufriedenheit der breiten Massen der Bevölkerung mit dem patrizischen Regiment für ihre Zwecke klug benützten. Denn nur so wird die Strenge der Bestrafung erklärlich, mit der der Rat gegen die Schuldigen vorging: sie wurden samt ihrem Anhang auf ewig aus der Stadt verbannt. Zugleich wurde die bestehende Ordnung für die Leitung der städtischen Verwaltung neuerdings eingeschärft: schon die Verlautbarung einer andern Absicht sollte mit einjähriger Stadtverweisung geahndet werden; wer vollends nach dem Amte eines Vogts oder Bürgermeisters trachte, sollte wie ein Mörder bestraft werden, und sein Gut zwischen dem königlichen Vogt und der Stadt geteilt werden [1]).

---

1) Urk.-B. I. nr. 190—193. 195. 200. 202.

Immerhin fanden sich die Geschlechter durch die Opposition, die ihrem ausschliesslichen Regiment in den Kreisen der weiteren Bürgerschaft begegnete, zum langsamen Einlenken in der Richtung einer Heranziehung derselben zur Stadtverwaltung veranlasst. Seit 1340 geschieht die Rechnungsablage über Einnahmen und Ausgaben des städtischen Haushalts vor 6 Mitgliedern des kleinen Rats und vor 6 Männern aus der Gemeinde, welche kleiner und grosser Rat dazu bestimmen. Zu allen über 5 Pfd. Augsburger Pfennige hinausgehenden Ausgaben ist Zuziehung der Gemeinde erforderlich. Der kleine Rat wird von 12 auf 24 Mitglieder erhöht, und die jährliche Neuwahl der Hälfte angeordnet[1]).

Aber mit solchen kleinen Konzessionen liess sich die Bewegung nicht mehr aufhalten. Um die Mitte des Jahrhunderts hören wir von einer „Bruderschaft" und „Gesellschaft", die sich nach ihrem Versammlungslokal, der 1348 erbauten St. Jakobskirche, die „Jakober" nannte und offensichtlich auf einen gewaltsamen Umsturz der Verfassung hinarbeitete. Ihr entgegenzutreten, verbot der Rat alle Einungen und Verbindungen[2]).

In immer lauteren Klagen erging sich von jetzt an die Gemeinde. Man berief sich auf Strassburg und Zürich, wo schon vor Jahren die Gewalt der Geschlechter beschränkt und diese gehörig „eingetrieben" worden waren. Endlich kam es zur entscheidenden Tat. Am 23. Oktober 1368 vor Tagesanbruch besetzten die bewaffneten Handwerke, vierundzwanzig Fähnlein stark, unter der Führung ihrer Hauptleute die Strassen und Tore der Stadt und standen frühmorgens vor dem Rathaus. Schleunigst wird der Rat zusammenberufen; sobald derselbe versammelt ist, schliessen die Zünfte sämtliche Ausgänge des Rathauses. Durch sechs Bevollmächtigte, an ihrer Spitze der Weber Hans Weis (Witzig), der als Hauptmann seines Gewerkes sich schon im Felde ausgezeichnet hatte, lassen sie mit gebührender Bescheidenheit vortragen: für ihren Leib und ihre Güter sollten die Geschlechter ganz und gar nichts zu besorgen haben, es geschehe solches allein um des gemeinen Nutzens und besseren beständigen Friedens willen; nur Stadtregiment und Aemter sollten sie mit ihnen teilen. Da ihm nichts anderes übrig blieb, willigte der Rat in ihr Begehren. Torschlüssel, Stadtbuch, Stadtsiegel wurden den Zünften ausgeantwortet. Sodann wurde der bisherige Rat durch einen Ausschuss von 12 Zünftigen verstärkt, um gemeinsam über die neue Verfassungsform zu beraten. Zuletzt versammelten sich der alte und neue Rat auf dem Perlach im Kreise und schwuren, eine zünftische Regierung auf hundert Jahre und einen Tag einführen zu wollen. Am Abend feierten die Zünfte nach alter deutscher Art ihren leicht errungenen Sieg durch ein Festgelage, zu dem der Rat den Wein gesteuert hatte. Man schickte Abgesandte nach Ulm, Speyer, Mainz, Worms, Konstanz, Basel und Strass-

---
1) Urk.-B. I. nr. 374.
2) Urk. v. 9. Aug. 1352 im Stadtbuch v. Augsb. S. 249.

burg, um die dortigen Verfassungszustände kennen zu lernen; den Berichten der Heimgekehrten konnte man jedoch entnehmen, dass nirgends die Zünfte ausschliesslich herrschten, sondern das Regiment mit dem Stadtadel teilten.

Das Resultat der Beratungen liegt in den beiden sogenannten Zunftbriefen vom 24. November und 16. Dezember 1368 vor[1]). Die beiden kontrahierenden Teile, der bisherige Rat und die Gesamtheit der städtischen Gemeinde, repräsentiert durch die 17 Zunftmeister, kommen überein, zur Beseitigung der bisherigen Misshelligkeiten eine Zunftverfassung zu errichten. Aus den Gewerken der Gemeinde werden 18 Zünfte gebildet, Verbände politischen Charakters, wie denn als ihr nächster Zweck die Besetzung des Rats erscheint. Jede der 18 Zünfte sendet ihren Zunftmeister in den Rat, die 11 grösseren derselben ausser diesem auch noch ein zweites Mitglied ihrer Zunft, so dass im ganzen von den Zünften 29 Ratsstellen besetzt werden. Diese 29 Ratgeben wählen aus den Geschlechtern 15 Männer, die dann mit ihnen für das laufende Jahr den kleinen Rat bilden. Alle Jahre soll die Hälfte der Ratsmitglieder durchs Loos ausscheiden und braucht für die nächsten zwei Jahre keine Wiederwahl anzunehmen. Der grosse Rat wird durch die Zuziehung der Zwölfer, eines Ausschusses jeder Zunft von 12 Mitgliedern, der 18 Zünfte gebildet. Für die Kompetenz des kleinen Rats in Geldsachen bleibt die beschränkende Bestimmung vom Jahre 1340 in Kraft; im übrigen heisst es nur noch ganz allgemein, „es solle keine grosse Sache ohne die Zwölfer gehandelt werden". Die Aemter (2 Bürgermeister, 4 Baumeister, 2 Siegler, 6 Steuermeister) werden zwar alljährlich zu gleichen Teilen aus den Ratgeben der Zünfte und Geschlechter besetzt, aber die Wahl der einzelnen Personen zu den Aemtern kommt ausschliesslich den zünftischen Ratgeben zu. Stadtschlüssel, Stadtbuch, Siegel und Dokumente werden den Zünften zur Bewahrung übergeben. Das Ansinnen, dass die Geschlechter sich den Zünften einverleiben sollten, wurde zurückgewiesen; nur einige Geschlechter wurden zünftisch, mehrere andere wandten überhaupt der Stadt den Rücken.

Der zweite Zunftbrief enthält auch Bestimmungen hinsichtlich der künftigen Besteuerung. Eine allgemeine Vermögenssteuer, die jedoch das zur gewöhnlichen Haushaltführung Nötige freilässt, wird eingeführt. Das bestehende Getränkeungeld soll nur noch bis zum 29. Juni 1370 Geltung haben, neues Ungeld nicht mehr aufgelegt werden.

Folgende Zünfte sind — allerdings erst für eine etwas spätere Zeit — urkundlich beglaubigt: Kaufleute[2]), Weber, Kramer, Bäcker, Metzger, Schuster, Kürschner, Schneider, Brauer, Lodenweber, Zimmerleute, Ger-

---

1) Urk.-B. II. 611 u. 612.
2) Vgl. d. Urk. v. 1368 (Urk.-B. II. 614), durch welche diese Zunft für ihren Bereich die Einführung der neuen Verfassung unternimmt.

ber, Hucker, Schmiede, Schäffler, Fischer, Salzhändler; die Zünfte der Kürschner, Lodenweber, Zimmerleute, Hucker, Schmiede, Schäffler und Fischer stellen nur je 1, die übrigen je 2 zum Rat.

Wie berechtigt die Verfassungsumgestaltung von 1368 war, zeigt die Tatsache, dass die Bedeutung und das Ansehen der Stadt unter dem Zunftregiment nicht nur nicht abnahmen, sondern dass sich vielmehr seitdem ein Aufschwung auf allen Gebieten des öffentlichen Lebens kundgab; wie zweckmässig und den Verhältnissen entsprechend die neue Verfassungsform war, beweist der Umstand, dass sie sich eines nahezu zweihundertjährigen Bestehens zu erfreuen hatte und während dessen nirgends von ernsthaften Bewegungen, die sie dauernd in Frage gestellt hätten, berichtet wird. Die Untaten des Bürgermeisters Ulrich Schwarz griffen zwar gewaltsam in die Rechtsordnung ein, aber das Gemeinwesen besass doch Kraft genug, seine Herrschaft nach kurzer Zeit wieder niederzuwerfen und ihn selbst mit dem Leben für sein Unternehmen büssen zu lassen. Erst als nach dem unglücklichen Ausgang des schmalkaldischen Krieges Karl V. in die Stadt rückte, den katholischen Gottesdienst wieder herstellte, setzte er auch an die Stelle des zünftischen Regiments aufs neue die Herrschaft der Patrizier"[1]). Diese Dauerhaftigkeit verdankte das Zunftregiment in erster Reihe der weisen Mässigung bei seiner Einführung. Die neuen Herren hatten kluger Weise nicht darauf bestanden, dass die Geschlechter sich in die Zünfte aufnehmen, d. h. vollständig mit der gemeinen Bürgerschaft verschmelzen lassen sollten, denn in diesem Falle hätten wohl die meisten die Auswanderung vorgezogen. So fügte sich die grosse Mehrheit der Geschlechter verhältnismässig leicht in das Unvermeidliche. Ihre bevorzugte soziale Stellung blieb ihnen ja nach wie vor. Trotz alldem wird sich auch hier die Macht der geschichtlich gewordenen Verhältnisse stärker erwiesen haben als eine zufällige Satzung. Man konnte den jedermann sichtbaren Einfluss der einzelnen Grossbegüterten in politischen Dingen einschränken, aber man konnte nicht den Einfluss, den Besitz und Kapital, Bildung und äussere Ehre zu allen Zeiten gegenüber den benachteiligten Schichten der Gesellschaft ausgeübt haben, wegwischen oder auch nur verkürzen. Die Geschlechter schlossen sich nun eng zusammen als die Familiengenossenschaft der alteingesessenen Bürgerschaft. Ihr Sammelplatz und Mittelpunkt wurde die Herrenstube gegenüber dem Rathaus; hier hielten sie ihre Tänze, ihre Maskeraden, ihre Trinkgelage, hier wurden die Interessen ihrer Vereinigung besprochen.

Die neue Verfassung, welcher Karl IV. erst 1374 und auch da nur widerstrebend seine Bestätigung erteilte[2]), hatte manche Fehden nach aussen zur Folge. Auch mit dem Grafen Eberhard von Württemberg und mit den bayerischen Herzogen gab es blutige Kämpfe. Schon länger lag Augsburg im Streit mit dem oberbayerischen Vitztum Konrad von

---

1) Städtechron. IV. S. XXXV.   2) Urk.-B. II. 644 u. 658.

Freiberg, dem Herrn der Feste Liechtenberg am Lech, und mit den Herzogen bestanden Zollzwistigkeiten. Durch Hinterbringung erdichteter Beleidigungen seitens Freibergs war jener Herzog Friedrich noch mehr gegen Augsburg gereizt worden. Als nun der Herzog der Stadt die Zumutung stellte, in ein Schirmverhältnis zu ihm zu treten, was jedoch jene ablehnte, kam es zur Fehde, an der auf bayerischer Seite auch ein Augsburger Geschlechter, Jakob Püttrich, teil nahm. Im Juni 1372 zogen die Augsburger gegen Landsberg und verbrannten dessen Vorstadt sowie mehrere benachbarte Dörfer. Im November nahmen sie unter ihrem Hauptmann Herzog Friedrich von Teck die Feste Schwabeck ein, im nächsten Monate folgte ein Verheerungszug gegen Schongau, den die Herzoge Friedrich und Stephan mit der Niederbrennung von Mergentau und zahlreicher Dörfer zwischen Augsburg und Kaufbeuren erwiderten. Auch im folgenden Jahre währte das Sengen und Brennen auf beiden Seiten fort; bei Mühlhausen am rechten Lechufer erlitten hiebei die Augsburger durch Kraft Waaler eine empfindliche Schlappe. Erst am 14. Juli 1374 kam durch Vermittlung des Patriarchen Markwart von Aquileja, des früheren Augsburger Bischofs, zu Höchstädt ein Friede zu stande. Jakob Püttrich blieb jedoch von diesem ausgeschlossen[1]), erst im Juni 1375 gelang Herzog Friedrich auch dessen Aussöhnung mit seiner Vaterstadt[2]).

Die nächsten Jahrzehnte sind die Periode der Städtebündnisse und Städtekriege nicht nur gegen die Landesfürsten, die scheelen Blicks die aufsteigende Macht und Blüte der freien Städte beargwöhnten, sondern zeitweise sogar gegen das Reichsoberhaupt selbst, das gegen sein eigenstes Interesse gemeinsame Sache mit den Landesfürsten machte und den Städten unerschwingliche Lasten auferlegte. Schon Karl IV. hatte wiederholt Reichsstädte gegen ihren Willen verpfändet und auf diese die ungeheueren Kosten, welcher der brandenburgische Krieg, die Entschädigungssumme des Ausgleichs, endlich die Königswahl seines Sohnes Wenzel ihm auferlegten, zum grössten Teil abgewälzt. Auch Augsburg wurde von dieser kaiserlichen Finanzkunst aufs empfindlichste betroffen: 1374 musste es eine Steuerauflage von 36 000 fl. aufbringen. Im Juli 1376 verbanden sich 16 schwäbische Reichsstädte auf 3½ Jahre gegen solche kaiserliche Bedrückungen. Umsonst befahl Karl die Auflösung des Bundes. Anfang Oktober rückte er vor Ulm, das Haupt des Bundes, richtete aber gegen die mächtige Stadt nichts aus und sah sich zum Abschluss eines Waffenstillstands genötigt. Im nächsten Jahr schloss dann König Wenzel zu Rothenburg mit den verbündeten Städten Frieden. Gegen Herzog Eberhard von Württemberg, der im Mai bei Reutlingen eine schwere Niederlage erlitten hatte, dauerte der Krieg mit Glück fort bis 1378, wo der Kaiser zu Nürnberg auch nach dieser Seite hin den Frieden vermittelte.

---

1) Urk.-B. II. 650—653. 2) Urk.-B. II. 661.

Wenzel setzte die städtefeindliche Politik seines Vaters fort. Mit den beiden schwäbischen Landvogteien war auch die Vogtei über Augsburg durch seine Verleihung an Herzog Friedrich von Bayern gekommen: trotzdem verpfändete Wenzel bald darauf (25. Februar 1379) jene Vogteien an Herzog Leopold von Oesterreich[1]), worauf der geschädigte Bayernherzog am 4. Juli mit den schwäbischen Städten ein Bündnis gegen Wenzel einging, dem Augsburg unterm 27. Juli beitrat[2]). 1381 finden wir unsere Stadt im Bunde mit den rheinischen Städten[3]). 1388 brach dann der sogen. grosse Städtekrieg aus. Am 20. Januar sammelten sich die Kriegsscharen des Bundes, dem 1379 auch Augsburg beigetreten war, in dieser Stadt. In jenen Kriegsjahren war es, dass die Stadt durch Niederreissung zu weit vorgeschobener Vorstädte, wie des sogenannten Wagenhals vor dem Schwibbogentor, durch Erweiterung der Stadtmauern, wobei auch das St. Ursulakloster innerhalb der Mauern zu stehen kam, und durch Anlegung von Wassergräben in besseren Verteidigungstand versetzt wurde.

Auch mit ihrem eigenen Bischof Burkhard von Ellerbach, der sich mit seinen Domherren dem Augsburg feindlich gesinnten räuberischen Adel zugesellt hatte, geriet die Stadt in ernstlichen Konflikt. Die Edelleute hatten mehrere der Stadt gehörige Dörfer niedergebrannt; jetzt verlangten die Bürger von den Geistlichen, dass sie entweder das Bürgerrecht annehmen oder die Stadt verlassen sollten; den sich Weigernden wurden ihre Häuser niedergerissen oder ausgeplündert. 1383 kam durch Vermittlung des schwäbischen Städtebundes ein Vergleich zustande[4]). 1388 kam es zu neuem Streit mit Herzog Stefan von Bayern und Graf Ulrich von Württemberg; Bischof Burkhard schloss sich alsbald auch diesen neuen Feinden der Stadt an. Die Bayern erstürmen den Kirchhof von Schwabmünchen, die Augsburger brennen Stätzling und Mering nieder; um Augsburg und am unteren Lech sinkt allmählich der grösste Teil der Dörfer in Asche. Bischof Burkhard beteiligt sich eigenhändig an der Räuberei: in seiner Stadt Füssen nimmt er den Augsburgern einen Venediger Warenzug weg und teilt ihn mit dem Bayernherzog. Ergrimmt über diesen „meineidigen, treu- und ehrlosen Bösewicht" zerstörten dafür die Augsburger die bischöfliche Pfalz, die Dechanei und die bischöfliche Münze. Im folgenden Sommer gelang den Bürgern ein Ueberfall des bayerischen Marschalls Erkinger von Biberbach; sogar ein bayerisches Banner fiel dabei in ihre Hände. Der Egersche Landfriede steckte endlich den gegenseitigen Verheerungen ein Ziel, und zu Donauwörth ver-

---
1) J. G. Lünig, Cod. germ. dipl. II (1734) S. 886.
2) W. Vischer, Gesch. des schwäb. Städtebundes (Forsch. z. deutsch. Gesch. II) Reg. nr. 138.
3) Chr. Lehmann, Speyersche Chronik (1711) S. 746.
4) Mon. boi. XXXIV a. nr. 6.

glichen sich der Bischof und die Stadt dahin, dass jenem für die zerstörten Gebäude 7000 fl. bezahlt wurden, wogegen er auf das Ungeld verzichtete[1]). Im Streit mit Bayern fällte Landgraf Johann von Leuchtenberg 20. Juli 1386 einen Schiedsspruch[2]), wonach Augsburg dem Herzog für künftigen Schutz 10000 fl. bezahlen, der Herzog dagegen fortan keine höheren als die gewöhnlichen Zoll- und Mautsätze fordern sollte. Im nächsten Jahre schliesst dann sogar die Stadt mit den Herzögen Stefan, Johann und Friedrich ein Freundschaftsbündnis auf zwei Jahre[3]).

Es erübrigt sich, in das einzelne dieser und späterer Fehden — wie z. B. jener gegen den Bürger Hartmann Onsorg, dessen Schloss Wellenburg 1396 zerstört wurde — einzugehen. Die Stadt hatte ungeheure Opfer zu bringen, die um so drückender wirkten, als die Einwohnerzahl seit der Mitte des Jahrhunderts bis zum Ende desselben auf nahezu die Hälfte herabgesunken war, zumeist in folge von furchtbaren Seuchen, namentlich des sogenannten schwarzen Todes oder der orientalischen Pest, die 1348 zuerst in Deutschland auftrat und allerorten die furchbarsten Verheerungen anrichtete. Dazu wurde die Stadt zweimal mit der Acht und ebenso oft mit dem Interdikt belegt — das letztemal während der bischöflichen Wirren zu Anfang des 15. Jahrhunderts (1414—1418) durch den kanonisch gewählten Bischof Anselm von Nenningen, welcher dem von König Sigismund und von der Bürgerschaft unterstützten Friedrich von Grafeneck gegenüberstand, bis beide 1423 durch Papst Martin entsetzt wurden.

Um die Mitte des 15. Jahrhunderts gab es höchst ärgerliche Händel mit einem der mächtigen Geschlechter, dem Bürgermeister Peter von Argon. Er hatte entgegen den städtischen Statuten vom Bischof 1446 Zoll, Wage und Münze käuflich an sich gebracht. Darüber und weil er sich wiederholt eigenmächtig von seinen städtischen Aemtern entfernt und allen Mahnungen zur Rückkehr keine Folge geleistet hatte, kam es zu weitläufigen Prozessen, erst vor dem burggräflichen Landgericht zu Ansbach, dann sogar vor dem Kaiser selbst. Peter machte sich selbst auf den Weg, um vor jenem zu erscheinen, starb aber 1452 unterwegs jählings zu Wien, wie man allgemein annahm, infolge eines Spruchs der heimlichen Vehme: „und man hat ihn haimlich gehenkt an ain widen, die wisse(n)den; die von Augspurg schufen (es)[4]). Erst 1459 erfolgte eine Ausgleichung der Stadt mit seinen Erben.

Wenn trotz alledem gerade in jenen Jahrzehnten der Keim zu dem Wachstum und der hohen Blüte, deren sich die Stadt im 15. und 16. Jahrhundert zu erfreuen hatte, gelegt worden ist, so ist der Grund hievon in den gesunden natürlichen Verhältnissen, namentlich aber in dem tüchtigen, arbeitsamen und vorwärts strebenden Charakter ihrer Bewohner

---

1) Mon. boi. XXXIV a. nr. 32. Urk.-B. II. nr. 768.
2) Urk.-B. II. nr. 758.   3) Regesta boica. X. 265.
4) Städtechron. V. 418.

zu suchen. Die äussere Gestalt der Stadt näherte sich, besonders nach dem grossen Brande von 1333, der über 200 Wohngebäude in Asche gelegt hatte, mehr und mehr dem glanzvollen Bilde, das das Augsburg des 15. und 16. Jahrhunderts bot. 1321 begann der Domkustos Konrad von Randeck mit der Umgestaltung der Domkirche aus dem Rundbogen-[1]) in den Spitzbogenstil, und zwar, wie Inschriften über dem Gewölbe melden, aus eigenen Mitteln. In den ersten drei Jahren wurde der Westchor gewölbt, dann das Langhaus und Querschiff; im Zusammenhang damit wurde das Langhaus durch die äusseren Seitenschiffe erheblich vergrössert. Vor allem aber wurde die Kirche gegen Osten erweitert und der Ostchor zum Hauptchor ausgestaltet. Die Eingänge wurden als stattliche Portale an den Beginn des Ostchores gelegt, das nördliche Portal noch unter Konrad von Randegg 1343 vollendet. Der Chor selbst wurde erst 1356 unter Bischof Markwart von Randeck begonnen, aus milden Beiträgen bestritten und 1410—1431 gewölbt; wegen seiner Höhe wurden dann auch die Türme erhöht und zwar der südliche 1488—1489, der nördliche erst 1564. Das Südportal stammt erst aus der zweiten Hälfte des 14. Jahrhunderts[2]).

In dieselbe Zeit fallen die gotischen Teile der St. Moriz- (geweiht 1374) und St. Margarethen-Kirche, in die Mitte des 14. Jahrhunderts diejenigen der St. Jakobskirche (1355 von Ulrich Ilsung von Grund aus erneuert). 1321 wurden Kirche und Kloster der Karmeliter zu St. Anna erbaut, doch hat sich von diesem ältesten Bau infolge der Umbauten in der zweiten Hälfte des 15. Jahrhunderts soviel wie nichts erhalten. Des städtischen Wachtturms auf dem Perlach geschieht bereits im Stadtbuch von 1276 Erwähnung. Um 1300 wird ein neues Rathaus erbaut und dient König Albrecht I. und seiner Gemahlin bei ihrem Aufenthalt in Augsburg im Jahre 1301 als Absteigquartier. Nach Einführung des zünftischen Regiments entstehen Zunfthäuser, wie das Bäckerzunfthaus auf dem Grund des 1398 abgebrannten Barfüsserklosters, das Weberzunfthaus bei St. Moriz (1390) und das Metzgerzunfthaus auf dem Perlach[3]). 1385 wird bereits wieder ein neues Rathaus von Stein — wie es ausdrücklich heisst

---

1) Von dem romanischen Bau sind heute noch vorhanden: die Krypta, die darüber befindliche Westapsis, das anschliessende Querschiff, die Mittelschiffmauern mit ihren 9 Pfeilerarkaden und die beiden Osttürme und ausser diesen Bauresten weiter: der marmorne Bischofsstuhl im Westchor, das in der Nähe an der südl. Chorwand befindl. kleine Säulendach, die bereits oben (S. 15) beschriebene Bronzetüre, die 5 Glasgemälde, welche in den Fenstern der südl. Oberwand des Mittelschiffs eingesetzt sind — die ältesten Deutschlands, ja der Welt —, endlich Reste romanischer Malerei. Schildhauer, S. 28.

2) B. Riehl, Augsburg S. 11. u. 16 (Berühmte Kunststätten Bd. 22).

3) Urk. erwähnt 1392. Urk.-B. II. 775.

— mit Glockenturm erwähnt, ebenso ein Tanzhaus auf dem Weinmarkt[1]). Für Armen- und Krankenpflege — bekanntlich eines der ruhmvollsten Kapitel der Stadtgeschichte — war schon 1348 die St. Jakobspfründe gestiftet worden; dem beginnenden 15. Jahrhundert gehören an das Bachsche Seelhaus und die Siechenhäuser von St. Wolfgang vor dem Wertachbrucker- und St. Sebastian vor dem Jakobertor an. Dem innerlichen Wachstum Augsburgs entsprach im 14. Jahrhundert auch eine erhebliche Vergrösserung der Stadt durch Einbeziehen der nördlichen Vorstadt bei St. Georg und der Jakobervorstadt im Osten, wodurch auch eine neue Befestigung notwendig wurde. Im nächsten Jahrhundert baute man dann die Befestigungen aus. Augsburgs Mauern erhielten jetzt wesentlich den Umfang, welchen sie noch bei ihrer Schleifung im 19. Jahrhundert besassen. Vor allem verstärkte man im 15. Jahrhundert die Ostseite gegen die bayerische Grenze zu, und die folgenden Kriegsereignisse bestätigten das Zeitgemässe dieser Massregel. Ein weithin aufragendes Zeugnis der wehrhaften Stadt bot namentlich der 1430—1437 auf Veranlassung Kaiser Sigismunds errichtete Lueginslandturm. Leider ist derselbe der Umgestaltung der städtischen Befestigung im 16. Jahrhundert zum Opfer gefallen (1532)[2]).

Für die Gesundheit sorgte man durch Errichtung von Bädern. Diese öffentlichen Badestuben[3]) wurden fast nur von Fremden besucht, während die Bürger[4]) meist eigene Badestübchen in ihren Häusern hatten. Jene öffentliche Bäder vertraten im Mittelalter die Stelle unserer heutigen Kaffeehäuser. Die Augsburger Steuerbücher des 15. Jahrhunderts kennen mehr als vierzig solcher öffentlichen Bäder. Auch die später so berühmt gewordenen Wasserkünste der Stadt reichen mit ihren Anfängen in das ausgehende Mittelalter zurück[5]). 1404 erging ein Verbot, die Häuser mit Stroh und Schindeln zu decken. Steinerne Privathäuser waren allerdings noch immer ein seltener Luxus, die Häuser meist aus Holz gebaut, höchstens Fachwerkbau. Dazu kamen die sogenannten Ueber-

---

1) Es stand am nördlichen Ende des Weinmarkts bei St. Moritz und wurde noch in der reichsstädtischen Zeit abgebrochen.

2) P. Dirr S. 20.

3) Erwähnt werden: Oberes Badehaus, Gablingers Badehaus, Liutpoldsbad unter dem Perlach, Mauerbad (noch jetzt vorhanden), Neidbad, Schlechtenbad, Sumersbad, Stierbad, Bürgerbad.

4) Auch die Zünfte scheinen eigene Badestuben gehabt zu haben; es wird z. J. 1334 ein Badehaus der Bäcker erwähnt. Urk.-B. I. nr. 331.

5) Nach Dirr (S. 18) sind die ersten Brunnenwerke zwischen 1412 und 1415 durch Leopold Karg und den Ulmer Werkmeister Hans Felber angelegt worden. 1415 bestanden schon öffentliche Röhrkästen, da der Rat damals ein Verbot des Waschens an den Springbrunnen erliess.

hänge[1]), indem man jedes höhere Stockwerk über das untere hinausragend baute. Vorspringende Dächer über den Haustüren, „Fürsätze", Uebertüren, Wetterdächer und „Kellerhälse" (vorspringender gewölbter Eingang eines Kellers) halfen die Gassen noch mehr verdunkeln. Diese selbst waren meist gewunden und enge. Bei unseren Vorfahren war das Bauen ein buntes, keckes Improvisieren: der einzelne stellte sein Haus hin, wo und wie es ihm gefiel, ein zweiter baute daneben, der dritte, vierte folgte nach, und so brachten sie schliesslich eine möglichst enge, krumme, dunkle Gasse zusammen. Dazu denke man sich in jedem Hause jene mehr notwendigen als ästhetischen Anstalten, die der Augsburger „Läublin" (kleine Laube) und „Sprachhaus" nannte, und endlich eine ausgedehnte Schweinezucht in Häusern und entlegeneren Gassen[2]), hinweg aber denke man sich Pflaster, Beleuchtung, Wasserleitung, Kanalisation und was sonst der Mensch der Neuzeit beansprucht. Unter solchen Umständen war es fast eine Wohltat zu nennen, wenn dann und wann, wie z. B. im Jahre 1333, eine rechtschaffene Feuersbrunst in den Stadtplan hineinfuhr. Ein Irrtum freilich wäre es, sich die ganze Stadt als ein solches licht- und luftloses Chaos von Gassen vorzustellen. Die Höfe der Patrizier, ebenso der zahlreichen Stifter und Klöster waren vornehm gebaut, vielfach aus Stein, mit Erkern, Altanen und Galerien. Ihnen fehlte auch nicht ein grösserer Hofraum und Garten mit Obstbäumen, Pappeln, Buchs- und Sewenbäumen. Auch die Trinkstuben der Geschlechter und Zünfte waren teilweise mit Gärten versehen, und mancher freie Platz, Kirchen- oder Marktplatz, die um die Kirchen liegenden Friedhöfe nicht zu vergessen, unterbrach das Gewirre der Häuser. Dazu kamen das fliessende Wasser und die zahlreichen „Röhrkästen" (laufende Brunnen). Wie noch das heutige Augsburg, so zeigt schon der Stadtplan vom Jahre 1521 eine ungewöhnliche Menge von grünen, baumbepflanzten Höfen und Gärten, die meisten freilich, wie leider noch heute, durch hohe Mauern eingezäunt und dem Blick des Fremden verschlossen.

Nach aussen hin nahm die Stadt fortwährend eine der hervorragendsten Stellen ein. In den Kämpfen der Städte gegen die Fürsten focht sie in vorderster Reihe mit. Zu den Königen stand sie fast ununterbrochen in nahen Beziehungen und unterstützte sie mit ihren reichen Mitteln. Dafür bestätigten jene gerne ihre Freiheiten und vermehrten sie noch mit neuen, wie z. B. 1426 mit dem wichtigen Privileg, den Stadtvogt selbst zu er-

---

1) Vgl. Ratsdekret v. 1391, dass künftighin an keinem Bau ein sogen. „Ueberschuss" mehr angebracht werden darf. Stadtbuch S. 137. Die hölzernen Strassenvorbauten waren schon 1300 verboten worden. P. Dirr S. 15.

2) Noch im 15. Jahrhundert musste der Rat die Bürger auffordern, den Unrat vor den Häusern nicht länger als acht Tage liegen oder die Schweine während der Anwesenheit fürstlicher Gäste nicht frei laufen zu lassen. P. Dirr S. 14.

wählen und den Landvogt dem Könige zur Bestätigung präsentieren zu dürfen. Die bischöflichen Rechte gegenüber der Stadt waren im Lauf der Zeit auf ein Minimum zusammengeschrumpft. Ein Versuch, den Bischof Peter von Schaumberg machte, die verloren gegangenen Rechte seiner Kirche zurückzugewinnen, schlug fehl.

Die Augsburger zogen mit gegen die Husiten, erwarben sich in dem Bundeskrieg gegen Markgraf Albrecht Achilles von Brandenburg rühmliche Auszeichnung, zogen nach Ungarn und stritten in der Schlacht bei Bruck a. d. Leitha wie Helden. In dem Reichskrieg gegen Herzog Ludwig den Reichen von Bayern-Landshut stand die Stadt treu zum König und hatte dafür im Sommer 1462 eine Belagerung durch den ersteren auszuhalten. Nachdem die Steinkugeln der Belagerten und ein Ausfall derselben ihm grossen Schaden zugefügt hatten, hob er nach kurzer Zeit die Belagerung auf. In der für die Reichssache unglücklichen Schlacht bei Giengen (19. Juli 1462) fochten die Augsburger wacker mit; unter den Gefangenen befanden sich auch die Augsburger Hauptleute Hilpolt von Knöringen und Wilhelm von Wallenfels. Ende Juli lagerte sich Herzog Ludwig zum zweitenmal vor Augsburg: zweimal täglich wurde die Stadt berannt, ein Ausfall der schweizer Söldner kostete den Belagerern viele Leute. Als Markgraf Albrecht Achilles jedoch mit einem frisch gesammelten Heere von Neuburg her drohte, brach Ludwig die Belagerung ab. Im nächsten Monat bestehen die Augsburger bei Aichach ein glückliches Gefecht gegen die Bayern. Erst der Prager Friede vom 22. August 1463 machte den Feindseligkeiten ein Ende. 1469 schloss die Stadt sogar ein Bündnis mit Herzog Ludwig, das im folgenden Jahre durch seinen und seiner Vettern Albrecht und Christoph Besuch in Augsburg eine feierliche Sanktion erfuhr.

Dem 15. Jahrhundert gehören noch zwei Augsburger Persönlichkeiten an, die durch ihre Schicksale bez. Unternehmungen eine weit über das lokale Interesse hinausreichende Bedeutung erlangt haben: Agnes Bernauer und der Bürgermeister Ulrich Schwarz.

Bezüglich der ersteren[1]) herrscht noch heute die Annahme vor, sie sei die Tochter eines Augsburger Baders mit Namen Kaspar Bernauer gewesen. Urkundlich sicher steht dies jedoch keineswegs. Wahrscheinlich stand sie in dem Dienst eines Baders und machte hierbei die Bekanntschaft des jungen Herzogs Albrecht, des Sohnes Herzog Ernsts von Bayern-München. Die Tradition weiss, ähnlich wie bei der Liebesgeschichte der Philippine Welser, ein Langes und Breites über die ersten Anfänge des zarten Verhältnisses zu erzählen: Herzog Albrecht sei zu einem grossen von der Reichsstadt veranstalteten Turnier nach Augsburg gekommen und habe hier bei einem von dem Rat ihm zu Ehren gegebenen Tanzfeste die Bekanntschaft des schönen Bürgermädchens gemacht. In heisser Liebe

---

1) Chr. Meyer, A. Bernauer, Beil. d. Allg. Zeit. 1872 nr. 252.

zu ihr entflammt, habe er ihr sodann, da sie anderen Zumutungen einen
festen Widerstand entgegengesetzt, die Ehe versprochen. Wenige Jahre
später sei Agnes aus dem väterlichen Hause entflohen, in der Nachbarstadt Friedberg von Albrecht in Empfang genommen und nach Schloss
Vohburg gebracht worden. Diese ganze Erzählung ist die Ausgeburt
eines müssigen Kopfes. Auch an der traditionell angenommenen Ehe der
beiden wird man gerechte Zweifel hegen müssen. Ueber eine Liebschaft
gewöhnlichen Schlages ist das Verhältnis aber jedenfalls hinausgegangen,
da sich andernfalls Albrecht nicht an der Eingehung einer standesge-
mässen Ehe hätte hindern lassen. Zum Unglück für Agnes war er der
einzige Sohn seines Vaters, dem also alles daran gelegen sein musste,
die oberbayerischen Lande seiner Linie zu erhalten. So lange Herzog
Ernst glauben konnte, dass das Verhältnis zwischen Albrecht und Agnes
eine gewöhnliche Liebeständelei sei, liess er beide ruhig gewähren: hatte
er doch selbst ausser der Ehe drei Kinder auszustatten gehabt. Sobald
er aber wahrnehmen musste, dass der Sohn, von heftiger Leidenschaft
geblendet, seinen Standespflichten nachzukommen sich weigerte, musste
die der Dynastie und dem Lande drohende Gefahr jede andere Rücksicht
verstummen machen. Vorerst machte er noch den Versuch, auf die Eitel-
keit und den Ehrgeiz seines Sohnes zu wirken. Auf einem Turnier zu
Regensburg (November 1434) liess er Albrecht auf schmähliche Weise —
durch Schläge mit dem Kolben — von den Turnierschranken zurückweisen,
weil diese einem Ritter, der in dem Armen einer „Buhldirne" seiner
Ehrenpflichten vergässe, verschlossen bleiben müssten. Die Wirkung
dieser schimpflichen Behandlung war jedoch eine der Absicht des alten
Herzogs schnurstraks entgegengesetzte. Wutentbrannt verlässt Albrecht
Regensburg, eilt nach Schloss Vohburg, wo er Agnes geborgen hat, und
bringt sie, da er Gewalttätigkeiten des Vaters fürchtet, nach dem festen
Straubing an der Donau. Hier umgibt er sie mit fürstlichem Gepränge,
hält ihr ein „Frauenzimmer" (Hofstaat) und lässt sie als Herzogin von
Bayern ehren.

Nun kennt auch der Zorn des alten Herzogs keine Grenzen mehr.
Ende September oder Anfang Oktober 1435 reist er nach Kelheim zu
einer Zusammenkunft mit Herzog Heinrich von Bayern-Landshut und
weiht diesen in seinen Mordplan ein. Um Albrecht von Straubing zu
entfernen, lädt ihn Herzog Heinrich zu einer Jagd nach Landshut ein,
und Albrecht leistet auffallenderweise dieser Einladung Folge. Herzog
Ernst aber eilt nach Straubing, bemächtigt sich des Schlosses, in welchem
Agnes Hof hält, und lässt sie gefangen setzen. Aus einem später von
Herzog Ernst an Kaiser Sigismund gerichteten Brief erfahren wir, dass
Agnes der Zauberei angeklagt wurde. Das Urteil der willfährigen Richter
lautete auf Tod durch Ertränken; es war dies während des ganzen
Mittelalters die bei Frauen angewandte Hinrichtungsart. Am 12. Oktober

1435 wurde Agnes mit gebundenen Händen und Füssen von der Donaubrücke in den reissenden Strom herabgestürzt, doch gelang es ihr, den einen Fuss aus den Banden loszumachen, an das Ufer zu schwimmen und mit vor Angst erstickter Stimme um Hilfe zu rufen. Da ergriff der Henker, den Zorn des alten Herzogs fürchtend, eine Stange, umwickelte damit ihr langes, goldglänzendes Haar und stiess sie in die Fluten zurück.

Als Albrecht zurückkam, war sein Schmerz grenzenlos. Sofort verband er sich mit Herzog Ludwig von Ingolstadt, dem alten Feinde seines Vaters, zu gemeinsamer offener Fehde gegen diesen. Im Frühjahr 1436 fiel Albrecht in das Gebiet seines Vaters ein, plünderte Städte und Dörfer, führte die Einwohner in die Gefangenschaft und zündete die verlassenen Wohnstätten an. Erst den Mahnungen des Basler Konzils gelang es, den Sohn versöhnlich zu stimmen. Am 17. Juli 1436 machten Vater und Sohn Frieden.

Eines Lobes voll sind die Geschichtsschreiber über der Bernauerin körperliche Schönheit. Dass diesen äusseren Vorzügen auch der innere Gehalt entsprach, dürfen wir daraus entnehmen, dass es ihr gelang, den gefeierten jungen Herzog mehrere Jahre aufs engste an sich zu fesseln. Ein idealer Heroismus liegt darin, dass sie, im Angesicht des Todes aufgefordert, sich durch Verzichtleistung auf Albrecht zu retten, den Tod in den Wellen einem Leben ohne den Geliebten vorzog.

Agnes Bernauer lebte im Munde des Volkes fort. Schon bald nach ihrem Tode entstanden Lieder, die ihre Liebe und ihr grausames Ende besangen, und seit der zweiten Hälfte des 18. Jahrhunderts bemächtigten sich auch die dramatischen Dichter (namentlich Melchior Meyr, Friedrich Hebbel und Otto Ludwig) des verlockenden Stoffes.

Die Geschichte des Bürgermeisters S c h w a r z verdient deshalb besondere Beachtung, weil sie uns zeigt, wie selbst in einem wohlgeordneten republikanischen Gemeindewesen mit den seltensten Gaben des Geistes und Charakters ausgerüstete Männer in überströmendem Ehrgeiz die altgewohnten Schranken demokratischer Gleichberechtigung zu durchbrechen und eine durch Mord und Gewalt gestützte, durch Glanz und Ueppigkeit verlockende Alleinherrschaft aufzurichten imstande sind, bis ein oft nur geringfügiger Anlass die Ursache ihres jähen Sturzes wird.

Ulrich Schwarz war der Sohn eines gemeinen Zimmermanns und wurde zu Augsburg im Jahre 1422 geboren. Er lernte des Vaters Handwerk, das er auch erwachsen und verheiratet noch fortbetrieb. Schon frühe rühmte man an ihm einen schnellen Blick, einen klugen Rat und eine verführerische Rede; er sprach, wie das Volkslied sagte, „mit lachendem Munde süss". Gegen jung und alt erzeigte er sich fein und höflich, sodass er schon im Jahre 1452 von seiner Zunft zum Zwölfer gewählt wurde und damit Zutritt zum grossen Rat erlangte. Sein wilder Sinn machte ihn aber bald eines Ehebruches schuldig, dass er wieder aus dem

Rat gestossen wurde. Der scharfen Rede jedoch, womit er nach wie vor freimütig und treffend die städtischen Angelegenheiten besprach, vor allem aber, weil er zum gemeinen Bürger in den Zünften hielt und wider die Geschlechter eiferte, gelang es bald wieder, dass seine Zunft ihn zum Zunftmeister wählte und er wieder in den Rat kam. Mit Scharfblick drang er hier auf Abstellung der städtischen Schulden und verlangte die Einsicht der Bücher. Darum setzte man ihn bald in das Bauamt, dass er die Gelder des gemeinen Wesens besorgen sollte. Und er verwaltete sein Amt so, dass auch nach seinem Falle seine Einrichtungen beibehalten wurden. 1469 gelangte er zum ersten Male zur Bürgermeisterwürde. Die Geschlechter sahen am liebsten, wenn der zünftische Bürgermeister aus den reicheren und gebildeteren Kaufleuten genommen wurde, nicht aber aus den geringen Handwerkern. Schwarz wurde daher bei seinem Amtsantritt von den Geschlechtern mit begreiflichem Misstrauen empfangen. Dafür liess er auch seinem Grolle gegen diese freien Lauf. Es konnte ihm nicht schwer werden, ihre Zahl zu schwächen, weise, ehrbare Leute aus dem Rat zu verdrängen und es durchzusetzen, dass in den geheimen Rat, in welchem zuvor nur 13 gesessen, noch 8 Personen von der Gemeinde mussten aufgenommen werden. Das musste den Zünften, dem gemeinen Mann gefallen. Schon im nächsten Jahre (1471) wurde er wieder zum Bürgermeister gewählt, ebenso 1473, 1475, ja, von nun an gelang es ihm, durch Umgehung und Verletzung der Verfassung vier Jahre hintereinander (1475—78) im Bürgermeisteramt durch ungesetzliche Wiederwahl zu verbleiben. Seine Helfershelfer horchten und spähten durch die Stadt, dass am Ende keiner dem andern mehr traute. Schwarz aber wusste um alles, was vorging: in den Zunftstuben hatte er Löcher, um zu lauschen; zu den Stadttoren liess er sich Nachschlüssel anfertigen.

So war Ulrich Schwarz mit dem Jahre 1478 gefürchteter Herr von Augsburg, ein kleiner König. Alles neigte sich vor ihm, wenn er auf der Strasse ging. Sein Weib nannte er wirklich Königin, wie auch das Volkslied ihn zu ihr sagen lässt: „Bist du Kaiserin, so will ich Kaiser sein". Mit seinem Anhang erpresste er Geld, wie er mochte und konnte; jedes Amt der Stadt war ihm feil. Aber nicht genug, er bestahl als Pfleger des Hospitals das Gut der Stadt und Stiftungen für Witwen und Waisen. Seine Gewalttätigkeit schritt schliesslich zum offenen Mord vor. Unter seinen Gegnern war ihm namentlich der um die Stadt vielseitig verdiente Hans Vittel im Wege. Dieser mag als Gesandter Augsburgs am Kaiserhof über den getrübten Rechtszustand seiner Vaterstadt geklagt haben; der mit in Wien anwesende Stadtschreiber Fludeisen, Schwarzens Tochtermann, machte dem letzteren Mitteilung hierüber. Als Vittel nach Augsburg zurückgekehrt war, wurde er im Rate verhaftet und ins Gefängnis geführt; ein gleiches geschah mit seinem Bruder Leonhard. Schwarz wusste es dahin zu bringen, dass die Brüder wegen Verrats der Stadtgeheimnisse zum Tode verurteilt wurden. Des Hans Gattin und hochschwangere Tochter fielen vor Schwarz auf dem Rathause zu Füssen, mit ihnen 600 edle und unedle Frauen und Jungfrauen, mit ihnen der Bischof und Herzog Albrecht von Bayern. Umsonst! Am 11. April 1477 wurden die Brüder auf dem Perlachplatz enthauptet; vom Erker des Rathauses weidete sich Schwarz im Prunkkleid an ihrem letzten Gang.

Als nun nach dieser Greueltat mit dem Anfang des Jahres 1478 Schwarz zum siebentenmal in das Bürgermeisteramt trat, war das Mass voll. Die Geschlechter schlichen sich bei Nacht in die Wohnung des Altbürgermeisters Welser; die von den Zünften verkleideten sich als Bauern und kamen in Kirchen zusammen, um gemeinsame Massnahmen zu beratschlagen. Der Kaiser, höchst entrüstet über die Ermordung der Vittel, sandte ganz im Stillen den Reichslandvogt Marschalk von Pappenheim nach Augsburg. Dieser überlegte mit dem alten, ehrenfesten Stadtvogt Georg Ott, dieser mit Welser und andern aus dem Rate. Schwarz war mit Blindheit geschlagen. Am Morgen des 11. April ging er trotzig, wie immer, in die Ratssitzung. Sofort besetzte Ott alle Zugänge mit seinen Leuten, ging dann in die Ratsstube und verhaftete Schwarz nebst vier seiner vornehmsten Anhänger auf Kaisers und Rats Befehl. Der sonst so Uebermütige bekannte alles, was man verlangte, und vielleicht noch mehr, als er getan hatte. Nach solchen Geständnissen wurde er zum Tode verurteilt. Am Tage der Exekution kleidete man ihn in seine besten Samtkleider. Auf einem Spitalwagen wurde er zum Galgen gen Kriegshaber geführt und hier mit dem Strange gerichtet. Joss Taglang, der Bäcker Zunftmeister, sein meistbelasteter Mithelfer, wurde vier Wochen später gehenkt, die andern Genossen aber aus der Stadt verwiesen.

Schwarz, der nach seinem Selbstgeständnisse vierzehn Jahre nicht gebeichtet, wurde in den Tagen der Not fromm. Ein merkwürdiger Zug seines Charakters besteht darin, dass er bei seinen Gewalttätigkeiten gegen fast alle Schichten der Gesellschaft der Geistlichkeit niemals feindselig entgegentrat. Er widmete einen seiner Söhne dem geistlichen Stande und hatte Anteil an der Stiftung der St. Wolfgangskapelle. Solange er an der Spitze der Stadtverwaltung stand, suchte er niemals den kirchlichen Verordnungen, welche den gläubigen Gewissen unerträglichen Zwang aufbürdeten, entgegenzuwirken. Sein Bestreben war einzig auf die Vernichtung des aristokratischen Elementes in Staat und Gesellschaft gerichtet, ein Bestreben, dem er mit der ganzen Wildheit und Stärke eines Naturtriebes folgte. Für geistigen Fortschritt zeigt er kein Verständnis. Den Kampf gegen den kirchlichen Druck nehmen erst seine Nachfolger auf und führen ihn mit allen Mitteln der Klugheit und Ausdauer.

V. Innere Zustände.

Einen kurzen Ueberblick verlangen in einer Geschichte der Stadt Augsburg auch die Verhältnisse der dortigen Judengemeinde. Die früheste sichere Nachricht über dieselbe datiert aus dem Jahre 1266. Als des Reichs Kammerknechte standen auch die Augsburger Juden unter dem unmittelbaren Schutz des Königs, dem sie eine Abgabe zahlten, die von ihm häufig verpfändet oder verschenkt wurde. In dieser Richtung bewegt sich auch jene älteste Augsburger Notiz: König Konradin bewilligt auf Bitten der Augsburger Bürger den in der Stadt wohnenden Juden fünfjährige Befreiung von allen herkömmlichen Diensten; dafür sollten sie aber im ersten Jahre 30 und in den folgenden vier Jahren 10 Pfund Pfennige an die königliche Kammer bezahlen. Für den Fall, dass neue Juden in die Stadt zögen, sollten zwei Bürger und zwei Juden bestimmen, um wieviel die Abgabe zu erhöhen sei[1]). Aus jenem Ansatz können wir einen ungefähren Schluss auf die Grösse und Wohlhabenheit der alten Augsburger Judengemeinde machen. Wir wissen nämlich, dass damals die Juden von Worms dem König Richard jährlich 200 Pfund Steuer bezahlten; die Augsburger Gemeinde muss daher in jener frühesten Zeit entweder sehr klein oder sehr arm gewesen sein. Nach dem Tode Konradins gelangte das Regal des Augsburger Judenschutzes, zunächst auf ein Jahr, in die Hände Bischof Hartmanns. 1271 befreit derselbe die Augsburger Juden auf die Dauer eines Jahres von den herkömmlichen Dienstleistungen und befiehlt sie dem Schutze der Stadtgemeinde[2]). Was weiter in betreff des Judenschutzes geschah, ist unbekannt. Da die deutschen Könige später wieder vielfach im Genuss des Judenschutzgeldes erscheinen, so ist zu vermuten, dass König Rudolf mit der Reichsvogtei zugleich den Judenschutz wieder zum Reiche zurücknahm. Später muss sich jedoch neben dem allgemeinen Schutz- und Abhängigkeitsverhältnis gegenüber dem König auch ein solches dem Stadtrat gegenüber entwickelt haben, da die Judengemeinde 1308 dem Rate 500 fl. Schutzgeld bezahlt[3]).

Ueber die inneren Verhältnisse dieser alten Judengemeinde gibt uns das Stadtbuch eine Reihe interessanter Aufschlüsse. Die Juden bildeten nicht bloss eine religiöse Gemeinde, welche in der Synagoge ihren Mittelpunkt fand, sondern auch eine Gemeinde in kommunaler und rechtlicher Beziehung[4]). Als solche war sie von den städtischen Beamten eximiert, stand unter eigener Obrigkeit und besass auch die Gerichtsbarkeit über ihre Angehörigen. Diese Organisation hing mit der Neigung des Mittel-

---

1) Mon. boi. XXXa. nr. 816.   2) Stadtbuch S. 336.
3) Stadtbuch S. 337—338.
4) Als solche führte sie auch ein eigenes Siegel: zweiköpfiger kaiserlicher Adler, zwischen dessen Köpfen ein spitzer Judenhut mit herabhängenden Schnüren.

alters zusammen, die sozialen Kreise auch juristisch zu trennen und Personen desselben Standes und derselben rechtlichen Stellung eine korporative Verfassung zu geben. So wie der Klerus, so wie Vasallen und Ministerialen, wenn sie in einer Stadt wohnten, von den regelmässigen Obrigkeiten eximiert waren, so erhielten auch die Juden ihre abgesonderte Stellung. Dazu kam noch, dass eine derartige Absonderung auch den Interessen der Juden entsprach, und dass sie ihre Streitigkeiten unter einander gern von Mitgliedern ihrer Nation und Religion entscheiden liessen, um den ihnen übelwollenden Christen keinen Einfluss auf ihre Rechtsverhältnisse zu gestatten und um ihr nationales Recht zur Anwendung zu bringen.

An der Spitze der Judengemeinde stand der Judenmeister, diesem zur Seite ein von den jüdischen Hausvätern gewähltes Ratskollegium von 12 Mitgliedern, das zugleich im Gericht als Schöffenkollegium fungierte. Der lokale Mittelpunkt der Gemeinde war die Judenschule[1]), auf ihr wurde Rat und Gericht gehalten. Für die peinliche Gerichtsbarkeit war aber ausschliesslich der Stadtvogt kompetent[2]). Ein gemischtes Gericht wurde niedergesetzt, wenn die Parteien sich aus Juden und Christen zusammensetzten. Der Vogt setzte dann einen Termin auf der Judenschule an und brachte eine Anzahl Bürger mit sich dorthin. Nach geschlossener Verhandlung fragte der Vogt die Christen und der Judenmeister die Juden um ihr Urteil, worauf nach Stimmenmehrheit das Erkenntnis festgestellt wurde. Dieses gemischte Gericht wurde jedoch im Jahre 1436 auf Betreiben der Augsburger Geistlichkeit von Kaiser und Rat aufgehoben und die Juden unter das Stadtgericht gestellt[3]). Bestand somit für die Fällung des Urteils eine Gleichberechtigung, so war hingegen der Jude dem Christen gegenüber bezüglich der Zeugnisfähigkeit im Nachteil. Denn während der Christ, welcher einen Juden überführen will, diesen Beweis mit einem Juden und einem Christen führt, darf der Jude seine Aussage nur mit christlichen Zeugen bestärken. Demütigend waren die Formen bei Ableistung des Judeneids. Man liess den Schwörenden auf einer Sauhaut stehen, auf der Haut des Tieres, welches zu essen ihm seine Religion verbietet, und seine rechte Hand bis ans Gelenk in die fünf Bücher Mosis hineinstecken. Auch im Strafrecht begegnen uns manche Sonderbarkeiten. Sollte z. B. ein Jude gehenkt werden, so setzte man ihm einen Judenhut mit brennendem Pech aufs Haupt. Wurde er gleichzeitig mit einem Christen gehenkt, so hing man ihn ausserhalb des Galgens an einem Balken auf, um ihn von dem verurteilten Christen zu unterscheiden. Am furchtbarsten wurden die Fleischesverbrechen zwischen Juden und Christen bestraft.

---

1) Urkundl. zuerst erwähnt 1361 mit dem daneben liegenden Judentanzhaus. Urk.-B. II. nr. 557.
2) Vgl. d. Urk. Karls IV. v. 1361 im Urk.-B. II. 552.
3) Städtechron. V. 376—77.

Das Stadtbuch bestimmt, dass in solchen Unzuchtsfällen die Schuldigen übereinander gelegt und verbrannt werden sollten, „denn der Christ hat seinen Christenglauben verleugnet". Man sah in solchem Umgang das Unchristliche, ähnlich wie in der Bestialität. Später milderte die Praxis jene grausame Strenge: so wurde im Jahre 1590 ein Augsburger Jude, der mit einer Christin Ehebruch begangen hatte, nur mit Ruten ausgehauen.

Was ihre Wohnstätten betrifft, so wohnten sie, wie auch anderwärts, in einem besonderen Judenviertel. Der Grund für diese lokale Absonderung lag zunächst darin, dass in den mittelalterlichen Städten überhaupt Leute derselben gewerblichen oder sozialen Klasse bestimmte Strassen einzunehmen pflegten, sodann, dass die Juden, wie schon bemerkt, eine besondere Gemeinde bildeten, deren Mittelpunkt die Judenschule war, endlich auch, dass die Obrigkeit selbst es wünschte, sie auf einen abgeschlossenen Raum zu beschränken, um zu viele Berührungen mit der christlichen Einwohnerschaft hintanzuhalten. In welchem Teil der Stadt sich das älteste Judenviertel befand, lässt sich jetzt nicht mehr sicher bestimmen. Eine Judengasse taucht zuerst in einer Urkunde von 1361[1]) auf, der Name „Judenberg" erst im Jahre 1404 zum ersten Male in den Steuerbüchern (bis dahin hatte er „Hegniberg" geheissen). Der Kirchhof lag vor der Stadt in der Nähe der Heil. Kreuzkirche; wir wissen dies aus einer Urkunde vom Jahre 1298[2]), in welcher die Judengemeinde aus Erkenntlichkeit dafür, dass sie bei der kurz vorhergegangenen Judenverfolgung durch die Fürsprache des Rates verschont geblieben war, verspricht, vor ihrem Kirchhof eine Mauer von der Stadtmauer bei Heil. Kreuz an bis an den Stadtgraben zur Befestigung der Stadt aufzuführen. Dieser Begräbnisplatz diente übrigens nicht bloss der Augsburger Judengemeinde, sondern auch den auf dem Lande zerstreut herumwohnenden Religionsgenossen: denn das Stadtbuch bestimmt, dass eine zur Stadt gebrachte Judenleiche einen Durchgangszoll von 30 Pfenn. zu zahlen habe, welcher Zoll im Jahre 1433 auf einen rhein. Goldgulden (!) erhöht wurde. Auch eines jüdischen Badhauses geschieht schon im Jahre 1290 Erwähnung[3]). Die Juden hatten sich bei dem Rate beklagt, dass sie in den gewöhnlichen Bädern „vil ungemach" von der Ausgelassenheit der mitbadenden Christen zu leiden hätten. Auch eine eigene Fleischbank hatten die Juden: kein christlicher Metzger — so bestimmt das Stadtbuch — durfte einem Juden schlachten;

---

1) Urk.-B. II. 557.   2) Urk.-B. I. nr. 167.

3) Stadtbuch v. Augsburg S. 58. Urk. v. 1361 im Urk.-B. II. 557. Das Judenbadhaus soll ursprünglich am Hospitalbach in der Nähe des roten Tores gestanden haben, dann an die Stelle der jetzigen Spitalmühle verlegt worden sein und später den heute noch bestehenden Namen Rappenbad (Rabbinerbad?) erhalten haben. Auch ein eigenes Tanzhaus besassen die Augsburger Juden.

doch durfte der Jude das überflüssige Fleisch auch an Christen verkaufen, nur musste er beim Feilbieten desselben einen Judenhut tragen. Dies letztere war die die Juden am tiefsten erniedrigende Vorschrift. Später (1434) mussten sie statt des Tragens des Hutes grosse gelbe Ringe auf ihre Röcke heften[1]).

Die grosse Judenverfolgung des Jahres 1348 traf auch die Augsburger Juden: sie wurden mit Feuer und Schwert vertilgt[2]). Der Kaiser, welcher den Rücklass der Juden als sein Eigentum betrachtete, befahl dem Rate im nächsten Jahre die Herausgabe desselben und verpfändete seine Ansprüche an seine Gläubiger, die Grafen von Helffenstein und Hochstetten[3]). Doch gewährte schon wenige Jahre nachher Karl IV. der Stadt das Recht, aufs neue Juden aufzunehmen, zunächst auf die Dauer von 12 Jahren und mit der ihr ausschliesslich zustehenden Berechtigung, dieselben mit jährlichen Zinsen und Steuern zu belegen[4]). Noch bevor die Frist um war, erneuerte der Kaiser 1359 der Stadt das Recht, und zwar auf 20 Jahre[5]). 1355 weisen die Steuerbücher 18 jüdische Familien auf, das Jahr darauf waren es bereits 23, 1368 40. 1374 muss die Zahl der Augsburger Juden bereits wieder eine beträchtliche gewesen sein, da sie der Kaiser kurz vorher mit einer ausserordentlichen Abgabe von 10000 fl. beschatzt hatte. Der Rat hatte die Beitreibung unter Berufung auf seine Privilegien gehindert und war dadurch in die kaiserliche Ungnade gefallen, in solchem Grade, dass der Kaiser verschiedenen Nachbarn der Stadt erlaubte, gegen diese feindselig vorzugehen. Jetzt schickte der bestürzte Rat Gesandte an das Hoflager und erbat Verzeihung, die ihm auch unter der Bedingung gewährt wurde, dass er die genannte Judenauflage einzutreiben und abzuliefern habe[6]). Das Jahr 1384 brachte den Juden wiederum schwere Bedrängnis: sie wurden gefangen genommen und nicht eher entlassen, als bis sie dem Rate 22000 fl. bezahlt hatten. Im 15. Jahrhundert endlich wurden sie dauernd, aber ohne Blutvergiessen aus der Stadt getrieben. 1438 erhielt der Rat von König Albrecht gegen Zahlung von 900 fl. die Erlaubnis, die Juden aus der Stadt zu schaffen. Von 1439 an finden sich keine Juden mehr in den Steuerregistern. Die Grabsteine des Judenkirchhofs fanden beim Ausbau des Rathauses Verwendung. Nur vorübergehend durften sich Juden seitdem in Augsburg aufhalten. Insbesondere wurde 1543 bestimmt, dass sie nie länger als einen Tag in Augsburg verweilen sollten und dass, um Händel zu verhüten, jedem ein Stadtdiener zu beständiger

---

1) Lünig, Reichs-Archiv XIII. 103.
2) „1348 jaur dau wurden die juden verprant an sant Cecilie tag" (22. November). Chronik d. Erh. Wahraus, Städtechron. IV. S. 220.
3) Urk.-B. II. nr. 469.   4) Urk.-B. II. 510.
5) Urk.-B. II. 523.
6) Urk.-B. II. 657 u. Städtechron. V. S. 8 u. 13.

Begleitung und Beaufsichtigung beizugeben sei, der dafür einen Sechser erhalten sollte.

Eine Lichtseite des alten deutschen Städtewesens ist die frühzeitige Bildung eines geregelten Haushalts. Während die übrigen wirtschaftlichen Kreise noch lange an der alten Naturalwirtschaft festhielten, führten in den freien Städten der steigernde Verkehr und die wachsende Blüte eine Vervollkommnung der inneren Verwaltung mit sich. Die Stadtrepubliken des Mittelalters sind so auch für die moderne Staatswirtschaft Vorläufer und Muster gewesen, wie sie es hinsichtlich der staatsrechtlichen Gestaltungen geworden sind. Namentlich das Steuerwesen hat sich in unsern alten Städten vorbildlich auf dieselbe Weise entwickelt, wie nachher in den grösseren Gemeinwesen der Staaten. Man ist ausgegangen von Grundzinsen und persönlichen Leistungen; man hat sich erst, als diese für die Bestreitung der vermehrten Kommunalbedürfnisse nicht ausreichten, hauptsächlich der indirekten Besteuerungsweise durch Zölle und Accise zugewendet und ist endlich, als auch diese eine weitere Steigerung in Rücksicht auf die unteren Einwohnerklassen nicht zuliessen, bei der Vermögens- und Einkommensteuer und schliesslich bei den Anleihen angelangt.

Fassen wir vorerst die Organe der Stadtverwaltung kurz ins Auge. Die gesetzgebende Gewalt und Oberaufsicht übte der Rat in seinen verschiedenen Abteilungen als kleiner (Vierundzwanziger), alter (Zwölfer) und grosser Rat. Nächst ihm kommen dann vor allem die zwei Baumeister in Betracht. Sie sind die eigentlichen Finanzminister des Staates. Sie führen Rechnung über die gesamten Einnahmen und Ausgaben, an sie werden alle von den einzelnen Recepturen vereinnahmten Gelder abgeführt, ihre Rechnungsbücher, die sogenannten Baumeisterrechnungen, geben daher ein klares und vollständiges Bild des städtischen Haushalts. Merkwürdig ist, dass gerade die Bauherren mit der Verwaltung des Stadtsäckels betraut waren, dass man hiefür nicht eigene Kämmerer aufstellte, oder die Steuermeister, in deren Händen doch die Haupteinnahmen zusammenliefen, die Finanzverwaltung besorgten. Das Auffallende dieser Tatsache erklärt sich, wenn wir die Baumeisterbücher näher ansehen. Wir erkennen dann, dass ein grosser Teil der Ausgaben Bauzwecken gewidmet ist. Die älteste Baumeisterrechnung stammt aus dem Jahre 1320. Ein Ratsdekret aus einem der nächsten Jahre nach 1324[1]) bestimmt, dass jährlich im Januar der kleine Rat aus seiner Mitte an Stelle eines ausscheidenden Baumeisters einen neuen auf zwei Jahre wählen solle. Zwei mal im Jahre sollen sie vor einer zur einen Hälfte aus dem kleinen Rat, zur andern aus der Gemeinde gewählten Kommission von 12 Mitgliedern Rechnung ablegen. Nächst den Baumeistern kommen die drei Steuermeister in Betracht. Sie werden zuerst in einem Ratsdekret vom

---

1) Stadtbuch S. 77.

Jahre 1291[1]) erwähnt, wurden jährlich aus der Mitte des kleinen Rats gewählt und hatten die Einziehung der direkten Steuern zu besorgen. Für die Einziehung des Ungeldes, der auf den Verbrauch von Konsumtibilien gesetzten indirekten Steuer, waren die sogenannten Ungelder bestimmt, im Jahre 1391 vier für das Salz- und einer für das Honigungeld.

So viel über die Organe des Stadthaushalts. Wichtiger ist die Frage nach den Mitteln, deren sich die Stadtverwaltung zur Aufbringung der benötigten Summen bediente. Wir stossen da zuerst auf eine Grundsteuer. Die früheste Spur einer solchen findet sich bereits im ältesten Stadtrecht von 1104. Dort heisst es, dass dem Bischof jährlich zu Michaelis von den Höfen ein Grundzins von 4 Talenten gebührt. Der in dem grossen Stadtrecht genannte Michaelisgrundzins ist dann nur eine Fortbildung jener ältesten Grundsteuer. Darauf lässt nicht nur die gleiche Erhebungszeit, sondern auch der Umstand schliessen, dass beide Steuern von dem Zollner vereinnahmt wurden. Während jedoch jener älteste Grundzins alle Hofstätten der Stadt gleichmässig belastete, wurde die Grundsteuer des zweiten Stadtrechts nur von den freien, unter Stadtrecht stehenden Grundstücken erhoben, und zwar vermutlich für die Stadt, da Klagen wegen Nichtentrichtung an den Vogt gingen und die Entrichtung einen Anspruch auf das Bürgerrecht gewährte.

Neben dieser ständigen Grundsteuer auf Eigengüter stossen wir schon bald nach dem Erlass des zweiten Stadtrechts auf eine unständige, von allen städtischen Grundstücken, gleichviel ob Eigen, Lehen oder Leibgeding, zu erhebende Grundsteuer. Sie wurde im Bedürfnisfall erhoben und dann vom Rate jedesmal besonders festgesetzt, mit welchem Prozentsatz der Grundrente die einzelnen Arten der Grundstücke zur Steuer herangezogen werden sollten. So bestimmt beispielsweise der Rat im Jahre 1374[2]), dass bei selbstbewohnten Häusern das letzte Zinserträgnis oder, im Falle dass dieselben niemals vermietet waren, die eigene Schätzung des Eigentümers als steuerpflichtige Häuserrente angenommen und hiervon 10 Prozent als Steuer abgeführt werden sollen; bei selbstbewirtschafteten Liegenschaften soll gleichfalls die eigene Schätzung akzeptiert, als Steuer aber nur 5 Prozent abgegeben werden.

Neben dieser Grundrentensteuer begegnet uns in der gleichen Zeit eine Kapitalrentensteuer. Auch diese wird unständig und in verschiedener Höhe erhoben. So bestimmt ein Ratserlass von 1291, dass alle Renten von Kapitalien zu Eigen-, Lehen- oder Leibdingbesitz nach dem bestimmten Prozentsatz besteuert werden sollen, gleichviel wer der Nutzniesser derselben ist; ist das Kapital nicht zinstragend ausgetan, so soll wiederum die eigene Schätzung des Besitzers massgebend sein. Ehemänner sollen dabei das etwaige Einkommen ihrer Ehefrauen, Vormünder, Hauswirte und Dienstherren das ihrer Pfleglinge, Miteinwohner und Dienstboten ver-

---

1) Chron. d. d. Städte V. S. 375.   2) Stadtbuch S. 78.

steuern, beziehungsweise angeben; Dienstbotenlöhne unter einem Pfund sollen steuerfrei bleiben.

Trafen diese Steuern direkt die Rente des unbeweglichen und beweglichen Vermögens, so war das Ungeld eine indirekte Steuer, insofern sie von den Besteuerten auf die Konsumenten abgewälzt werden konnte. Es kommt zuerst im Jahre 1254 vor, wo es vom Bischof Hartmann den Bürgern auf 10 Jahre überlassen wird. Eine weitere Ueberlassung erfolgte 1270 auf 5, 1286 auf 2 und 1290 auf 4 Jahre, bis schliesslich die Stadt im festen Besitz dieses wertvollen Rechts erscheint. Anfänglich waren es wohl bloss Getränke, namentlich Wein gewesen, welche dieser Steuer unterlagen, bald ward ihr aber eine grössere, immer weitergehende Ausdehnung auf eingeführte Waren, wie auf durchgehende Kaufmannsgüter gegeben. Zuvörderst begriff man darunter auch andere gewöhnliche Lebensmittel, namentlich Schlachtvieh, Fische, Reis, Oel, darauf andere Gegenstände des Verbrauchs, als Wolle, Seiden- und Baumwollenzeuge, Leinwand, Leder, Felle, Pelzwerk, Holz, Metalle, endlich Gewürze, Südfrüchte u. s. w. Es wurde an den Brücken und Toren als Eingangs-, am Markte als Kaufs- und Verkaufszoll erhoben und war verpachtet. Im grossen Stadtrecht von 1276 sind bereits für die einzelnen Eingangsstellen förmliche Tarife dieses Ungeldes aufgestellt. Die Höhe desselben ist bemessen nach der Menge der eingeführten Waren, wobei jedoch bei schwer schätzbaren gewisse Pauschquantitäten (Wagenlast, Traglast) als Wertmesser angenommen werden. Die Steuer ging von zwei Pfennigen bis zu einem halben Pfennig herunter. Jenen höchsten Satz bezahlten Wagenladungen mit Wein, Meth, Eisen, Häringen; Bier Korn, Heu, Obst zahlten die Hälfte, Stroh und Salz den vierten Teil. Auffallend ist, dass die Tarife der einzelnen Tore nicht übereinstimmen: so gab ein Wagen Weins vom Norden her nur die Hälfte des Betrags, den die gleiche vom Süden kommende Ladung zu entrichten hatte. Die eingesessenen Bürger, speziell die Schlachter und Geistlichen konnten sich von der jedesmaligen Zahlung dieses Ungelds für ein ganzes Jahr durch die Entrichtung eines halben Pfund Pfeffers, bezieh. zweier Schulterstücke oder zweier Gänse loskaufen. — Eine zweite Art des Ungelds war der Marktzoll. Er wurde am Markte als Kaufs- und Verkaufszoll von den fremden Kaufleuten erhoben, war älter als das Torungeld und gehörte seit unvordenklicher Zeit der bischöflichen Kirche; 1259 kam es in den Besitz der Familie Schongauer und von dieser später an die Stadt.

Zum Eigentum der Stadt gehörten nach den sogenannten Baumeisterbüchern vorerst die Mauern, Tore, Türme, Gräben und öffentlichen Plätze. Die Ueberlassung der Stadttore an die Bürger hatte schon Bischof Hartmann im Jahre 1251 zugestanden und das Stadtrecht von 1276 diesen Besitz nochmals bestätigt. Ausser den Befestigungsbauten wird als Eigentum der Stadt angegeben: Das Rathaus, das Fleischhaus, der Per-

V. Innere Zustände.

lachturm, der Wachtturm war und in dem auch die Sturmglocke hing, die Stadtmühle, die Lechkanäle, verschiedene Marktstände, z. B. diejenigen der Helmmacher und Plattner auf dem Perlach, der Salzstadel, des Hahers Haus, des Nachrichters Haus, die Frauenhäuser.

Einen besonderen Einnahmetitel bilden die Abgaben der Frauenhäuser; 1391[1]) zahlten sie zusammen eine Abgabe von 53 lb. 18 Schilling[2]). Die Stadtmühle wirft im gleichen Jahre 26 lb. 19 Schill. ab, die Getreideverkäufe 2315$^{3}/_{4}$ lb. Die Stadt war nämlich nicht nur selbst im Besitz eines ausgedehnten landwirtschaftlichen Grundbesitzes, sondern erhielt auch eine Menge Zehnten und Renten in natura geliefert. Sehr beträchtliche Summen (Weinungeld 4257 lb. 6 Schill., 22 rhein, 85 ungar. und 16 böhm. fl., Honigungeld 99 lb. 7 Schill., 2 ung. fl., Salzungeld 371 lb. 10 Schill., 135 rh. u. 23 ung. fl., Ungeld von den Weberwaren 867 lb. 8 Schill., 32 rh. fl.) warf das Ungeld ab, das jetzt nicht mehr, wie im 13. Jahrhundert, als Eingangssteuer der verschiedenartigsten Waren, sondern nur noch als eine Steuer auf Getränke, Salz und Weberwaren von den Wirten und Kaufleuten erhoben wurde. Auffallend gering ist der Ertrag der direkten Steuer: 656 lb. 338 fl. 16 lb. brachten die Mieten der Messbuden am Ostermarkt, die Gerichts- und Strafgelder 125 lb. 11 Schill. Von einmaligen Einnahmen heben wir hervor 3100 fl. für verkaufte städtische Immobilien, 4063 fl. für verkaufte Leibzuchtgelder — bei dem mittelalterlichen Zinsverbot die übliche Kapitalanlage[3]). Die Gesamteinnahme belief sich auf 8455 fl. 11 570 lb. 6 Schill. Hinsichtlich der Ausgaben fallen die hohen Unterhaltungskosten der Lechkanäle auf: 136 lb. 8$^{1}/_{2}$ Schill. Die Anlage der Lechkanäle gehört der ältesten Zeit an: im Stadtrecht von 1276 sind bereits mehrfache Bestimmungen über ihre Unterhaltung getroffen. Sie versehen den-

---

1) Wir legen für diese und die nachstehenden Zahlen das Baumeisterbuch vom Jahre 1391 zu Grunde, weil dieses in einer besonders vollständigen Gestalt erhalten ist.

2) 1 lb. Pfenn. = 20 Schilling Pfenn. = 2 fl. ungar. oder böhm. — nach dem Münzgesetz Kaiser Karls IV., doch war in den letzten Dezennien des 14. Jahrh. eine solche Verschlechterung der Silbermünze eingetreten, dass 17, 18 und 18$^{1}/_{2}$ Schill. Pfenn. auf 1 fl. gingen. Der reine Goldwert des ungar. Guldens ist nach heutigem Preis des Goldes in Silber = 9 M. 20 Pf., des rhein. Guldens = 9 M. 35 Pf. Unter Gulden ohne weiteren Beisatz ist stets der ung. Gulden zu verstehen. Grössere Zahlungen wurden gewöhnlich in Gold (Gulden) gemacht, dabei aber fortwährend in Silber: Pfund, Schilling und Pfenn. gerechnet.

3) Schon 1332 verkauft der Rat zur Heimzahlung der von den Juden dargeliehenen Summen eine solche Rente. Urk.-B. I. nr. 313. 1347 verkauft der Rat neuerdings die enorme Rente von 64 Pfund Pfenn. an das Domkapitel für eine Summe von 1280 Pfd., die zu Zwecken der städtischen Befestigung verwendet werden sollte. P. Dirr S. 48.

jenigen Stadtteil, der von jeher der Hauptsitz der gewerblichen Tätigkeit war, mit einer Fülle von Wasser und tragen dadurch zu der gewerblichen Blüte der Stadt nicht wenig bei. Für Wein zu Ehrengeschenken, meist an hohe Gäste oder Gesandte, wurden ausgegeben 111 lb. 15 Pfenn. Einen bedeutenden Ausgabeposten bildeten die Schuldzinsen und Leibzuchtrenten: 667½ fl. 6 lb. 10 Pf. Von Ausgaben, die der Stadt aus ihrer Stellung als Reichsstadt erwuchsen, nennen wir die Martini-Reichssteuer mit 800 lb. ital. Heller, Beitrag an den Hauptmann des Landfriedens mit 60 rh. fl., Matrikularbeitrag zur schwäbischen Bundeskasse mit 487 ung. fl. Grosse Summen verschlangen die Gesandtschaften und Botendienste: 253 fl. 243 lb. 1 Sch. Fortwährend waren städtische Boten auf den Beinen, um nach nah und ferne die städtische Korrespondenz zu besorgen.

Der Stadthaushalt weist keine Ausgabe für Kirche und Schule auf, auch keine für das Armenwesen, welches in unserer Zeit in der Regel allein einen grossen Teil der Kommunaleinnahmen verschlingt. Kirchenbauten wurden allein aus frommen Spenden, besonders Ablassgeldern und Stiftungen bestritten. Die Geistlichkeit zog ihren Unterhalt aus fundierten Pfründen, freiwilligen Opfern und Stolgebühren. Die Armut fand sich nicht bloss auf den Bettel angewiesen, sondern wurde in der verschiedenartigsten Weise durch milde Stiftungen unterstützt, an welchen Augsburg schon im 14. Jahrhundert reich war; eine der bedeutendsten war das Heilig-Geistspital, dessen Gründung in das 13. oder gar 12. Jahrhundert hinaufgeht[1]). Von der Stadt erhielten die Armen nichts, die Geistlichen nur Abgabenfreiheit. Die Gesamtausgabe des Stadthaushalts im Jahre 1391 betrug 10546¼ fl. 5887 lb. 7 Schill.

Erweist sich somit die Finanzwirtschaft der Stadtgemeinde als eine gute und geregelte, so war es um einen andern Zweig der öffentlichen Verwaltung, nämlich um die Polizeipflege, weniger gut bestellt[2]). Da stösst zuvörderst die grosse Zahl liederlichen Gesindels, das sich in der Stadt herumtreibt, auf. Eine ungefähre Schätzung desselben wird ermöglicht durch die Listen der alljährlich im Herbst unter dem Läuten der Sturmglocke aus der Stadt ausgetriebenen Individuen, der „schädlichen Leute", wie sie das Achtbuch nennt. Neben den Kupplern und Kupplerinnen kommen da grosse Mengen von Dieben und Diebshehlern, Säckelabschneidern, dann verschiedene Arten von falschen Spielern, Bettlern und Landstreichern vor. Recht bezeichnend ist dabei, dass diesem liederlichen Gesindel die Stadt meist nur auf eine verhältnismässig kurze Zeit verboten wurde, so dass sie nach Ablauf derselben ihr Unwesen

---

1) Vgl. z. B. die Stiftungen des Bertold Bitschlin v. J. 1314, der Mechtild Ruf v. J. 1353. Urk.-B. I. 230 u. II. 498.

2) Buff, Verbrechen u. Verbrecher in Augsb. i. d. zweit. Hälfte d. 14. J. Zeitschr. d. hist. Ver. IV. 2.

wieder von neuem beginnen konnten. Die ganze Theorie der Strafrechtspflege bestand lediglich darin, den Verbrecher unschädlich zu machen. Daher die entsetzlich grausamen Strafen schon bei geringfügigen Vergehen: Henken bei Diebstahl, Verbrennen bei Sodomiterei (auch bei geschlechtlichen Vergehen zwischen Juden und Christen), Lebendigbegraben bei Notzucht, Handabhauen bei Meineid und Betrug u. s. w. Freilich wurde diese barbarische Strenge dadurch wieder gemildert, dass die meisten Verbrechen mit Geld gesühnt werden konnten, nur dass dadurch der zügellosen Roheit der Vermögenden gleichsam von Obrigkeits wegen Tor und Türe geöffnet war und der Ernst des Gesetzes nur dem Armen fühlbar wurde. Wenn überhaupt die Wirksamkeit des Strafgesetzes nicht so sehr durch die Härte, als durch die Sicherheit der Strafe bestimmt wird, so befand sich auch hierin das Mittelalter noch in den Anfängen einer geordneten Rechtspflege[1]). Der Strafvollzug war meist ein rascher, soweit nicht das rein formalistische Strafverfahren aufschiebend in den Weg trat; höchstens Kriegsgefangene, die ein reiches Lösegeld in Aussicht stellten, wurden länger gefangen gehalten, die eigentlichen Uebeltäter dagegen, wenn sie sich nicht mit Geld loskaufen konnten, rasch prozediert.

Die schlechte Polizei, verbunden mit der Roheit und Abgestumpftheit der Bevölkerung, muss nun ganz erschreckende Zustände geschaffen haben. Vor allem war die Unsicherheit der Person eine ganz exorbitante. Mitunter sind in einem Jahre 9, 10, ja 11 verschiedene Totschläge verzeichnet, sämtlich innerhalb des Stadtfriedens verübt. Bei der geringsten Veranlassung wurde das Messer gezückt[2]). Auch Geistliche und Frauen standen nicht zurück. In der Dunkelheit konnte man sich ungefährdet nicht mehr auf den Strassen sehen lassen. Als die nächsten Ursachen begangener Exzesse erscheinen namentlich Trunkenheit und Unzucht. Die Prostitution wurde seitens der Stadtobrigkeit nicht nur geduldet, sondern in eigenen der Stadt gehörigen Häusern förmlich geschützt und gepflegt. Trotzdem waren die „fahrenden Fräulein", wie das Stadtbuch die liederlichen Dirnen nennt, zum rohesten Abschaum der Gesellschaft hinab verbannt, der Aufsicht des Henkers unterstellt, der über alle sie betreffenden Angelegenheiten richtet und dafür von einer jeden wöchentlich zwei Pfennige erhält. Die eigentliche Stadt zu betreten, war ihnen verboten; fand man sie darinnen, so schnitt man ihnen die Nase aus dem Kopfe. Daneben aber muss die nicht konzessionierte Unsittlichkeit in allen Schichten der Gesellschaft eine ebenfalls sehr bedeutende gewesen sein. Namentlich scheinen die zahllosen Badestuben den öffentlichen

---

1) Buff rechnet heraus, dass während der Jahre 1338 bis 1368 von 169 in Augsburg verübten Todschlägen 164 ungeahndet blieben, weil man der Täter nicht habhaft werden konnte.

2) Vgl. das Ratsdekret v. 28. Juni 1384 im Stadtbuch S. 256.

Häusern gefährliche Konkurrenz gemacht zu haben. Doch waren auch ausserdem Kuppelei und Unzucht viel betriebene und, wie es scheint, einträgliche Geschäfte. Auf den Ausdruck „sein lediges Weib" stösst man alle Augenblicke. Ehebruch und Entführung von Ehefrauen sind häufig vorkommende Dinge. Am meisten aber verstösst gegen unser Gefühl die privilegierte Stellung der liederlichen Dirnen. Sie beteiligten sich an öffentlichen Aufzügen und Festen, an Gastmahlen und Tänzen, und oft fiel ihnen dabei eine hervorragende Rolle zu. Gegen Exzesse nach dieser Richtung schritt man nur sehr lau ein. So wurde z. B. ein Bursche, welcher aus den Frauenhäusern der Stadt sämtliche Dirnen zusammengeholt und mit ihnen auf dem Perlach einen Tanz[1]) ausgeführt hatte, bloss mit einer mehrtägigen Ausweisung gestraft. Bei Verwundung oder Tötung der „schönen Frauen" trat der Rat als Kläger auf. Ebenso schützte die Obrigkeit den Gewerbebetrieb der „fahrenden Fräulein" gegen Beeinträchtigung seitens Nichtprivilegierter.

Eine Besserung dieser unsicheren und unsittlichen Zustände brachte erst das 16. Jahrhundert mit seiner erstarkenden Polizeigewalt und der Kirchenreformation mit sich.

Am Ausgang des Mittelalters ist die Geschichte Augsburgs nochmals durchzogen von freundschaftlichen, ja herzlichen Beziehungen zu einem deutschen Reichsoberhaupt, nämlich zu Kaiser Maximilian I.[2]). Schon seine Geburt, welche die glückliche Mutter in einem eigenen uns erhaltenen Briefe[3]) der von ihr bevorzugten Stadt meldete, wurde hier vorahnend durch Dankgottesdienst, Festmahlzeiten, Tänze und Freudenfeuer gefeiert. Schon als vierzehnjähriger Jüngling kam Maximilian 1473 mit seinem Vater nach Augsburg. Im nächsten Jahre wiederholte sich der Besuch. Damals war es, dass der kaiserliche Vater, nachdem er während seines Aufenthalts eine Kostenrechnung von 6736 fl. aufgemacht hatte, bei der Abreise von seinen Gläubigern mit Gewalt so lange zurückgehalten wurde, bis der Rat dieselben wenigstens teilweise befriedigte. 1492 nahm Maximilian an der Uebertragung der Reliquien des Bischofs

---

1) Das Tanzen auf den Strassen wurde gegenüber dem in den Häusern auch von Obrigkeits wegen mit grösserer Nachsicht behandelt. So setzt der Rat 1384 fest, dass Knechte und Mägde an Feiertagen Nachmittags keinen Tanz in den Häusern aufführen sollen; „sie mögen aber wohl auf der Strasse einen Tanz haben, als von Alter herkommen ist, bis man Vesper läutet, dass sie dann in ihrer Herrschaft Häusern seien; und nach dem Abendessen sollen sie zu keinem Tanz gehen, er wäre dann vor ihren Häusern, und wer ihnen sein Haus zum Tanzen leiht, es sei Nachmittags oder nach Abendessen, der gibt der Stadt 5 Pfund in den Graben (zu Befestigungsbauten)". Stadtbuch S. 257.

2) L. Brunner, Kaiser Max I. und die Reichsstadt Augsburg. Progr. d. Stud.-Anst. St. Stephan in Augsb. 1876—77.

3) Fugger-Birken, Spiegel des Erzhauses Oesterreich (1668) S. 659.

Simpert in ein neuerrichtetes Grab in der St. Ulrichskirche teil. 1500 fand in Augsburg ein Reichstag statt. Während desselben geschah in Anwesenheit des Kaisers die feierliche Grundsteinlegung zum Chor der St. Ulrichskirche und die Belehnung des Markgrafen Joachim von Brandenburg. Bei den dabei abgehaltenen ritterlichen Spielen und Tanzfesten bewegte sich Maximilian im Kreise der Bürger und des Volkes mit gewinnender ungesuchter Herablassung. Auf diesem Reichstag stossen wir auch auf die ersten Geldgeschäfte des Kaisers mit den Fuggern, die ihm 12000 fl. zur Bestreitung der Zehrungskosten vorschossen. Im nächsten Jahre erwarb er unter Peutingers Vermittlung durch Ankauf des vor dem heil. Kreuztor gelegenen Hauses des Ludwig Meuting ein eigenes Besitztum in der Stadt. 1504 berief Maximilian hierher einen Fürstentag behufs Beilegung der Streitigkeiten, die sich nach dem Tode Herzog Georgs des Reichen von Bayern-Landshut über dessen Erbe zwischen der Münchener und der pfälzischen Linie des Hauses Wittelsbach erhoben hatten. Beim Einzug des Kaisers begrüsste ihn Peutingers vierjährige Tochter Juliana mit einer lateinischen Anrede und bat, als Maximilian sie liebkosend aufforderte, sich etwas zu erbitten, um eine „schöne Docke" (Puppe). Im folgenden Jahr erwarb er von der Familie Lauginger das nahegelegene Schloss Wellenburg. Vergebens suchte die Stadt, der die beabsichtigte Befestigung desselben gefährlich schien, den Kauf zu hintertreiben, sie erreichte nur die Zusage, dass das Schloss lediglich als Jagdaufenthalt dienen solle, „dann S. Maj. wolle ein Bürger zu Augsburg bleiben und auch sein liegend Gut daselbs umb haben".

Fast kein Jahr verging seitdem, dass Maximilian nicht zu längerem oder kürzerem Aufenthalt in der ihm vor andern liebgewordenen Stadt weilte und sie dabei mit Rechten und Freiheiten begnadete. So bestimmte er 1506, dass keinerlei Berufung von den städtischen Gerichten ergehen dürfe, wenn die Streitsumme 40 fl. nicht übersteige. 1518 war er zum letztenmal in Augsburg. Als er Anfang Oktober die Stadt verlassen und die Rennsäule auf dem Lechfeld erreicht hatte, wandte er sich noch einmal um, schlug das Kreuz gegen die Stadt und sprach: „Nun gesegne dich Gott, liebes Augsburg, und alle frommen Bürger darinnen! Wohl haben wir manchen frohen Mut in dir gehabt; nun werden wir dich nicht mehr sehen." Seine Vorahnung hatte ihn nicht getäuscht: am 12. Januar 1519 starb er zu Wels. Weit über die Grenzen der Stadt hinaus war das herzliche Verhältnis, das ihn mit Augsburg verband und das in dem Scherzwort „Der Bürgermeister von Augsburg" einen so treffenden Ausdruck fand, bekannt und viel besprochen.

VI. Reformationszeit.

Augsburg war am Ausgang des Mittelalters eine der blühendsten, gewerbtätigsten und reichsten Städte Deutschlands. Das nicht republikanische Stadtregiment hielt die schöne Mitte zwischen Geschlechter- und Zünfteherrschaft. Gegen den Kaiser stand es ziemlich unabhängig da. Die Jahrhunderte langen Kämpfe mit den Bischöfen und den benachbarten Herzögen von Bayern hatten die Kraft und das Selbstbewusstsein der Bürger zu seltener Höhe entwickelt. Wir haben schon wiederholt auf Streitigkeiten und Zerwürfnisse der Bürgerschaft mit der eingesessenen Geistlichkeit hingewiesen; sie wurden namentlich dadurch verschärft, dass die Bischöfe mit dem bayerischen Erbfeind gewöhnlich gemeinsame Sache machten. Anstoss erregte insbesondere auch das zuchtlose, mässige Leben des Klerus, das zu der angestrengten Tätigkeit der Bürgerschaft in schreiendem Gegensatz stand. Im Jahre 1490 verhängte die Geistlichkeit wieder einmal ungerechterweise den Bann und verliess die Stadt; nur die Bettelmönche blieben zurück und spendeten die Sakramente. Um die gleiche Zeit erregten mehrere arge Frevel einzelner Geistlichen die tiefste Empörung der Bürger. So hatte z. B. 1477 ein Priester (der „frische Hans") in der Kirche ein unmannbares Mädchen vergewaltigt: da der Bischof die Bestrafung des Schuldigen ablehnte, liess ihn der Rat gefesselt auf einem Karren nach der bischöflichen Residenz Dillingen fahren; der Bischof verharrte aber nicht nur bei seiner Weigerung, sondern verhängte noch obendrein den Bann über die Stadt, die es gewagt hatte, Hand an seinen Gesalbten zu legen. Ein andermal liess der Rat vier Priester wegen Sodomie in einen Käfig sperren, denselben auf der Höhe des Perlachturms heraushängen und die Verbrecher so Hunger sterben. Unten auf dem Platze las ihnen Prior und Konvent vom heil. Kreuz Morgens und Abends Messe. Das Ansehen des Klerus erlitt natürlich durch diese und ähnliche Vorfälle die ärgste Einbusse. Während der Fastnacht 1503 wird uns bereits von ärgerlichen, die gottesdienstlichen Gebräuche verspottenden Aufzügen berichtet. Es ist charakteristisch für den tief innerlichen religiösen Sinn der Bevölkerung, dass sie mit der Achtung vor den Dienern der Religion nicht zugleich diese selbst fallen lässt: im Gegenteil schlägt jener in den hellsten Flammen der Inbrunst auf, wenn wirklich einmal das religiöse Bedürfnis befriedigt wird. Als der bekannte Busssprediger Johannes Capistranus bei seinem Zuge 1454 Augsburg berührt, schlägt sein Wort mächtig ein; ihren Putz, ihre Würfel und Spielkarten werfen die Leute auf den Scheiterhaufen, den er anzündet. Die gleiche Wirkung übte 1488 Johann Geiler von Kaysersberg, die „helltönende Posaune von Strassburg", der vier Monate in Augsburg predigte und mit sittlichem Ernst die Schäden der Kirche und ihrer Organe geisselte[1]). Sein Beispiel fand Nacheiferung, seine freiere Richtung in der Stadt selbst Bekenner. In demselben Jahre schrieb dort der Priester Wolfgang Aitinger gegen die Trägheit in Verrichtung des Gottesdienstes, wie gegen den unehrbaren Wandel des Klerus. Johann Faber, Prior des Dominikanerklosters, dessen Kirche er 1512—1515 neu erbauen liess, erstrebte im regen Verkehr mit Erasmus von Rotterdam und seinem Anhang eine durchgreifende Kloster- und Kirchenreform, wie sein lutherfreundliches, bisher dem Erasmus zugeschriebenes Consilium zeigt. Veit Bild, hochgelehrter Mönch im St. Ulrichskloster, gehörte ebenfalls zur fortgeschrittenen theologischen Partei.

Der mächtige religiöse Drang des Volkes musste sich natürlich der Opposition gegen die Kirche bald schwächer, bald entschiedener zuneigen. Schon im Jahre 1393 hören wir von Wiklefiten in Augsburg. Am St. Jakobstag kam der Pfaffe Heinrich von Bamberg, der „Ketzermeister", wie ihn Hektor Mülich nennt, nach Augsburg und predigte hier gegen die Ketzer, die gar zahlreich in Augsburg seien. „Die Ketzer waren all Lodweber, waren gar lützel (wenig) Lüt unter in von andern Handwerken." Sie kamen des Nachts in Kellern zusammen, weshalb man sie wohl „Grübleinsleut" nannte. Am Margaretentage 1393 wurden 5 von ihnen verbrannt. Auch die Lehre des Hus fand viele Bekenner, die niemals gänzlich auszurotten waren.

Als endlich Luther auftrat, gewann die Reformation bald ganz allgemein Boden[2]). Von allen deutschen Städten ist nächst Wittenberg kaum eine für die Geschichte der Reformation so wichtig als Augsburg. Nicht nur dass der Name der Stadt schon durch den zufälligen Umstand, dass hier zum erstenmal das neue Glaubensbekenntnis in systematischer Weise an die Oeffentlichkeit trat, für immer mit der evangelischen Lehre verknüpft ist, auch der innere Gang der Reformation spiegelt sich in den verschiedenen Phasen ab, in denen hier die Teilnahme an der Bewegung zutage trat. Hier machte sich die Zwinglische Lehre ebenso geltend als die Lutherische, zeitweise sogar dieselbe überwuchernd; hier wurde der unselige Abendmahlsstreit ebenso erbittert gekämpft wie in den übrigen schwäbischen Städten, gewaltig platzten die Geister aufeinander und unheilvoll, sinnverwirrend wirkte der Kampf auf die niedere Bevölkerung. Lange Zeit hindurch war Augsburg der Mittelpunkt der wiedertäuferischen Bewegung, die das von Luther aufgestellte Prinzip der freien Schrift-

---

1) Noch 1518 klagt sogar Bischof Christoph von Stadion über den durchaus äusserlichen Gottesdienst und das Scheinchristentum seiner Untergebenen. Bitter tadelt er die Unmässigkeit und Verschwendung seines Klerus, dessen Hang zur Wollust, den Umgang mit Weibern, seine Gewinnsucht und Heuchelei.

2) Vgl. z. Folg. insbesond. das grundlegende ausgezeichnete Werk von F. Roth, Augsburger Reformationsgeschichte (2. A. 1901—03).

forschung in der subjektivsten Weise auslegte und ausbeutete und die verschiedenartigsten Forderungen nicht nur religiöser, sondern auch sozialer und politischer Natur unter einer Fahne vereinigte. Das Resultat aber, zu dem die Reformation endlich führen sollte, die Kirchenspaltung, griff hier auf kleinem Raum ebenso Platz, wie draussen im weiten Reich.

Luther traf am 7. Oktober 1518 zu einem Gespräch mit dem päpstlichen Legaten Kardinal Cajetan in Augsburg ein und nahm sein Quartier in dem Karmeliter-Kloster zu St. Anna. Der Patrizier Christoph Langenmantel und andere angesehene Männer besuchten ihn, der bekannte Humanist Konrad Peutinger lud ihn zum Abendessen ein. Am 12. Oktober erschien er vor dem Kardinal, verweigerte jedoch den von ihm geforderten einfachen Widerruf, indem er sich „vom übel berichteten Papst auf den besser zu berichtenden" berief. Als jetzt Cajetan eine drohende Haltung annahm und Luthers Sicherheit seinen Freunden gefährdet erschien, entschloss sich jener zur Flucht aus Augsburg. In der Nacht vom 19. zum 20. Oktober öffnete ihm Langenmantel heimlich ein Pförtchen in der wohlverschlossenen Stadtmauer. Und obwohl auf Bischof Christoph von Stadions Berufung seit 1518 Johann Oekolampadius, dieser „Kenner dreier Sprachen, eines der grössten Häupter der deutschen Gelehrten-Republik", wie ihn der Nuntius Aleander nennt[1]), eine Zeitlang (bis 1520) als Domprediger wirkte[2]), wurde doch schon 1523 in den Kirchen zu St. Anna, das die Karmeliter verlassen hatten, und bei den Barfüssern die neue Lehre verkündet. In der letztgenannten Kirche war es der Mönch Johann Schilling, der seit 1524 die Gemüter namentlich der unteren Volksklassen durch seine Predigten mächtig erregte. „Er liess die Platten verwachsen und predigt trefflich wider geistlich und weltlich Obrigkeit und wider die Kirchengebrauch: er tat auch ganz frevenlich predigen des hochwürdigen Sakraments halben" — meldet von ihm ein Zeitbericht[3]). Da er jedoch neben reformatorischen auch geradezu kommunistischen Ideen huldigte, so ersuchte der Rat den Provinzial seines Ordens um seine Abberufung aus Augsburg, die dann auch erfolgte. Um bei dem grossen Anhang, den Schilling hatte, gefährliches Aufsehen zu vermeiden, versprach ihm der Rat durch Peutinger eine Reisezehrung von 20 fl. nebst einem Pferde unter der Bedingung, dass er seinen Abzug aus der Stadt in aller Stille vornehme. Schilling gelobte dies auch, muss dann aber nicht Wort gehalten haben. Als am 6. August 1524 der Rat zu einer Sitzung versammelt war, rotteten sich an die 1800 An-

---

1) S. Riezler IV. S. 65.

2) Derselbe ist, nachdem er schon in Augsburg durch seinen Anschluss an den Peutingerschen Freundeskreis in seiner kirchlichen Haltung schwankend geworden war, bekanntlich später einer der eifrigsten Parteigänger Zwinglis geworden (der „schweizerische Melanchthon").

3) Blätter a. d. Augsb. Reformat.-Gesch. IV. S. 4.

hänger des Barfüssermönches, Männer und Weiber, vor dem Rathaus zusammen und verlangten unter wilden Drohrufen die Rückberufung ihres Lieblingspredigers. Peutingers beschwichtigende Worte, dass der Rat der neuen Lehre kein Hindernis in den Weg legen und zum Zeugnis hiefür den Prediger Rhegius bei St. Anna an Schillings Stelle bei den Barfüssern berufen wolle, verschlug nicht bei der wild erregten Menge, der es, wie die folgenden Ereignisse beweisen, wohl nicht bloss um die Rückkehr Schillings, sondern — eine Folge der aufreizenden Predigten desselben — noch um ganz andere Dinge, wie den Sturz des dermaligen Regiments und eine Schröpfung der reichen Bürger, zu tun war. Der gänzlich unvorbereitete Rat durfte unter solchen Umständen noch von Glück sagen, dass die empörten Volksmassen sich schliesslich durch die Zusicherung von Schillings Rückberufung und einer Amnestie zum Auseinandergehen verstanden. Aber der Funke glimmte fort. In geheimen Zusammenkünften wurde verabredet, dass auf ein gegebenes Zeichen die Weber sich des Zeughauses bemächtigen und losschlagen sollten. Doch auch der Rat traf jetzt seine Vorkehrungen. Als am 9. August sich abermals ein Tumult erhob, war die bewaffnete Bürgerschaft rasch zur Stelle und hinderte den Ausbruch. Die Rädelsführer wurden in Haft genommen und zwei von ihnen mit dem Schwert gerichtet, die übrigen mit mehr oder weniger empfindlichen Strafen belegt. Schilling selbst war zwar zurückgekehrt, hatte aber ausgespielt und musste am 8. November die Stadt zum zweitenmale verlassen. Im nächsten Frühjahr taucht er noch einmal auf, wurde aber ausgewiesen und ist dann, vermutlich in den Wirren des inzwischen ausgebrochenen Bauernkrieges, den er mitprovoziert hatte, spurlos verschwunden.

Eine für die Sache der Reformation dauernd erspriessliche Tätigkeit entfaltete dagegen in der zweiten, dem neuen Bekenntnis erschlossenen Stadtkirche, der zu St. Anna, Urbanus Rhegius von Langenargen am Bodensee. Er war 1520 von Bischof Christoph von Stadion als Domprediger nach Augsburg berufen worden, trotzdem er in den lutherfreundlichen Kreisen der Bürgerschaft schon länger als „trefflicher Lehrer und Vorkämpfer der evangelischen Wahrheit" bekannt war. Seine mehr und mehr von evangelischem Geiste erfüllten Predigten fanden, im Gegensatz zu denen Schillings, der nur auf die grossen Massen wirkte und wirken wollte, den Beifall der gebildeten Kreise der Bevölkerung. Schon aus jener ersten Zeit seiner Tätigkeit in Augsburg stammen verschiedene dort erschienene anonyme und pseudonyme Flugschriften zur Verteidigung Luthers. Lange konnten naturgemäss Bischof und Domkapitel nicht im unklaren über den wahren Charakter ihres Predigers bleiben. Zum Ausbruch gelangte das Misstrauen gegen den „lutherischen Ketzer" durch eine tätliche Beleidigung desselben seitens eines Domherrn und einen dadurch erregten tumultuarischen Auftritt in der Kirche. Im Dezember 1522 musste Rhegius Amt und Stadt verlassen. 1524 kehrte er jedoch zurück und wurde bald darauf vom Rat als Prediger bei St. Anna aufgestellt. Jetzt erst brach er völlig mit der alten Kirche, teilte Weihnachten 1524 mit seinem Kollegen Frosch das Abendmahl unter beiderlei Gestalt aus, traute denselben im März 1525 und schloss selbst noch im gleichen Jahre den Ehebund mit einer Augsburger Bürgerstochter.

Die Haltung des Rates gegenüber der neuen religiösen Bewegung war in den ersten sechzehn Jahren derselben eine lediglich zuwartende. Augsburg ist offiziell erst 1534 eine evangelische Stadt geworden, obwohl seine Bevölkerung schon lange in überwiegender Mehrzahl der neuen Lehre zugetan war. Verschiedene Umstände begründeten diese vorsichtige Zurückhaltung des Stadtregiments. Augsburg war Sitz eines Bischofs, sein Nachbarstaat Bayern, mit dem die Reichsstadt in Jahrhunderte alter Feindschaft lebte, war nicht nur der alten Kirche treu geblieben, sondern hatte sich geradezu zum Vorkämpfer für dieselbe und die Rückführung der abgetrennten Glieder aufgeworfen. Auf der andern Seite war der mächtige schwäbische Bund gleichfalls der evangelischen Sache feindselig gestimmt. Mehr aber als alles dies waren es die inneren Kämpfe zwischen den Augsburger Theologen der neueren Richtung, die grossen Spaltungen und Verwirrungen, die sich schon in den ersten Jahren in der Stadt in der Abendmahlsfrage herausgebildet hatten, endlich auch die Bauern- und Wiedertäufer-Unruhen der zwanziger Jahre, was jene diplomatische Reserve des Rates verursachte. Er liess geschehen, was er nicht hindern konnte, scheute sich aber vorerst, zu einer durchgreifenden Aenderung des Kirchenwesens die Hand zu bieten.

Auch die radikalen Schwärmer der Reformationszeit haben in Augsburg einen günstigen Boden gefunden; ja noch mehr: Augsburg wurde der Mittelpunkt für die wiedertäuferischen Unruhen im südlichen Deutschland. Fast unmittelbar nach dem Bauernkrieg entspannen sich hier die Fäden eines weitverzweigten Gewebes. Balthasar Hubmaier aus Friedberg (bei Augsburg), einer der leidenschaftlichsten und eifrigsten Agitatoren der neueren Bewegung, dabei gewandt und beredt, kam auf seiner Flucht von Konstanz nach Mähren, wo er 1527 den Feuertod erleiden sollte, zu Anfang des Jahres 1526 nach Augsburg. Er hatte in seiner Geburtsstadt seine Freunde und konnte mit diesen in Augsburg eher ohne Gefahr verkehren, als im nahen Bayern. Dann kam auch der ihm von Waldshut aus eng verbündete Jakob Gross um diese Zeit nach Augsburg. Auch Ludwig Hetzer und Hans Denk waren schon in Augsburg tätig. Hetzer aus Bischofszell war schon 1524 mit Empfehlungen Zwinglis nach Augsburg gekommen und mit dem reichen und angesehenen Bürger Georg Regel in engere Verbindung getreten und hatte sich auf dessen Schlossgut Haldenberg am Lechrain einige Zeit aufgehalten. Eine Schrift, welche er in diesem Jahre veröffentlichte, widmete er dem Augsburger Bürger

Andreas Rem; eine zweite wurde 1526 in Augsburg gedruckt. Noch im Sommer 1527 befand er sich in Augsburg und war neben Denk und Hutt ein eifriger Verbreiter wiedertäuferischer Grundsätze, bis er sich nach Donauwörth, vielleicht zu Sebastian Frank, wandte und dann nicht mehr nach Augsburg zurückkehrte.

Viel einflussreicher als bis dahin alle andern Sendboten des Täufertums in Augsburg wurde Hans Denk. Er kam im Sommer 1525 von Nürnberg, wo er ausgewiesen worden war, nach Augsburg, wo sich Junker Bastian von Freiberg und Georg Regel seiner annahmen und es beim Rate durchsetzten, dass er in Augsburg bleiben durfte. Er empfing hier, vielleicht durch Hubmaier gewonnen, die Wiedertaufe und taufte selbst zu Pfingsten 1526 den Franken Hans Hutt, den späteren Führer der radikalen Täufer, und in der Folge einige andere Personen. 1527 soll die Augsburger Brüder-Gemeinde [1]) 1100 Mitglieder gezählt haben, hier wie überall fast ausschliesslich aus den unteren Volkskreisen sich rekrutierend; doch findet sich unter ihren Anhängern auch ein Glied der patrizischen Gesellschaft, Eitel Hans Langenmantel vom Sparren, der Sohn des Eitel Hans Langenmantel und der Afra Ehem [2]). Von Augsburg aus, dem „Taubenkobel", wurde dann die Bewegung in die Nachbargebiete getragen, namentlich nach Bayern; es ist wahrscheinlich, dass die Bildung von Brüdergemeinden in München, Regensburg, Salzburg auf Augsburgs Einfluss zurückzuführen ist [3]).

Die ersten Massregeln gegen die neue Sekte ergriff der Rat im April 1527. Am 12. dieses Monats wurden im Hause eines Bildschnitzers Christof Murmann 105 Wiedertäufer, Männer und Frauen, überrascht und gefangen genommen, „worüber sie frohlockten". 40 derselben wurden wieder entlassen, da sie auswandern wollten, die übrigen, nachdem Disputationen mit den Prädikanten fruchtlos geblieben waren, teils mit Ruten ausgehauen, teils durch die Backen gebrannt, der Rädelsführer Hans Leupoldt aber mit dem Schwert gerichtet.

Trotz dieser Katastrophe hielten die Führer im August desselben Jahres neuerdings eine heimliche Zusammenkunft in Augsburg ab. Die Bewegung nahm jetzt einen schärferen Charakter an: in den 15 Artikeln der „neuen Augsburger Christen" wird die Gottheit Christi geleugnet und dieser nur als Prophet Gottes anerkannt, für das Jahr 1529 die Wiederkunft des Herrn angekündigt und vom Abendmahl jeder, der Eigentum besitze, ausgeschlossen [4]).

---

1) Man nannte sie auch „Gartenbrüder", weil sie in einem Garten der Vorstadt ihre heimlichen Zusammenkünfte abhielten.

2) Nicht des bekannten Bürgermeisters L., wie Verfasser in seiner Abhandlung „Zur Geschichte der Wiedertäufer in Oberschwaben" (Zeitschr. d. hist. Ver. f. Schwab. u. Neub. I. S. 207—253) annahm. F. Roth, Zur Gesch. d. Wiedert. i. Schwab. in ders. Zeitschr. XXVII.

3) S. Riezler IV. 183.   4) S. Riezler IV. 189.

Der Rat ergriff jetzt noch schärfere Massregeln. Die Leitung der peinlichen Untersuchung legte er in die Hände keines Geringeren als seines hochgelehrten und berühmten Stadtschreibers Dr. Konrad Peutinger, dessen humanem Sinn der Auftrag sicher sehr unwillkommen gewesen sein mag. Der erste Täufer, der neuerdings gefänglich eingezogen wurde, war der Maurer Hans Kiessling aus Friedberg. Von ihm erfuhr man die Namen der übrigen Mitglieder der Täufergemeinde, die dann alle, wie man ihrer habhaft werden konnte, als eine „böse Faktion", wie sie Peutinger nennt, gefangen gesetzt wurden. Unter ihnen befanden sich auch der ehemalige Karmelitermönch von St. Anna Jakob Dachser aus Ingolstadt und der frühere Franziskaner Franz Sigismund Salminger aus München. Salminger war in der Fastnacht 1527 durch das Los zum „Vorsteher" der Augsburger Täufergemeinde bestimmt worden, schmachtete, wie Dachser, bis 1531 im Kerker und wurde dann aus der Stadt verwiesen. Denk und Hetzer waren noch rechtzeitig entkommen. Hutt erstickte nach grausamer Folterung im Gefängnis, als er sich durch Anzünden seines Strohs zu retten versuchte; sein Körper wurde auf der Richtstätte verbrannt. Langenmantel widerrief seine Wiedertaufe und wurde freigelassen; da er aber fortfuhr, Anhänger für seine Lehre zu werben, wurde er neuerdings durch eine Streife des der Täuferbewegung feindlichen schwäbischen Bundes in Haft genommen und am 11. Mai 1528 in Weissenhorn enthauptet. Hetzer endigte gleichfalls durch das Schwert 1529 zu Konstanz unter der Anklage wegen Doppelehe. Im ganzen sollen 12 Wiedertäufer in Augsburg hingerichtet worden sein; weit höher belief sich die Zahl der Vertriebenen, der mit Ruten Ausgestrichenen oder durch die Backen Gebrannten.

Im Spätsommer 1528 konnten die täuferischen Unruhen in Augsburg als beendigt betrachtet werden. Zwar erfolgte im Jahre 1531 ein kurzes Wiederaufleben der Bewegung, doch unterdrückte sie der Rat mit äusserster Energie und Strenge.

In der Geschichte der deutschen Reformation ist es namentlich der Augsburger Reichstag vom Jahre 1530[1]), welcher einen entscheidenden Einfluss auf die äussere und innere Gestaltung des neuen Bekenntnisses ausgeübt hat. Karl V. traf am 15. Juni, am Vorabend des Fronleichnamfestes, von München her in Augsburg ein, begrüsst von Peutinger im Namen der Stadt, die ihm drei goldgefüllte (2000 fl.) Prunkpokale, zwei Zuber Fische, zwei Eimer Rotwein und zweiunddreissig Kannen Weisswein überreichen liess. Das erste, was er vom Rat verlangte, war die Einstellung der evangelischen Predigten. Ohne Widerstand fügte sich der Rat und liess noch am Tage des Einzugs von Haus zu Haus die Bürger auffordern, das Fronleichnamsfest zu feiern. Damals verliess Ur-

---

1) L. Simmet, Augsburg und der Reichstag des Jahres 1530. 1882.
2) Städtechroniken XXV. S. 405.

banus Rhegius die Stadt, indem er einem Rufe Herzog Ernsts des Bekenners von Braunschweig-Lüneburg, der ihn auf dem Reichstag kennen gelernt hatte, als Superintendent nach Celle Folge leistete. Am 16. Juni wohnte der Kaiser der Fronleichnamsprozession bei. Von Schaulust und Festfreude ging man bald zur Behandlung welthistorischer Fragen über. Auf dem Speyerer Reichstag vom vorigen Jahre hatten die evangelischen Fürsten und Städte gegen den Beschluss der Reichstagsmehrheit, wonach die Sakramentierer (Zwinglianer) und Wiedertäufer unterdrückt und den evangelischen Ständen jede weitere Neuerung verboten sein sollte, Protest erhoben, so dass die politische Gefahr der Spaltung offen zutage lag. Diesen Spalt zu schliessen, war jetzt des Kaisers eifrigstes Bemühen, und er hoffte um so eher zu seinem Ziele zu kommen, als auch die Evangelischen unter sich in Lutheraner und Zwinglianer gespalten waren. Doch sie blieben unerschütterlich in ihrer religiösen Ueberzeugung. Am 25. Juni nachmittags wurde auf der bischöflichen Pfalz von Kurfürst Johann von Sachsen, Markgraf Georg von Brandenburg, den Herzögen Ernst und Franz von Lüneburg, Landgraf Philipp von Hessen, Fürst Wolfgang von Anhalt und den Städten Nürnberg und Reutlingen die von Melanchthon verfasste berühmte Bekenntnisschrift verlesen, welche von der Stadt Augsburg ihren Namen trägt. Der Augsburger Rat hatte die Confessio nicht unterschrieben, liess es überhaupt an keiner schuldigen Rücksicht gegen das Reichsoberhaupt fehlen. Bei der verlangten Huldigung der Bürgerschaft am 28. Juni erschien dieselbe zahlreich vor dem Rathaus und unterzeichnete ebensowenig die sogenannte confessio tetrapolitana, die Erklärung der nicht protestierenden Städte auf die kaiserliche Aufforderung zur Aeusserung in der Religionsfrage. Trotzdem wusste der Kaiser genau, was er von dieser reservierten Politik der Reichstagsstadt zu halten habe. Die ohnehin erregte Stimmung der evangelisch gesinnten Bürgerschaft wurde dann noch durch die von Karl befohlene Verhaftung des Predigers Schneid an der heil. Kreuzkirche gesteigert; nur durch die schleunige Loslassung desselben konnte ein drohender Volksaufstand hintangehalten werden. Der Kaiser willigte jetzt in ein Konzil, wenn die Kirchenneuerungen eingestellt würden, was jedoch die protestantischen Stände ablehnten. Am 4. Oktober folgte ein neuer Gewaltstreich des Kaisers gegen die Bürgerschaft: Die Barfüsserkirche wurde ihr unter verletzendsten Formen entrissen, wobei es nicht ohne Handgreiflichkeiten abging. Wutentbrannt forderte Karl den Rat vor sein Angesicht und verlangte eine endliche bestimmte Erklärung über seine Stellung zur Glaubensfrage. Jetzt erklärte der Rat die Nichtannahme des Reichsabschieds vom 26. Oktober, der die scharfe und deutliche Drohung enthielt: wenn die Protestanten nicht bis zum 15. April nächsten Jahres gutwillig zur alten Lehre zurückkehrten, so würde die neue Lehre mit Gewalt ausgerottet werden. Am 23. November verliess der Kaiser Augsburg, ohne irgend etwas für sich erreicht zu haben.

In Deutschland begann jetzt der Kampf um das gute Recht der Reformation, zu deren Schutz 1531 zwischen den protestantischen Ständen der Bund von Schmalkalden geschlossen wurde. Nun zog der Kaiser mildere Saiten auf, und es kam 23. Juli 1532 in Nürnberg zu einem Friedensschluss, worin den Gliedern des Schmalkaldischen Bundes das Verbleiben bei ihrer Lehre und ihrem Kultus bis zu einem allgemeinen Konzil oder bis zur Entscheidung eines neuen Reichstages zugesichert wurde.

Jetzt fand auch der Augsburger Rat den Anlass und Mut zu einer entschiedenen Parteinahme in der Religionssache. Zudem war 1534 der der evangelischen Bewegung feindlich gesinnte schwäbische Bund auseinandergefallen; auch die raschen Erfolge Philipps von Hessen und Ulrichs von Württemberg gegen König Ferdinand hatten den Mut der süddeutschen Protestanten mächtig gehoben.

Nachdem ein beabsichtigtes Religionsgespräch an dem Widerstand des Domkapitels gescheitert war, beschloss der Rat, den katholischen Gottesdienst in allen Kirchen mit Ausnahme des Doms einzustellen. Das Domkapitel protestierte dagegen beim Kaiser und König Ferdinand und erbat Mandate gegen den Rat. Auch die bayerischen Herzöge wandten sich mit dem gleichen Verlangen an Ferdinand. Unterm 19. August erging dann ein kaiserliches Mandat, das die Stadt anwies, das Domkapitel und alle beraubten Kirchen und Klöster wieder in ihre Rechte einzusetzen; zu Exekutoren für den Fall des Ungehorsams wurden die bayerischen Herzöge ernannt. Aber Ferdinand trug Bedenken, die Exekution vollziehen zu lassen — gab es doch an seinem Hofe damals nur wenige, „die nicht etwas nach dem Luthertum rochen", wie auch in allen seinen Ländern fast der gesamte Adel als lutherisch gesinnt galt. So blieb die Sache beim Alten[1]).

Unter den evangelischen Predigern waren inzwischen auch hier Streitigkeiten über das Abendmahl ausgebrochen. Zur Schlichtung derselben berief der Rat Martin Bucer aus Strassburg, und Luther schickte seinen Gevatter und Mitarbeiter an der Bibelübersetzung Johann Forster, Professor zu Wittenberg. Es kam zur Feststellung eines neuen Lehrbegriffs in 10 Artikeln und dem Erlass einer Kirchenagende; auch eigene Kirchenpröpste ernannte der Rat. Der katholische Kultus wurde jetzt vollständig abgeschafft und allen Widerstrebenden befohlen, binnen acht Tagen die Stadt zu räumen. Vergebens drängten die Bayernherzöge beim Kaiser auf grössere Energie; Karl V. wagte sich vorerst noch nicht an die reiche und mächtige Stadt. Am 18. Januar 1537 verliessen der Bischof und das Domkapitel die Stadt und nahmen ihren Aufenthalt in Dillingen; mit ihnen wandten sich dahin die Augustiner vom heil. Kreuz

---

1) S. Riezler IV. S. 291.

und die Nonnen von St. Ursula. Die Stiftsherren von St. Moriz wanderten nach Landsberg, ein Teil der Benediktiner von St. Ulrich nach Wittelsbach[1]), die Augustiner von St. Georg nach Guggenberg. Die Karmeliter von St. Anna und die Barfüsser hatten schon früher freiwillig ihre Klöster verlassen, ebenso ein grosser Teil der Dominikaner; die wenigen noch Zurückgebliebenen verteilten sich in andere Klöster ihres Ordens. Die Stiftsfrauen von St. Stefan wandten sich nach Höchstädt; nur die Klosterfrauen zum Stern und zu St. Katharina blieben in der Stadt und begaben sich in den Schutz des Rats, beharrten jedoch standhaft im alten Glauben. Nur wenige Geistliche nahmen das Bürgerrecht. Den katholischen Bürgern wurde der Besuch der Messe in benachbarten Orten verboten und die Zahl der Feiertage auf die hohen Feste beschränkt. Leider gingen bei diesem reformierenden Eifer viele kostbare Werke der Malerei und Plastik dadurch zu grunde, dass auf Anordnung des Rats alle Heiligenbilder aus den Kirchen entfernt und teils zerstört, teils in alle Winde zerstreut wurden.

Augsburg suchte alsbald nach seiner Reformtat Anschluss an den Schmalkaldener Bund, der denn auch durch die Vermittlung Ulms zu stande kam (Mai 1536). Seit diesem Anschluss kam es mehr und mehr in des Kaisers Ungnade. Es wurde hineingezogen in die Unternehmungen des Bundes gegen den Herzog Heinrich von Braunschweig und alles, was damit zusammenhing, und sah sich 1545 endlich vor die Alternative gestellt, entweder vom Bunde sich loszusagen oder auf einen Krieg gegen den Kaiser sich gefasst zu machen. Augsburg war in besonders gefährdeter Lage. Mitten zwischen katholischen Gebieten gelegen, war es einem Angriff aus den kaiserlichen Erblanden zuerst ausgesetzt. Seine Handelsinteressen wiesen auf ein enges Zusammengehen mit dem Kaiser hin, und die grossen Handelshäuser waren in ihrer Mehrzahl gegen jede Feindseligkeit mit dem Reichsoberhaupt. Wenn trotzdem die Stadt im entscheidenden Augenblick sich offen gegen den Kaiser erklärte, so war es neben jenem republikanischen Trotz, der sie so oft schon in den Kampf gegen Fürstenmacht geführt hatte, insbesondere ihr religiöser Eifer, der sie befürchten liess, der Kaiser möge sie von ihrer schwer errungenen Bekenntnisfreiheit abdrängen.

Der Führer der Bürgerschaft in ihrer antikaiserlichen Politik war Jakob Herbrot, aus Schlesien stammend, von Haus aus Kürschner, durch glückliche Spekulationen bald wohlhabend, dann reich geworden — sein Vermögen wurde in seiner Glanzzeit auf 5½ Mill. fl. geschätzt —, lange Zeit überhaupt der einflussreichste Mann der Stadt. Seit 1538 tritt seine Person in der Geschichte der Stadt in die vorderste Reihe. Er war es, der in diesem Jahre die Vermehrung des eingesessenen Patriziats durch-

---

1) Von den 9 Mönchen zogen 3 mit dem Abt weg, 6 blieben vorerst in Augsburg und wurden vom Rat im ruhigen Genuss ihrer Güter gelassen.

setzte. Dasselbe war im Laufe der Zeit bis auf 7 Familien zusammengeschmolzen (Herwart, Ilsung, Welser, Rehlinger, Hofmaier, Ravensburger, Langenmantel [in 2 Linien: vom Sparren und vom doppelten R]). Jetzt wurden 39 Familien neu ins Patriziat aufgenommen (u. a. Fugger, Peutinger, Baumgarten, Stetten, Imhof, Arzt, Meutung, Neidhart, Pfister, Rem, Roth, Vöhlin, Walter). Diese neuaufgenommenen Familien hatten bis dahin zu den sogenannten „Mehrern der Gesellschaft" gehört, nicht patrizische Familien, die durch Heirat oder Verwandtschaft mit den Geschlechtern eine Art Bindeglied zwischen Patriziat und Zünften bildeten. Die patrizische Sonderstellung, die naturgemäss zugleich vielfach eine bevorrechtete war, musste — und darauf eben zielte die Politik Herbrots hin — durch eine solche Demokratisierung eine empfindliche Einbusse erleiden; dagegen trat jetzt die Zunft der Kaufleute, deren Führung Herbrot innehatte, mehr und mehr als die dominierende Fraktion im Stadtregiment hervor. 1539 erwarb sie sich ein eigenes Haus, in dem sie ihre Zusammenkünfte abhielt.

Auf dem Wormser Reichstag (Mai 1545) hatte Karl V. die Schmalkaldener zur Beschickung des Konzils zu Trient aufgefordert. Diese weigerten sich und bestanden auf einem freien deutschen Nationalkonzil. Der Kaiser entschloss sich nunmehr zur Anwendung von Gewalt.

Augsburg war wohlvorbereitet zum Kriege. Eine Musterung der kriegstüchtigen Bürgerschaft am 16. August 1545 auf dem jetzigen grossen Exerzierplatz ergab, dass die Stadt 3596 Mann zu Fuss und 470 zu Pferd stellen konnte. Die Stadt war die stärkste Festung in ganz Deutschland, einer Belagerung auch von einem viel furchtbareren Heere, als dem damaligen kaiserlichen, auf lange hinaus gewachsen. Jedermann kannte ihre unermesslichen Vorräte an dem herrlichsten Geschütz, das damals überhaupt gefunden wurde, denn hier waren ja die weltberühmten Giessereien, deren Erzeugnisse die aller Konkurrenten im In- und Ausland weit übertrafen. Der eigentliche Nerv des Krieges, Geld, war hier in solcher Fülle aufgespeichert, dass nicht bloss die kaiserlichen Finanzen, sondern die aller damaligen Potentaten der Christenheit hierher für ihre stets wiederkehrende Ebbe Zuflucht zu nehmen sich gewöhnt hatten. Das Vermögen der Fugger wurde allein an barem Gelde auf 4 Millionen Goldgulden geschäzt — eher zu niedrig als zu hoch — also nach dem heutigen Geldwert und dem damaligen Prozentsatz etwa 200 Mill. Mark. Sie und die Welser und die Baumgartner hiessen nicht umsonst die reichsten Kaufleute der Christenheit. Wenn sie gewollt hätten, hätten sie allein ein ebenso grosses Heer, wie es der Kaiser damals notdürftig unterhielt, reichlich bezahlen können. Dazu besass die Stadt in ihrem ritterlichen Mitbürger Sebastian Schertlin, dem berühmtesten deutschen Heerführer jener Zeit, einen Feldherrn, wie man ihn nur wünschen konnte.

Die oberländischen Bundesstädte der Schmalkaldener waren die ersten, die unter Schertlin mit einem Heere im Felde erscheinen konnten. Am 9. Juli 1546 überfiel Schertlin das bischöflich Augsburgische Städtchen Füssen, den Hauptwerbeplatz des Kaisers, schaffte den katholischen Gottesdienst ab, liess die „Götzen" aus den Kirchen nehmen und die „ehrlichen, frommen Leute aus den Banden des Teufels erledigen" [1]). Die Kaiserlichen unter ihrem Hauptmann Madruzzo zogen sich auf das nahe bayerische Gebiet zurück. Am gleichen Tage bemächtigte sich der Ulmer Hauptmann Schankwitz der festen Ehrenberger Klause in Tirol. Dieser kecke, energische Beginn des Krieges verhiess einen glücklichen Verlauf, um so mehr als der Kaiser mit seinen Rüstungen noch lange nicht fertig war. Aber schon jetzt, im Beginn des Feldzugs, machte sich ein bedenkliches Schwanken in der obersten Kriegsleitung geltend. In Augsburg wollte man es um keinen Preis zu einem offenen Bruch mit Bayern kommen lassen; in kurzsichtiger Verblendung hoffte man, von dieser Seite, wenn nicht Unterstützung, so doch wohlwollende Neutralität erlangen zu können, während man doch aus der Stellungnahme der bayerischen Fürsten in den letzten Jahrzehnten zur Genüge hätte wissen können, dass Bayern vielmehr der treibende Teil der feindseligen Politik des Kaisers gegenüber den Protestanten gewesen war. Aus diesem allzu vorsichtigen Zuwarten heraus erging an Schertlin der bestimmte Befehl, das bayerische Gebiet nicht zu betreten. Ebenso wurde Schankwitz, der am Abend des 11. Juli auf der Strasse nach Nassereut aufgebrochen war und bereits in Lermoos stand, zum Rückzug veranlasst. In einer noch unbegreiflicheren Selbsttäuschung wähnte der Augsburger oberste Kriegsrat, dass auch König Ferdinand, der Landesherr Tirols, neutral bleiben würde. Schertlin hegte den kühnen und aussichtsreichen Plan, weitere tiroler Pässe zu gewinnen, den Kaiser von seinen italienischen Verbindungen abzuschneiden, vielleicht das Konzil in Trient zu sprengen und ganz Tirol zu erobern, und hatte bereits einen Aufruf an die Tiroler abgefasst. Jetzt von seinem ersten Ziel abwendig gemacht, verfolgte er, ohne sich um den entgegengesetzten Befehl des Kriegsrats zu kümmern, Madruzzo ins Bayerische hinein gegen Landsberg und weiter gegen Bruck zu. Allein dieses Hin- und Herziehen war im Grunde doch nur eine Zeitvergeudung, die es dem Gegner ermöglichte, seine Streitkräfte zu sammeln. Nach Mitte Juli treffen wir Schertlin wieder in Augsburg. Am 20. Juli vereinigte er sich mit den Truppen, die bei Günzburg unter dem Oberst Heideck standen, nahm das Schloss Zusameck, den Markt Dinkelscherben, die ganze Reichenau und Markgrafschaft Burgau und die bischöfliche Residenzstadt Dillingen ein. Von da wandte er sich Donauwörth zu, wo sich im Spätsommer das Schmalkaldische Bundesheer zusammengefunden hatte. Aber auch hier geschah nichts Richtiges. Von Anfang gingen die Interessen der Bundesglieder auseinander; die beiden mächtigsten, Sachsen und Hessen, waren nur mit halbem Herzen

---

1) Th. Herberger, Sebastian Schertlin von Burtenbach (1852) S. LXXXVI.

dabei. Für Augsburg speziell kam noch das Interesse der grossen Handlungshäuser als ein die freudige Teilnahme und Zuversicht hemmendes Moment hinzu. Die „Geldsäcke", die „Harpyen", wie sie Graf Wolrad von Waldeck in seinem Tagebuch vom Augsburger Reichstag von 1548[1]) nennt, konnten als Bankiers der ganzen vornehmen Welt keinen Krieg vertragen, wie es sich auch darum ganz von selbst verstand, dass sie fast allein in der grossen Stadt mit dem alten Glauben nicht gebrochen hatten, weil er der ihrer hohen Kunden war. Aber auch in der evangelischen Bürgerschaft herrschte von Anfang des Krieges eine Scheu vor einem ganzen und durchgreifenden Handeln. Es fehlte eben die Sicherheit und Freudigkeit des Gewissens, weil man nach angeborner volkstümlicher Art zu viel reflektierte und darüber das Gemüt und das Gewissen in Zweifel und Unschlüssigkeit versetzte. So ging man mit halbem Herzen in den Kampf. Das Gewissen gebot, für das gereinigte Evangelium Gut und Blut zu opfern, aber es verbot auch, gegen die Treue, die man dem Kaiser schuldete, zu handeln. Luther selbst ist über dieses Dilemma nie hinweggekommen, und er war glücklich zu preisen, dass ihm der Tod den Anblick der praktischen Resultate dieser Glaubenszweifel ersparte. Als man geschlagen und hart bedrängt war von einem arglistigen und treulosen Sieger, da hatte man wohl den Mut des passiven Widerstandes, den Heroismus des Märtyrertums, da fühlte man sich eins und sicher im Gewissen, als es galt, zu leiden und nicht zu handeln.

Am 16. Oktober hatte sich Schertlin vom Lager der Bundesfürsten getrennt und auf den Ruf des Rats, der nach der Einnahme Höchstädts und Dillingens durch die Kaiserlichen einen Angriff auf die Stadt befürchtete, nach Augsburg durchgeschlagen, wo seine Anwesenheit den schon sinkenden Mut der Bürger neu belebte. Ende Oktober war Herzog Moriz von Sachsen als Vollstrecker der Reichsacht in die kursächsischen Lande eingefallen. Auf die Nachricht hievon zog Kurfürst Johann Friedrich nach seinen Stammlanden ab, und Landgraf Philipp folgte notgedrungen seinem Beispiel, die oberdeutschen Bundesgenossen ihrem Schicksal überlassend. Wären die letzteren unter sich einig gewesen, so hätten sie wohl noch den Widerstand fortsetzen können. Aber schon lange unter sich gespalten, ging jetzt ein jeder seinen eigenen Weg, ja der einzelne suchte durch die Schnelligkeit der Unterwerfung beim Kaiser ein Verdienst vor den andern und dadurch günstigere Bedingungen der Aussöhnung zu erlangen. Am 25. November ergab sich Nördlingen, ihm folgte 23. Dezember Ulm und erhielt Verzeihung. Augsburg stand jetzt so viel wie allein, denn Lindau und Konstanz, die sich noch nicht unterworfen hatten, waren kaum zu rechnen. Stärker als je drängte die kleine, aber mächtige Partei der „Geldsäcke" zur Unterwerfung. Als Schertlin sah, dass seine mutigen und verständigen Vorschläge zur Verteidigung

---

1) Bibl. d. liter. Vereins. Bd. 59.

der Stadt durch ihre Intriguen stets durchkreuzt wurden, soll er den Entschluss gefasst haben, diese Leute aus der Stadt zu verbannen und sich zum Diktator zu machen. Er sei aber wieder davon abgestanden, indem er mit einem seltenen Beispiel von Selbstverleugnung lieber für sich Gefahr an Leib und Vermögen erdulden, als das Blut seiner Mitbürger vergiessen lassen wollte. Am 13. Januar 1547 beschloss der Rat, nachdem sich auch noch Herzog Ulrich von Württemberg dem Kaiser unterworfen hatte, die Anknüpfung von Unterhandlungen. Als Unterhändler wurde Anton Fugger auserwählt und ihm Dr. Claudius Peutinger, der Sohn des berühmten Konrad Peutinger, beigegeben[1]). Anton Fugger hat sich durch Annahme des peinlichen Auftrages und die Hingebung, welche er der Sache seiner Vaterstadt widmete, durch die werktätige Hilfe bei Auftreibung der Strafsumme für immer ein ehrendes Denkmal gesetzt, wenn auch seine Unterhandlungen nicht von Erfolg gekrönt waren. Er war mit dem in Augsburg herrschenden Regiment keineswegs einverstanden; Aristokrat und eifriger Katholik, fühlte er sich durch das Treiben der Zunftmeister im Rat, wie der lutherischen Prädikanten auf der Kanzel gleichmässig abgestossen. Es war daher ein Opfer, dass er am Hof des Kaisers für die von seinen Gegnern regierte Stadt eintrat.

Es war eine undankbare Aufgabe. Denn der Kaiser spielte mit Augsburg wie die Katze mit der Maus. Wie ers im Kriege getan, so wusste er auch bei den Friedensunterhandlungen durch Hinausziehung jeder Entscheidung die Gegner endlich so mürbe zu machen, dass sie, nachdem sie ganz in seinen Händen waren, sich alles gefallen lassen mussten.

Augsburg musste sich fügen. Noch am 23. Januar hatte Schertlin im Auftrag des Rats einen Plan zur Verteidigung der Stadt ausgearbeitet und darin u. a. die Niederbrennung der um die Stadt gelegenen blühenden Ortschaften ins Auge gefasst. Tags darauf beschloss der Rat, nachdem der Kaiser ein Ultimatum gestellt hatte, die unverzügliche Abordnung von Gesandten nach Ulm zum Fussfall vor dem Reichsoberhaupt. Am 29. Januar erfolgte dieser als Besieglung der Kapitulation, die ausserdem als Hauptpunkte die Erlegung einer Strafsumme von 150000 fl. und die Aufnahme kaiserlichen Kriegsvolks in die Stadt bedingte. Dem König Ferdinand mussten 100 000 fl. für Kriegsbeschädigungen in seiner Markgrafschaft Burgau und an der Ehrenberger Klause, dem Herzog von Bayern 20 000 fl., dem Kardinalbischof Otto von Augsburg 95 000 fl., gleichfalls für durch den Krieg erlittene Verluste, bezahlt werden[2]). In der ungleich wichtigeren und schwierigeren Religionsfrage

---

1) P. Hecker, Der Augsb. Bürgermeister Jakob Herbrot u. der Sturz des zünft. Regim. in Augsb. Zeitschr. d. hist. Ver. f. Schwab. u. Neub. I. 34—98 u. 257—309.

2) Dazu kamen noch die Geschenke, welche die Stadt an die beiden

war vorerst eine bestimmte Abmachung nicht getroffen und nur ganz allgemein bestimmt worden, dass bezügl. der Religion nichts geändert werden sollte. Trotzdem hatte der Rat noch vor Ankunft des Kaisers die St. Anna- und die Dominikanerkirche für den katholischen Gottesdienst eingeräumt: der seinem Herrn voranreisende Kanzler Granvella beanspruchte aber auch noch den Dom und die St. Ulrichskirche, und als der Kaiser am 23. Juli eintraf, musste die Bürgerschaft froh sein, dass sie überhaupt noch protestantischen Gottesdienst halten durfte. Mit absichtlichem Gepränge wurde nun der katholische Kultus in der Stadt, die seiner lange genug entwöhnt war, wieder eingebürgert. Gab es auch ausser den wenigen patrizischen Familien, die sich noch zu der alten Kirche hielten, niemand unter den Einheimischen, der an ihm teilnahm, so füllten sich doch die Kirchen mit den vielen Fremden, die der Reichstag und die Anwesenheit des Kaisers in die Stadt zog. Auch gab man sich mit Erfolg Mühe, aus dem benachbarten Bayerischen andächtige Scharen heranzulocken. An Fronleichnam bewegte sich seit langen Jahren zum erstenmale wieder eine Prozession durch die Strassen. Der Kaiser, der römische König, eine Menge der höchsten Herren aller Nationen folgten ihr, darunter viele, die sich zu dem Evangelium bekannten. Schon Tags vorher war Feierabend durch die städtische Polizei geboten worden, da sich die Prediger entschieden weigerten, das Feiertagsgebot von ihren Kanzeln zu verkünden. Ein paar arme Weber, die sich unpassende Aeusserungen über den „heidnischen" Pomp der Prozession erlaubt haben sollten, wurden gefasst und mit absichtlicher Schaustellung in Ketten durch die Strassen geführt.

Schwer wurde jetzt auch die Bürgerschaft mit Einquartierung (10 Fähnlein, etwa 3500 Mann) bedrückt. Häufig kam es in den Strassen der Stadt zu blutigen Auftritten unter dem Kriegsvolk aller Nationen. Als der Kaiser seine Residenz in Augsburg aufschlug, war es das erste, dass er einige Galgen und Räder als Warnungszeichen für seine trotzige Soldateska mitten in der Stadt vor dem Rathaus aufrichten liess, und sie sind oft genug gebraucht worden. Erhob sich ein Streit zwischen dem Kriegsvolk, so konnte man sicher sein, dass die Menge für die Deutschen und gegen die Spanier Partei nahm; so einmal an den Fleischbänken, wo die rüstigen Fleischerknechte ihren Landsleuten beisprangen und eine Anzahl Spanier auf dem Platze blieb. Plündern und Stehlen verstand sich bei dieser Rotte von selbst. Als einmal ein paar Spanier gehenkt wurden, meinte der Pommer Bartholomäus Sastrow[1], der der Exekution zusah:

Granvellas machte: der ältere erhielt einen Diamantring im Werte von 1800 fl., der jüngere ein Trinkgeschirr aus lauterm Golde im Werte von 1522 fl. (Baurechnungen).

1) B. S., Herkommen, Geburt und Lauf seines ganzen Lebens, her. v. Mohnike. 1823—24.

„sie werden eben gestohlen haben, wie es ihre Art ist."

Der Augsburger Reichstag vom Jahre 1547/48 ist für unsere Stadt noch in zweifacher Beziehung von besonderer Wichtigkeit geworden: einmal durch die Aufhebung des zünftigen Regiments, sodann durch den Erlass des sogenannten Interims.

Karl V. hat sich während der ganzen Zeit seiner Regierung als ein Feind des demokratischen Bürgertums erwiesen. Diese Missgunst musste speziell für Augsburg dadurch eine Steigerung erfahren, dass hier das Zünfteregiment mit der Einführung der Kirchenreformation aufs engste verknüpft war; namentlich der Anschluss der Stadt an den Schmalkaldischen Bund erfolgte unter dem Einfluss der demokratischen Ratsmehrheit.

Der Kaiser wartete nur auf die Verkündigung und Einführung des Interims, welche bei der Bürgerschaft gehässige Massregel er noch dem bisherigen Rat überliess, um dann zur Aenderung des Stadtregiments zu schreiten. Zuvor wurde der dem Kaiser besonders verhasste Bürgermeister Herbrot zu einer Geldstrafe von 5000 fl. verurteilt. Im Vertrauen auf seine vollen Geldkästen, seine stattlichen Häuser und prächtigen Gärten hatte dieser immer noch nicht begreifen wollen, dass es Zeiten geben könnte, wo ihm das alles nichts mehr helfen sollte. Als er einmal vor den Kaiser zu einer Privataudienz zitiert wurde, entschuldigte er sich mit vorgeblichem Unwohlsein. Aber der Kaiser schickte ein Kommando Spanier, welche den stolzen Herrn aus dem Bette und im ärgsten Negligé über die Gasse in den Arrest transportierten.

Graf Wolrad von Waldeck hatte nach seinem ersten Einritt in die Reichstagsstadt die stolze Inschrift des gewaltigen Roten Tores in sein Tagebuch notiert: „die goldene Freiheit hat diese Bollwerke aufgetürmt", jetzt trug er ein: „jetzt ist die Freiheit der Augsburger so ziemlich von Stroh". Und so war es auch, denn Karl V. „stellte jetzt obersten Bürgermeister hier vor", und er war ein strengerer als seine städtischen Kollegen, die der damalige Volkswitz „Gurgelmeister" zu taufen pflegte. Am 3. August wurde durch kaiserlichen Erlass der bisherige Rat abgeschafft und ein neuer Rat eingesetzt. Der kleine Rat sollte künftig aus 41 Mitgliedern (34 aus den Geschlechtern, 7 aus den Zünften) bestehen. Die städtischen Ämter wurden in folgender Weise unter die Ratsherren von den Geschlechtern verteilt: 2 Stadtpfleger mit 5 geheimen Räten als Spitze der Verwaltung, 6 Bürgermeister, von denen je zwei vier Monate im Amte bleiben sollten, sodann 3 Baumeister, 3 Einnehmer, 4 Steuermeister, 4 Ungeldherren, 2 Pfleger zum Spital, Almosen und den Siechenhäusern, 2 Oberpfleger, 2 Zeugmeister, 2 Proviantherren, 4 Strafherren und 1 Oberrichter im Stadtgericht mit 16 Beisitzern, von denen 10 von den alten Geschlechtern, 2 von der Mehrern Gesellschaft, 2 von den Kaufleuten und 2 von der Gemeinde oder den Zünften sein sollten. Nach einem weiteren kaiserlichen Mandate von 1549 sollte der grosse Rat aus

80 Geschlechtern, 80 Kaufleuten und 140 von der Gemeinde, also im ganzen aus 300 Personen bestehen. Auch im grossen Rat hatten demnach künftig die Geschlechter in Verbindung mit den Kaufleuten die Majorität. Die Stube der Kaufleute musste die Zahl ihrer Vorsteher von 20 auf 12 herabsetzen, die Gewählten von dem Rat bestätigt und den Geschlechtern und Stadtbediensteten freier Zutritt gestattet werden. Die Zunfthäuser sollten aufgehoben und veräussert und der Erlös nebst dem übrigen Vermögen dem Rat zur Verwaltung ausgeliefert werden. Die Versammlungen der Zünfte waren bei Leibesstrafe verboten. Nur die für gewerbliche Zwecke unentbehrlichen Zunfthäuser der Weber und Metzger entgingen diesem allgemeinen Schicksal.

Das zweite für Augsburg wichtige Geschehnis während des Reichstags von 1547/48 war der Erlass des sogenannten Interims, das der Kaiser bezeichnender Weise noch von dem zünftigen Rat durchführen liess. Durch dasselbe sollte den Protestanten eine Glaubensnorm gegeben werden, nach der sie einstweilen bis zum Austrag des allgemeinen Konzils sich zu richten hätten, mit einigen Konzessionen an ihre kirchlichen Einrichtungen, die ihnen den Rücktritt in die katholische Kirche erleichtern sollten. Mit verbissenem Ingrimm liess die Bürgerschaft die kaiserlichen Gewaltakte über sich ergehen, aber die vielen Berufe des Rats, die Strafandrohungen gegen Zusammenkünfte, gegen böse Reden, gegen Beschimpfungen der Priester auf den Strassen lassen die Stimmung deutlich erkennen. Die kaiserliche Soldadeska erstickte jede offene Auflehnung mit brutaler Gewalt; war doch vor dem Mutwillen der fremden Kriegsknechte „niemand Herr noch Meister, weder über Leib noch Gut, Weib noch Kind". Wurde doch von den Leuten des Prinzen Philipp der evangelische Gottesdienst bei St. Anna und Jakob durch Tumult aller Art, durch Ballspiel und andern Unfug ungestraft gestört, ja die protestantische Ulrichskirche im Innern gänzlich demoliert.

1550 fand neuerdings ein Reichstag in Augsburg statt. Die Durchführung des Interims hatte namentlich in Norddeutschland auf Widerspruch gestossen und grosse Verwirrung hervorgerufen. Der Kaiser hatte sich deshalb veranlasst gesehen, die Reichsstände nochmals zusammen zu berufen. Am 8. Juli kam Karl mit seinem Sohne Philipp nach Augsburg. In der am 26. Juli eröffneten Reichsversammlung erklärte der Kaiser, es nicht dulden zu wollen, dass die von ihm eingesetzte Ordnung der Religionsfrage umgestossen und verachtet werde. Die Stände rieten dagegen dem Kaiser, die Einführung nur durch „milde, gütliche, friedliche und gebührliche Wege" zu versuchen, die Reichsstädte aber baten, der Kaiser möge, nachdem das Konzil zusammengetreten sei und so eine baldige definitive Entscheidung bevorstehe, gnädigst Geduld tragen und sie diese kurze Zeit mit dem Interim verschonen. Karl gab jedoch diesen Vorstellungen kein Gehör, anderseits blieben auch die Stände bei ihrem Widerspruch, da sie wohl wussten, dass das Interim undurchführbar sei. Wieder, wie drei Jahre vorher, fanden die ärgsten Plackereien der Bürgerschaft durch die Truppen des Kaisers statt. Wieder wurden der evangelische Gottesdienst gewaltsam gestört und die kirchlichen Gebäude brutal verwüstet. Sogar unter den anwesenden fürstlichen Teilnehmern des Reichstages kam es zu Tätlichkeiten: Herzog Albrecht von Bayern, Sohn des Herzogs Wilhelm, wurde von dem Prinzen Philipp wegen seiner ablehnenden Haltung in der Reichssuccessionsfrage — Karl suchte die Kaiserkrone seinem Sohne Philipp zuzuwenden — mit dem Rappier angefallen, worauf jener mit einem „Maulstrich" antwortete. Am 17. Februar 1551 erfolgte der Schluss des Reichstags. In dem Reichstagsabschied wurde das Interim aufs neue bestätigt und dessen strikte Durchführung gefordert. Der Kaiser blieb noch den ganzen Sommer in Augsburg und sorgte in eigener Person für die Durchführung des Interims in der Stadt, indem er zehn widerstrebende Geistliche ausweisen liess. Erst am 21. Oktober verliess er Augsburg.

Eine Wendung der Dinge brachte erst die Erhebung des Kurfürsten Moriz von Sachsen und seiner Verbündeten gegen Karl V. im Frühjahr 1552. Die Beteiligung Augsburgs an dem Aufstand war für den Gang der Ereignisse von Wichtigkeit, denn nur dadurch wurde dem Kurfürsten das rasche Vordringen nach Tirol ermöglicht. Wieder stand Herbrot an der Spitze der antikaiserlichen Bewegung; der patrizische Rat hatte sich vergebens bemüht, die Stadt vom Anschluss an die rebellierenden Fürsten abzuhalten. Am 31. März rückte das Bundesheer ganz nahe an die Stadt heran, lagerte sich hinter Oberhausen und verlangte die Übergabe der Stadt. Am 2. April wurde der Unterwerfungsvertrag abgeschlossen, am 4. zogen die Fürsten, Moriz von Sachsen, Markgraf Albrecht Alicibiades von Brandenburg-Kulmbach und Landgraf Wilhelm von Hessen, in Augsburg ein.

Wieder trat eine völlige Umgestaltung der Verfassungs- und kirchlichen Verhältnisse ein. Das erste war die Wiederherstellung der Zünfte: wie vor 1548 wurden die Ämter durch Wahl besetzt und zwar wieder mit zwei Bürgermeistern, worunter ein patrizischer, drei Baumeistern, drei Einnehmern und zwei Siegelherren. Am 7. April wurde sodann der übrige Rat gewählt und zwar so, dass der innere Rat aus 15 patrizischen und 40 zünftischen Mitgliedern bestand. Herbrot wurde Bürgermeister von der Gemeinde. Der katholische Gottesdienst wurde geschlossen.

Allein noch in demselben Jahre erfolgte eine zweite Restauration, wenigstens eine solche des patrizischen Regiments. Am 19. August rückte der Herzog von Alba mit einem stattlichen kaiserlichen Heere in Augsburg ein, und am nächsten Tage folgte ihm der Kaiser. Die zünftische Verfassung wurde neuerdings aufgehoben und das Geschlechterregiment von 1548 wieder eingesetzt. Nur der kleine Rat wurde 1555 noch um vier Mitglieder — 1 von der Mehrern Gesellschaft und 3 von den Kaufleuten — vermehrt. In dieser Gestalt ist dann die Stadtverfassung bis zum Ende der Selbstherrlichkeit Augsburgs geblieben.

Nur in einer Beziehung zeigten sich die Wirkungen des bekannten Passauer Vertrags vom Juni 1552 zwischen den katholischen und evangelischen Reichsständen (Religionsfreiheit für die Bekenner der Augsburger Konfession, Beseitigung des Interims und Wiedereinsetzung der im Schmalkaldischen Kriege geächteten Fürsten): Die lutherischen Prädikanten durften bleiben, ja selbst während des Kaisers Anwesenheit in drei Kirchen predigen.

Herbrot zog bald darauf von Augsburg weg nach Lauingen, um hier in pfalz-neuburgische Dienste zu treten. Seine patrizischen Feinde folgten ihm aber auch dahin und wussten es dazu zu bringen, dass der Konkurs über sein Vermögen ausbrach. In tiefstem Elend starb der einst so mächtige und reiche Mann 1564 zu Neuburg a./D.

Einen vorläufigen Abschluss der religiösen Streitigkeiten brachte der Augsburger Reichstag vom Jahre 1555 mit dem sogenannten Augsburger Religionsfrieden[1]. Den Protestanten sollte überlassen bleiben, was sie zur Zeit des Passauer Vertrags an Stiftern, Klöstern und andern Kirchengütern in Händen gehabt; damit war fortan das katholische und das Augsburger (nicht auch das reformierte) Bekenntnis im Reich anerkannt. In den Reichsstädten, in denen bisher beide Bekenntnisse vertreten waren, sollte keines unterdrückt werden. Jeder zur lutherischen Kirche übertretende Prälat sollte eo ipso geistliche Würde und weltliche Stellung verlieren (reservatum ecclesiasticum). Den andersgläubigen Untertanen wurde das Recht des freien Abzugs zugestanden.

Um die Mitte des 16. Jahrhunderts konnte Augsburg seiner Einwohnerzahl nach für eine evangelische Stadt gelten: kaum ein Zehntel derselben bekannte sich noch zur alten Kirche. Bald nachher hat aber auch hier eine starke gegenreformatorische Bewegung eingesetzt. Sie knüpft sich an den Namen des Bischofs Otto I. Truchsess von Waldburg (1543—1573). Wie er bereits gegen den Augsburger Religionsfrieden protestiert hatte, liess er es sich auch weiterhin angelegen sein, die neue Lehre mit allen ihm zu gebote stehenden Mitteln zurückzudämmen. Er bediente sich hierzu insbesondere der allerorts erprobten Hilfe des neugegründeten Jesuitenordens. 1559 berief er Peter Canisius als Domprediger nach Augsburg, der schon in Köln, Bayern und Oesterreich mit grossem Eifer und Erfolg für die Sache der Gegenreformation gewirkt hatte. Seine Predigten fanden mächtigen Zulauf; wichtiger war, dass seinem Einfluss die Gründung einer eigenen Jesuitenniederlassung gelang. Er hatte hiebei den Widerstand des eifersüchtigen Domkapitels

---

1) F. Thudichum, Die Einführung der Reformation und die Religionsfrieden von 1552, 1555 u. 1648. 1896.

zu überwinden und würde mit seinem Plane vielleicht gescheitert sein, wenn nicht namentlich die Familie Fugger ihre grossen Machtmittel für die Berufung des Ordens ins Feld geführt hätte.

Aergerliche Streitigkeiten, ja ernstliche Unruhen brachte die Einführung des Gregorianischen Kalenders mit sich. Derselbe war bereits im benachbarten Herzogtum Bayern und im Augsburger Hochstift zur Einführung gelangt, die Reichsstadt konnte daher, wenn sie sich nicht empfindlichen Verkehrsstörungen — die Katholiken der Umgebung feierten z. B. ihre Feste um zehn Tage früher als die Augsburger — aussetzen wollte, der Einführung auch in ihrem Gebiete nicht widerstehen. Der Rat entschied sich denn auch für diese, aber die protestantische Stadtgeistlichkeit eiferte in ihrem starren Konfessionalismus gegen das „papistische Machwerk" und hetzte von den Kanzeln herab die Gläubigen zum Widerstand auf. Besonders tat sich der Pfarrer bei St. Anna und Vorstand des evangelischen Konsistoriums Dr. Georg Mylius durch zelotischen Eifer darin hervor. Dem Rate blieb schliesslich nichts anderes übrig, als den Pfarrer in Haft zu nehmen, was dann wieder einen gefährlichen Auflauf der erregten Volksmassen auf dem Perlach hervorrief, der nur mit Waffengewalt unterdrückt werden konnte. Erst nach und nach gelang die Einführung des neuen Kalenders, und auch so knüpfte sich hieran eine Reihe der ärgerlichsten Streitigkeiten zwischen den beiden Konfessionen, so um die Frage des Ernennungsrechts der protestantischen Stadtgeistlichen, die dann erst 1591 durch eine kaiserliche Kommission zugunsten des Berufungsrechts des Rats entschieden wurde.

VII. Im Zeitalter der Renaissance.

Diejenige Richtung, welche neben der reformatorischen stand und im Bunde mit ihr den Kampf gegen das alte System unternahm, die humanistische, hatte in Augsburg so entschieden wie an wenigen Orten des Reiches Fuss gefasst. Augsburg war freilich nicht der Sitz einer Universität, auch ein Gymnasium wurde erst viel später gegründet, aber zahlreiche Privatmänner gaben sich dort den klassischen Studien hin und förderten sie auf diese Weise. Unter diesen leuchten namentlich zwei Namen hervor: Konrad Peutinger (1465—1547) und Markus Welser (1558—1614). Konrad Peutinger war als die bedeutendste juristische Kapazität unter dem bescheidenen Titel eines Stadtschreibers lange Zeit die Seele des Regiments[1]), kaiserlicher Rat und vertrauter Freund Maximilians I.

---

[1] Von seinen juristischen Arbeiten im Dienste der Stadt sei hier nur auf seine zahlreichen Rechtsgutachten hingewiesen, die mehrere Foliobände der Stadtbibliothek füllen.

Er hatte seine Studien in Italien gemacht und dort die Ideen des Humanismus in sich eingesogen. Ulrich von Hutten und Luther waren seine Gäste gewesen; weltbekannt sind seine Tischreden und die sogenannte Peutingersche Tafel, eine Strassenkarte des west-römischen Reiches aus dem 3. Jahrhundert n. Ch., die er von Konrad Celtes erworben hatte, und an deren Herausgabe ihn nur der Tod hinderte. Ein ganz besonderes Augenmerk richtete er auf die Reste des Altertums, die bis dahin unbeachtet in Stein und Erz innerhalb der Stadt und in ihrer Umgegend aus der Zeit der Römerherrschaft sich erhalten hatten, und die er in seinem Hause sammelte. Leider sind diese wertvollen Sammlungen teils verloren gegangen, teils in die Fremde zerstreut worden[1]). 1505 veröffenlichte er unter dem Titel: Romanae vetustatis fragmenta in Augusta Vindicorum et ejus dioecesi die römischen Inschriften der Stadt. Wahrscheinlich geht auf Peutinger auch eine handschriftliche Chronik zurück, die die Geschichte Augsburgs bis zum Jahr 1513 behandelt, ebenso die „Chronica von vil warhafftigen Geschichten", die seit 1515 in zahlreichen Auflagen erschien[2]).

Das Leben Markus Welsers fällt in die zweite Hälfte des 16. und den Anfang des 17. Jahrhunderts. Ihm war es vor allen Dingen darum zu tun, die reale Seite des antiken Lebens aufzuklären. In seinen Werken zur ältesten Geschichte Bayerns und Augsburgs (Rerum August. Vind. libri octo [nur bis 552], Ausgabe der Vitae der Augsburger Märtyrer und des heil. Ulrich) bekundete er als einer der ersten eine nüchterne, das sagenhafte Dunkel aufklärende Prüfung der Quellen. Ihm ist auch die Errichtung einer eigenen, wegen ihres Emblems unter dem Namen ad insigne pinus bekannten Druckerei in Augsburg zu danken, die eine Fülle von Erstlingsausgaben der alten Klassiker zu tage förderte.

Das Augsburger Schulwesen hatte bis in das 16. Jahrhundert herein ganz in den Händen der Kirche gelegen. Die bedeutenderen Schulen am Ende des Mittelalters waren hier die Stiftsschulen am Dom, bei St. Ulrich und bei St. Moriz. Ueber den Schulbetrieb wissen wir wenig. Um die Wende des Jahrhunderts wurde unter dem Einfluss des aufkeimenden Humanismus neben Latein auch Griechisch und Hebräisch gelehrt. Von den Lehrern tritt Veit Bild bei St. Ulrich als tüchtiger Kenner der alten Sprachen hervor.

Unter den Auspizien der Reformation wurde das aus Mitteln der Bürgerschaft erbaute, von seinen Mönchen 1523 freiwillig verlassene Karmeliterkloster zu St. Anna vom Rat 1531 mit Benützung einer älteren Ulrich Langenmantelschen Stipendienstiftung in eine Lateinschule

---

1) Peutingers Bibliothek gelangte nach dem Tode des letzten Nachkommen (Ignatz) an das Augsburger Jesuitenkollegium, ein kleiner Teil nach der Aufhebung des Ordens an die Stadtbibliothek.

2) Chron. d. d. Städte IV. S. XLIII.

umgewandelt und als erster Schulmeister mit 60 fl. Gehalt Gerhard Geldenhauer aus Nymwegen berufen. 1536 löste ihn Sixtus Birk (Betulejus) ab, ein geborener Augsburger, Verfasser mehrerer Schauspiele in deutscher Sprache, die er für die Schuljugend lateinisch umarbeitete, und sehr verdienter Herausgeber Ciceros; ihm folgte 1550 Matthias Schenk. Den rechten Aufschwung nahm die Anstalt jedoch erst mit der 1557 erfolgten Berufung des Fuggerschen Bibliothekars Hieronymus Wolf, der sich bereits als ausgezeichneter Kenner der griechischen Sprache einen Ruf erworben hatte. Der von ihm entworfene Lehrplan, im wesentlichen dem mehr bekannten Sturmschen ähnlich, hat doch den Vorzug, dass er den Lehrstoff in einer schärferen Abstufung verteilt und auch dem Unterricht in der Mathematik Rechnung trägt. Die ganze Schule war in fünf Klassen geteilt, der fünften folgte das sogenannte Auditorium publicum, eine Art von Hochschule. Die Anstalt zählte 1570 388 Schüler.

1581 errichteten die Jesuiten mittelst grossartiger Spenden der Familie Fugger ein Gymnasium und Seminar; 1585 zählte diese Anstalt bereits über 300 Schüler, sodass 1589 noch ein Lyceum eröffnet werden konnte. Dies gab Anlass zur Gründung eines mit dem St. Annagymnasium verbundenen Alumnats, des Kollegiums zu St. Anna, behufs unentgeltlicher Erziehung der Kinder armer evangelischer Bürger. Den wissenschaftlichen Unterricht erhielten die Zöglinge im St. Annagymnasium. Infolge des Restitutionsedikts von 1629 setzte sich der katholisch gewordene Rat in den Besitz und die Verwaltung der ganzen Anstalt. Die Jesuiten erhielten das Kloster und die Schule bei St. Anna und verlegten 1631 auch ihr Lyceum dahin. Die schwedische Okkupation von 1632 führte nur eine vorübergehende Aenderung herbei; die Jesuiten konnten 1635 abermals von St. Anna Besitz nehmen und blieben daselbst bis zum westfälischen Frieden. Das Kollegium zu St. Anna war ihnen jedoch nicht eingeräumt worden.

Auch das Volksschulwesen erfuhr in der Reformationszeit eine Umgestaltung. 1537 erschien „Eines Erbarn Rats Bevelch, den verordneten Schulherren mit Erinnern irer Pflicht gegeben". Niemand soll ohne Bewilligung der Schulherren Schule halten; sie haben darauf zu sehen, „dass in allen lateinischen und deutschen Schulen die Religion, gute Kunst und stattliche Sitten gelehrt werden". Die Schulherren hatten überdies auch die Oberaufsicht über die Presse und den Buchhandel. 1543 folgte eine zweite ausführlichere Schulordnung. Damals gab es in Augsburg 24 Knaben- und 9 Mädchen-Schulmeister. Katechismus und Lesen waren die ordentlichen Lehrgegenstände, Schreiben und Rechnen mussten besonders bezahlt werden. 1551 wurden die lateinischen und deutschen Schulmeister aufgefordert, sich dem Interim zu unterwerfen; die Schulen der Widerspenstigen wurden geschlossen. Der Religionsfriede von 1555 brachte dann wieder geordnete Zustände. Die Lehrer bezogen kein festes Gehalt, sondern waren lediglich auf die Vierteljahrsgelder der Schüler angewiesen. Es darf daher nicht Wunder nehmen, wenn jene neben dem Schulehalten noch andern Erwerb suchten, doch war ihnen wenigstens die Ausübung eines eigentlichen Gewerbes späterhin untersagt.

Wie das Gymnasium St. Anna, so verdankt auch die Stadtbibliothek ihre Gründung der Reformation. Als durch die Verbreitung der neuen Lehre die Stifter und Klöster von ihren Bewohnern verlassen worden waren, liess der Rat aus ihren Bibliotheken die besseren Werke aussuchen und zu einer neuen städtischen Büchersammlung vorerst in dem Dominikanerkloster zusammenstellen. Die Besorgung der Bibliothekgeschäfte wurde dem jeweiligen Rektor von St. Anna übertragen und zugleich ein jährlicher Beitrag von 50 fl. aus der Stadtkasse zur Verfügung gestellt, um damit neue Werke auf der Frankfurter Messe anzukaufen. Den ersten kostbaren Zuwachs erhielt die Bibliothek 1544 durch die Erwerbung einer grossen Sammlung griechischer Handschriften, welche die Stadt durch ihren Geschäftsträger bei der Republik Venedig, Philipp Walter, von dem vertriebenen Bischof von Korcyra, Antonius Eparchus, um 1100 fl. ankaufen liess. Alle diese Handschriften samt vielen andern später erworbenen literarischen Schätzen, welche der Augsburger Bibliothek einen ausgezeichneten Ruf erworben hatten und ihre schönste Zierde gewesen waren, wanderten im Jahre 1806 nach München, da man dort der Meinung war, dass in Augsburg nur eine Büchersammlung für Geschäftsmänner, nicht aber für Liebhaber der Wissenschaft nötig sei. Durch vielfache Ankäufe und Schenkungen waren die im Dominikanerkloster angewiesenen Räumlichkeiten allmählich zu enge geworden; der Rat räumte daher 1562 der Stadtbibliothek das im St. Annahof gelegene Gebäude ein, das bis dahin dem Bischof Anton von Arras, dem Sohn des Kardinals Granvella, als Ballhaus gedient hatte.

Derselbe Geist, welcher die Blüte humanistischer Bildung in Augsburg erzeugt hatte, weckte auch um dieselbe Zeit die schaffenden Künste zu neuem reichem Leben. Besonders grossartig waren die Arbeiten an der St. Ulrichskirche. 1467 war die zweischiffige romanische Basilika abgebrochen worden. Die neue Kirche wurde 1473 vollendet, stürzte aber schon am 29. Juni 1474 bei einem heftigen Sturm zusammen und begrub in ihren Trümmern den Pfarrer und 38 Personen. Am 14. Oktober 1474 begann der Neubau unter dem Werkmeister Valentin Kindlin, den bald der berühmte Burkhard Engelberger ablöste. Am 13. Juli 1500 weihte Erzbischof Bertold von Mainz das Langhaus und legte Kaiser Maximilian den Grundstein zum Chor. 1506 wurden die Türme begonnen, deren Bau man 1536 einstellte; nur der des südlichen wurde wieder aufgegriffen und 1594 vollendet[1]). 1512 wird von Jakob Fugger

---

1) B. Riehl, Augsburg S. 36.

die kostbare Begräbniskapelle bei St. Anna errichtet, das älteste Denkmal der Renaissancekunst in Augsburg, dessen Entwurf wahrscheinlich von dem Augsburger Bildhauer Sebastian Loscher herrührt. Um dieselbe Zeit gelangten die Kirchen von St. Georg (1490—1505) und zum heil. Kreuz (1502) zur Ausführung. Von 1512—1515 wurde die ganz eigenartige zweischiffige Dominikanerkirche — gegenwärtig als Lagerraum für Marktbuden dienend — und einige Jahre später die Kirchen der Frauenklöster St. Katharina (1517) und St. Ursula (1520) aufgeführt. Von sonstigen Bauten der Geistlichkeit wäre noch zu nennen die Dompropstei, welche der damalige Dompropst und kaiserliche Kanzler Matthäus Lang, später Kardinal und Erzbischof von Salzburg, 1502—1503 umbauen liess. Maximilian I. und seine Gemahlin Blanca Maria nahmen dort mehrmals Wohnung. Einige Jahre später ward an der bischöflichen Pfalz gebaut; der viereckige Turm, der einzige alte Baurest derselben, fällt in diese Zeit. Aber nicht bloss in kirchlichem, auch in bürgerlichem Interesse wird gebaut. Der Perlachturm wird 1437 mit einem Bleidach und mit Wandmalereien geziert. 1449 wurde das Rathaus erweitert und renoviert und ihm der schöne gotische Erker angesetzt, der bis zum Abbruch des Gebäudes im Jahre 1615 sich erhalten hatte. Um 1515 erfolgte ein weiterer Umbau und der Ausbau des Turms; die Aussenseite erhielt einen reichen Bilderschmuck aus der Geschichte Kaiser Maximilians I. und seiner habsburgischen Vorgänger; im Innern erregte namentlich die neue grosse Ratsstube mit der kostbaren Holzdecke die Bewunderung des Beschauers. 1501 wird am Katzenstadel ein Giesshaus und ein Zeughaus, 1510 da, wo jetzt das neue Theater steht, das Kornhaus gebaut. In nächster Nähe davon liess der Rat 1514 in der Stadtmauer eine neue Pforte herstellen, durch welche bei nächtlicher Weile, wenn die grösseren Stadttore geschlossen waren, mittelst einer Maschinerie der von der Jagd heimkehrende Kaiser Maximilian, der in der Nähe ein Haus besass, eingelassen werden konnte. Zünfte (Weberzunfthaus 1517) und Geschlechter richten sich ihre Trinkstuben her, Tanzhäuser der Patrizier werden gebaut und, wenn sie abbrennen, wieder erneuert. 1512—1516 werden bei St. Ulrich, am Weberhaus, bei St. Anna und auf dem Weinmarkt, da wo jetzt der Herkules-Brunnen steht, vier grosse Marmorbrunnen errichtet. Ende des 15. Jahrhunderts richtet der Rat zwei neue Begräbnisplätze ein — bis dahin waren die Toten um die Kirchen herum beerdigt worden —, einen kleineren beim Stephingertor innerhalb und einen grösseren vor dem Göggingertor ausserhalb der Mauern. Eine grosse Rolle spielen, wie in allen Perioden, auch jetzt die Befestigungsbauten. Basteien werden angelegt, Türme an den Toren errichtet oder erhöht, die Mauern erweitert und verbessert. Aus Nürnberg, ja aus Hessen und den Niederlanden liess man hiezu Werkmeister und Werkleute kommen[1]). Auch die Anlage der

---

1) P. Dirr S. 20.

sogenannten Zwingerhäuschen auf der wallartig breiten westlichen Stadtmauer für die Stadtgardesoldaten fällt in jene Zeit. 1488 liess der Rat an den Strassenecken eiserne Ketten anbringen, um bei Aufläufen die Strassen absperren zu können. Die alten Zugbrücken an den Stadttoren waren schon früher durch gewölbte Steinbrücken ersetzt worden. Auch die Anfänge einer Strassenpflasterung reichen bis in den Anfang des 15. Jahrhunderts zurück. Ende desselben wird vom Lech ein Kanal in die Stadt geleitet, auf welchem man Flösse hereinführen konnte.

Bald nach Beginn des 16. Jahrhunderts beginnen die Einflüsse italienischer Renaissance in der Architektur der Stadt sich geltend zu machen. Die öffentlichen Bauten sind späterhin von Holl im Stil der späteren Renaissance umgebaut worden, auch von Privatbauten ist ausser dem Fuggerhaus in der Philippine-Welser-Strasse[1]) und dem Maximilians-Museum[2]) wenig mehr vorhanden. Das Stadtbild Augsburgs im 16. Jahrhundert können wir daher nur aus gleichzeitigen Beschreibungen notdürftig rekonstruieren. Als der berühmte französische Essayist Michel de Montaigne 1580 auf seiner Reise durch Deutschland auch nach Augsburg kam, erklärte er diese Stadt als die schönste Deutschlands; namentlich rühmt er die breite Anlage und die Reinlichkeit ihrer Strassen und die vielen prächtigen Springbrunnen; die Häuser seien weit grösser, höher und schöner als in irgend einer Stadt Frankreichs.

Ebenso reich und glänzend wie die Architektur entfalteten sich im 16. Jahrhundert die übrigen schaffenden Künste. Den höchsten Ruhm erlangte das damalige Augsburg durch eine Reihe bedeutender in seinen Mauern geborner Maler. Schon im 15. Jahrhundert hatte die Malerei einen bedeutsamen Aufschwung genommen, ohne dass sich jedoch aus dieser Periode ansehnlichere Denkmale erhalten haben; nur die zahlreich auftretenden Künstlernamen, sowie die Aufzählung ihrer Leistungen in den Baurechnungen der Stadt und in dem Malerzunftbuch lassen auf eine hohe Blüte der Malerei schliessen. Kein Augsburger Künstlername aber hat einen helleren Klang, als der der Holbein. Die Familie stammte aus dem benachbarten Dorfe Schönefeld und kommt erst seit 1448 in den Steuerregistern vor. Der Grossvater Michael war Gerber; seine beiden Söhne Hans und Sigmund widmeten sich der Malkunst; der erstere — vermutlich wie Burgkmair ein Schüler von Martin Schongauer in Kolmar dem damals bedeutendsten Maler Deutschlands, bekanntlich einem alten

---

1) Eigentlich ein Doppelhaus (D 280 u. 254), erbaut in den 90er Jahren des 15. Jahrhunderts. Erhalten haben sich von diesem Bau die beiden gotischen Portale mit dem in Stein gehauenen alten Fuggerischen Wappen, sowie Gewölbe, zahlreiche gotische Tor- u. Türbogen, Fenstereinfassungen u. a.

2) Erbaut Mitte der 40er Jahre des 16. Jahrhunderts. 1548 gelangte das Haus in den Besitz des Bürgermeisters Jakob Herbrot. Ausgezeichnet erhalten sind namentlich die beiden Erker.

Augsburger Geschlecht entstammend — ist unter dem Namen Hans Holbein der Aeltere einer der tüchtigsten Meister der älteren deutschen Kunst und der Lehrmeister seines grossen Sohnes geworden. Seine materiellen Verhältnisse scheinen dagegen nicht immer die günstigsten gewesen zu sein[1]). Nächst dem Vater († 1524) ist Hans Burgkmair auf Holbeins Entwicklung von erheblichem Einfluss gewesen. Burgkmair war in Italien gewesen und hatte von dort die glänzende Vielseitigkeit und sichere Kunstfertigkeit der wiedergebornen Kunst mit nach Hause gebracht. Bei den umfangreichen und bedeutenden Aufträgen, die er für Kaiser Maximilian und Jakob Fugger auszuführen hatte, zeigt er sich völlig vertraut mit der Renaissance. Es ist überflüssig, hier auf die Bedeutung Holbeins für die deutsche Kunstgeschichte näher einzugehen. Gleich seinem Geistesbruder Dürer zerbrach er die Schranken der mittelalterlichen Malerei und eroberte, ohne der vaterländischen Tradition untreu zu werden, für seine Kunst eine neue Welt des Naturstudiums, der klassischen Formenanmut und der freien modernen Gedankenfülle. Und wenn auch Holbeins äusseres Leben nicht so eng an seine Vaterstadt Augsburg gefesselt ist, wie z. B. Dürers an Nürnberg, so war doch seine künstlerische Entfaltung eine ebenso charakteristisch altaugsburgische[2]), als er zu den wahren Propheten der Renaissance im edelsten Sinne zählt. Der Kampf ums materielle Dasein hatte ihn und den Vater frühzeitig aus der Vaterstadt in die Fremde getrieben. Dort raffte ihn im blühendsten Mannesalter die Pest hin, und eine Fülle von Plänen und Hoffnungen ward mit ihm begraben.

Von andern Augsburger Malern um die Wende des 15. und 16. Jahrhunderts seien hier noch genannt Gumpolt Gültlinger[3]), bekannt durch mehrere Altarbilder, die er für die St. Ulrichskirche im Auftrag des prachtliebenden Abtes Johannes von Giltlingen malte, Christoph Amberger, Michael Schwarz, Daniel Hopfer, Jörg Breu.

Zu den charakteristischen Merkmalen der Augsburger Renaissance gehören die Hausfresken. Sie sind in Augsburg in einer Vollständigkeit wie nirgends anderswo bis auf unsere Tage oder wenigstens bis in das vorige Jahrhundert erhalten geblieben. Keine deutsche Stadt hat darin Augsburg von ferne erreicht; es ist das deutsche Verona gewesen. Schon um die Mitte des 14. Jahrhunderts wird uns hier die Anwendung des Fresko am Heil. Kreuz- und Göggingertor bezeugt.[4]) Unter den Meistern

---

1) Vgl. hier. Christian Meyer, Die Augsburger Gerichtsbücher über Hans Holbein d. Ae. Beil. d. Allgem. Zeit. 1871. nr. 151.

2) Chr. Meyer, Hans Holbein d. Jü. und seine Vaterstadt Augsburg. Beil. d. Allgem. Zeit. 1872. nr. 121.

3) Vgl. üb. ihn K. Hoffmann in der Zeitschr. d. hist. Ver. f. Schwab. u. Neub. I. S. 115 flgd.

4) P. Dirr S. 12. Später wurden auch noch andere Tore mit Fresken bemalt.

desselben im 16. und 17. Jahrhundert mögen hier nur die Namen Hans Burgkmair, Albrecht Altdorfer, Hans Rottenhammer, Matthias Kager, Johann Holzer, Julius Pordenone und Antonio Ponzano genannt sein. Von Rottenhammer rühren her die Fresken in der Grottennau, von Pordenone die in der Philippine-Welser-Strasse, von Ponzano die Fresken in den ehemaligen Badezimmern des Fuggerhauses; Kager, nebenbei Bürgermeister seiner Vaterstadt, schmückte das Rathaus, das Weberhaus, das Stadtgefängnis und zwei Türme mit seinen Schildereien. Noch zu Anfang des 19. Jahrhunderts sollen die Strassen Augsburgs einem aufgeschlagenen Bilderbuch geglichen haben, dessen Blätter die mit Fresken bedeckten Häuserwände waren.

Eines Lobes voll sind die zeitgenössischen Schriftsteller von der Anmut und dem Liebreiz der Augsburgerinnen. Sebastian Frank nennt sie „ein leutselig, freundlich, redsprächig und grüssbar Völklein, ein schön weiblich Bild, das wohl mit der Hofart kann, dass ich auch ein Sprüchlein davon gehört hab: Hofart ist allenthalben Sünd, aber in Augsburg ist es ein Wohlstand, denn sie konnten sich so artlich drin schicken, dass sie gleich an Hofart demütig sein und in grossem Pracht und Reichtum an Pracht." Turniere, Geschlechtertänze und sonstiges Schaugepränge trugen den Ruhm von Augsburgs Frauen in die Ferne. Noch lange lebten in der Erinnerung das Waffenspiel vom Jahre 1411, in welchem Herzog Wilhelm von Bayern mit Georg Rehm eine Lanze brach, den ihm erteilten ersten Preis aber bescheiden ablehnte; ein grosses Tanzfest von 1418, während dessen Kaiser Sigismund an die Frauen und Fräuleins goldene Ringe verteilte; das grosse Armbrustschiessen[1]) von 1470 in Gegenwart der Herzöge Wolfgang und Christoph von Bayern, die auch 1482 zum Turnier auf den Fronhof kamen; der Sunnwendfeuertanz von 1496 auf dem Fronhof, den Erzherzog Philipp, Kaiser Maximilians Sohn, um einen brennenden Scheiterhaufen veranstaltete und bei dem er mit der schönen Ursula Neidhart den Tanz anführte; das Rennen und Stechen von 1504 bei dem Besuch Maximilians und Herzog Albrechts IV. von Bayern, wobei der König und sein Gefolge in Bauerntracht ländliche Reigen tanzten, dann die Bauernkleider abwarfen und in prachtvoll goldenen Gewändern erschienen und zierlich in welschen Tänzen sich schwangen[2]); die grossartigen Feste bei Vermählung der bayerischen Prinzessin Susanna mit Markgraf Kasimir von Brandenburg und der Geschlechtertanz von 1518, bei dem die Frauen zum erstenmal auf des Kaisers Wunsch die Schleier abgelegt hatten.

Augsburg war durch den Handel gross und blühend geworden und

---

1) Die Schützenfeste bildeten einen Glanzpunkt der städtischen Festlichkeiten: bei dem Stahlschiessen von 1425 kamen 130, bei einem von 1445 300 fremde Schützen und bei dem von 1470 sogar 466 nach Augsburg.

2) S. Riezler, III. 587.

dankte demselben die Mittel zu seinem luxuriösen Leben. Unter den eigenen Erzeugnissen des Kunstfleisses standen die des Webstuhls obenan, wie denn die Weberzunft als die erste gleich nach der der Kaufleute kam. Ueber dritthalbtausend Meister arbeiteten am Anfang des 16. Jahrhunderts hier und in den umliegenden Ortschaften, und jährlich passierten mehr als 400000 Stück Barchent die obrigkeitliche Schau auf dem hiefür eigens erbauten Weberhause. Schon 1368 bildeten die Weber die einflussreichste und grösste Zunft. Vorzüglich durch Mitglieder derselben kam die Einführung der Zunftverfassung zustande. Nächst den Augsburger Webereien, zu denen später die grossartigsten Färbereien kamen, haben die dortigen Silberschmiede ihren Ruf bis heute behauptet. Weitberühmt waren auch die Augsburger Waffenschmiedarbeiten. Der Augsburger Plattner (Panzermacher) Kolman Helmschmid rivalisierte schon um 1520 in Italien selbst erfolgreich mit den Mailänder Waffenschmieden, die damals den Ruf hatten, die vorzüglichsten in Europa zu sein. Andere berühmte Plattner waren Kolmans Sohn Desiderius Kolman Helmschmid, Matthäus Frauenpreis, Dionys Holzmann. Namentlich durch Kaiser Maximilian kamen grossartige Aufträge an das Augsburger Kunstgewerbe. Hier wurden die metallenen Bildnisse geschichtlich denkwürdiger Personen durch Muschat geformt und durch die Brüder Hans und Laux Zotman in Erz gegossen. Ein anderer weithin berühmter Giesser war Georg Löffler, der 1529 und 1537 nach Innsbruck berufen wurde, um dort sämtliche dem König Ferdinand I. gehörigen alten Geschütze umzugiessen. Auch der Guss einer der grossen das Grabmal Maximilians I. schmückenden Statuen (Chlodwig) in der Innsbrucker Hofkirche rührt von ihm her. Unter Peutingers Leitung wurde in Augsburg des Kaisers Grabmal in Innsbruck begonnen und grösstenteils ausgeführt. Hier liess Maximilian die berühmten Rüstungen schlagen und zieren, an denen der ritterliche Held so grosses Gefallen fand. Hans Burgkmair und Hans Scheufelin fertigten die meisten Zeichnungen, Joss Dienecker die Schnitte für den Weisskunig, den Freydal und den Teuerdank, für die grossartigen Blätter der Triumphzüge und der Genealogie des Kaisers, sowie für das Gebetbuch desselben. Schon 1407 druckte hier Meister Johannes mit Holzstempeln; 1466 stossen wir auf die erste Buchdruckerei. Der älteste bekannte Drucker ist Günther Zeiner, der im Jahre 1468 ein anonymes lateinisches Erbauungsbuch (Meditationes vitae Jesu Christi) aus seiner Presse hervorgehen liess. Aus derselben Druckerei stammt ein deutscher Kalender von 1470. 1471 wurde von Anton Sorg die erste deutsche Bibel gedruckt. 1472 richtete der Abt von St. Ulrich, Melchior von Stamham in seinem Kloster eine Druckerei ein. Erhard Oeglin, der deutsche Erfinder des Notendruckes mit beweglichen Lettern (Melopoiae sive Harmoniae tetracenticae, Augsburg 1507)[1]), und Schönsperger druckten die

---

1) Oeglin hat auch zuerst in Augsburg um 1514 mit hebräischen Lettern

kaiserlichen Ausschreiben für das Reich. Um 1500 gab es hier zweiundzwanzig Buchdruckereien, ja von vierzehn vorlutherischen Bibeln sind allein sieben in Augsburg gedruckt worden. Spätere hervorragende Drucker waren Heinrich Steiner (1522—1544) und Erhart Ratold (1486—1527), der namentlich in der typographischen Ornamentik Bedeutendes leistete.

Den grössten Ruhm erlangte das Augsburg des 16. Jahrhunderts durch seinen die ganze Welt umspannenden Handel. Seine Wurzeln reichen naturgemäss bis in das frühe Mittelalter zurück. Die ältesten Handelsbeziehungen weisen nach Italien, namentlich nach Venedig. Man liest in den gangbaren Werken über die deutsche Handelsgeschichte, dass der Verkehr zwischen Venedig und den oberdeutschen Städten nicht höher als bis in die zweite Hälfte des 13. Jahrhunderts hinaufgesetzt werden dürfe. Dies ist jedoch eine ganz haltlose Annahme. Der Verkehr zwischen unsern alten Städten und Venedig ist jedenfalls um Jahrhunderte älter. Das Augsburger Stadtrecht von 1104 nimmt bereits Notiz von dem zwischen Augsburg und Köln bestehenden Handelsverkehr. Nun war aber ein solcher nur auf der Grundlage eines daneben herlaufenden Verkehrs mit Venedig denkbar. Das grosse Stadtrecht von 1276 enthält sodann mehrfache direkte Andeutungen eines von alters her zwischen beiden Städten unterhaltenen Verkehrs. Den Kaufleuten, welche mit ihren Waren nach Venedig ziehen, dürfen die Wechsler bis zu einem Maximum von 40 Mark Silber wechseln; ein mit welschen Waren beladenes Saumtier gilt einen Heller Torzoll; das aus Italien und Griechenland über Tirol eingeführte Oel darf auf den Strassen der Stadt im Detail verkauft werden u. a. Von andern über Venedig nach Augsburg eingeführten Waren begegnen uns im grossen Stadtrecht an Südfrüchten Feigen, Pfeffer, der in kolossalen Quantitäten verbraucht und vielfach an Stelle des Geldes als öffentliche Leistung (insbesondere als Zollgebühr) gegeben wurde, ferner seidene Tücher und Decken, Zendule, Baldakin (kostbarer, aus Seide und Goldfäden moiréeartig gewobener Stoff), Baumwolle. Pfeffer und Baumwolle kamen aus Indien, die verarbeiteten Seidenstoffe aus Venedig selbst, das schon damals sich einer sehr fortgeschrittenen Textilindustrie erfreute. Ein anderer Handelsartikel, der, wenn auch noch spärlich, in den deutschen Städten Absatz fand, war das Glas, das in Murano fabriziert wurde. An Natur- und Industrieerzeugnissen, welche die Deutschen dagegen nach Venedig brachten, nennen wir Roh- und Edelmetalle (Eisen, Kupfer, Blei, Zinn, Gold, Silber), Pelze, Leder, Wollenzeuge, Leinwand u. s. w.

Die Augsburger Kaufleute zogen auf ihren Handelsreisen nach der Lagunenstadt entweder über das Lechfeld, Schongau, Ammergau und

---

gedruckt: Böschensteins hebräische Grammatik. Den ersten Druck eines griechischen Werkes (Dionysii Areopagitae de theologia mystica) besorgte um 1519 Johannes Miller.

VII. Im Zeitalter der Renaissance.

Mittenwald oder auf der sogenannten „Hochstrasse" über Kaufbeuren, Füssen nach Innsbruck und von da über Brixen, Bozen, Trient, Verona, Padua. Die Strasse über das Lechfeld war bayerisch und wegen der hohen Zölle nicht eben sehr beliebt, die „Hochstrasse" bischöflich Augsburgisch. Auf der bayerischen Strasse wurden die Kaufmannsgüter auf der „Rott", d. h. von Ort zu Ort immer durch neue Fuhrleute, fortgeschafft. Auf derselben Strasse lief nachweisbar schon seit Beginn des 14. Jahrhunderts ein regelmässiger Postverkehr nebenher. Derselbe wurde durch „Ordinaripostboten" unterhalten, die sich wahrscheinlich der Sicherheit halber an die reisenden Kaufleute, die stets von „Geleitsreitern" begleitet wurden, anschlossen. Diese Boten bildeten eine Zunft oder Gesellschaft unter sich und erhielten ihre Anstellung und Ordnung vom Rat der Stadt.

In Venedig hatten die Fugger, Welser, Baumgartner, Herwarth, Rem[1]) u. a. noch während des ganzen 16. Jahrhunderts ihre Kontore, ja noch zu Anfang des 17. muss ein lebhafter direkter Verkehr zwischen den beiden Städten bestanden haben. Elias Holl, Augsburgs berühmter Stadtbaumeister, erzählt in seiner Selbstbiographie, dass er zwölfmal mit Augsburger Kaufleuten nach Venedig gezogen sei.

Aber nicht blos in Venedig und andern italienischen Städten, sondern auch in Antwerpen, Madrid, Lissabon und anderen Orten Europas hatten die grossen Augsburger Handelshäuser ihre Agenten; die grosse Welsersche Handelsgesellschaft hatte um die Wende des 15. Jahrhunderts sogar in Madeira ihren Faktor. Es widerlegt sich dadurch die herkömmliche Auffassung, dass Augsburg durch die veränderte Richtung, die der Welthandel infolge der Auffindung des Seewegs nach Indien und der Entdeckung von Amerika erhielt, schwer geschädigt worden sei. Einzelne Personen mögen verloren haben, die Stadt als Ganzes hat nicht verloren. Gasser († 1577) behauptet vielmehr, gerade seit jenen weltumstürzenden Ereignissen habe man in Augsburg ungeheure Vermögen erworben. Die städtischen Steuerbücher geben auch hiefür eine Reihe der interessantesten Belege. In der ersten Hälfte des 16. Jahrhunderts hat bei steter Zunahme der Bevölkerung eine ungemein starke Anhäufung von Kapital und ein rasches Anwachsen grosser Vermögen stattgefunden. 1364 gab es in Augsburg 5176 Steuerpflichtige, 1428 waren es 4106. 1461 4798, 1471 5109, 1474 4941, 1498 5351, 1512 5480, 1526 6097, 1540 7155, 1554 8242, 1604 10388, was, wenn man die Zahl der Steuerpflichtigen gering gerechnet mit 4 multipliziert, eine Einwohnerzahl von rund 40000 ergibt. Die höchste Vermögenssteuer beläuft sich 1471 auf 145 fl., 1498 auf 196 fl., 1512 auf 348 fl.; 1526 gibt es 7 Vermögen, die

---

1) Bez. des Handels der Familie Rem nach Venedig vgl. die Korrespondenz der verbündeten schwäbischen und rheinischen Städte mit Doge und Senat zu Venedig im Urk.-B. II. nr. 719—720.

über 348 fl. Steuer zahlen (darunter die Steuer Jakob Fuggers mit 1200 fl.). 1540 steuern 11 Personen 300—500 fl. und 6 Personen 500 fl.; 1554 gibt es 7 Vermögen, die von 300—500 fl., und 11, welche 500 fl. und mehr bezahlen. Die am höchsten Besteuerten waren wiederum Fugger, Anton und Raimund. Nach 1554 wird der Fortschritt allmählich langsamer, aber bezüglich der sehr grossen Vermögen zeigt sich ein Stillstand[1]).

Zwei Handelshäuser sind es namentlich, welche in der ersten Hälfte des 16. Jahrhunderts die ganze damalige Handelswelt mit ihrem Ruhme erfüllen: die F u g g e r und die W e l s e r.

Die Fugger[2]) traten 1368 zuerst in Augsburg auf. Ein Johann Fugger zog in diesem Jahre von dem benachbarten Dorfe Graben nach Augsburg. Er und sein Bruder Ulrich, der 1376 nachkam, waren dort Weber und Färber gewesen und setzten diese Gewerbe auch in Augsburg fort. Hier war bereits mit Barchent und Wolle, Flachs und Hanf ein so lebhafter Geschäftsverkehr ins Leben getreten, dass das Ungeld von den Weberwaren eines der einträglichsten Gefälle der Stadt bildete. Johannes' Sohn Andreas wurde bereits der „reiche Fugger" genannt. Schon dessen Neffe Ulrich begann mit den Fürsten des Hauses Oesterreich die in der Folge zu so enormer Höhe gelangten Geldgeschäfte, indem er 1473 dem Kaiser Friedrich für seinen Zug nach Trier das nötige seidene und wollene Gewand lieferte. 1494 verband er sich mit seinen Brüdern zu einer Handelsgesellschaft mit Spezereien, Seide und Wolle nach und aus Italien, Tirol, den Niederlanden, Deutschland, Ungarn und Polen. Auch die kleinsten Vorteile verschmähte er nicht, wie beispielsweise Albrecht Dürers Schöpfungen durch ihn nach Italien versandt wurden. Noch bedeutender wirkte sein jüngster Bruder Jakob. Er hatte sich ursprünglich dem geistlichen Stande gewidmet und war später Domherr zu Herrieden geworden. Als jedoch vier seiner Brüder in rascher Folge gestorben waren, liess er sich durch die Bitten des ältesten Bruders Ulrich bewegen, sein ruhiges Gelehrtenleben zu verlassen und sich dem Geschäfte zu widmen. Vorerst wandte er sich nach Venedig, um dort in dem grossen Kaufhaus der Deutschen (Fondaco dei Tedeschi) seine Lehrjahre zu bestehen. Nach seiner Rückkehr führte er das Geschäft gemeinsam mit seinen Brüdern Ulrich und Georg; nach ihrem Tode nahm er deren Söhne in die Handelsgesellschaft auf, die jetzt die Firma „Jakob Fugger und Gebrüders Söhne" annahm. Er brachte den Handel zu einer solchen Höhe, dass er die Geschäfte in Wolle, Seide und Spezereien aufgab und sich ausschliesslich auf Bergbau und Bankgeschäfte verlegte. Er erwarb den ganzen Kupferkauf in Ungarns Bergwerken, in Kärnten baute er ein Bleiwerk. Der veränderten Handelsrichtung

---

1) Die vorstehenden Ziffern sind der eingehenden Untersuchung A. Buffs (Augsburg in der Renaissancezeit, 1893) entnommen.

2) Chronik der Familie Fugger v. J. 1599, her. von Christian Meyer. 1902.

nach Ostindien wusste er sich ebenso rasch als glücklich zu akkommodieren. 1505 trat er mit den Handelshäusern Welser und Hochstetter zu einer Handelsgesellschaft zusammen, um drei Schiffsladungen mit levantischen Waren, welche man in Deutschland bisher ausschliesslich auf dem Landwege von Venedig bezogen hatte, auf dem neuentdeckten Seeweg direkt aus Ostindien zu holen. Solche Handelsgesellschaften, bei denen die Mitglieder ihre Kapitalien gegen Gewinnanteil oder hohe Verzinsung einlegten, waren bis dahin in Deutschland unbekannt gewesen. Sie sind die Vorbilder der heutigen Aktiengesellschaften, entarteten aber später unter dem Namen „Monopolien" durch ihre kecken Spekulationen und ihren künstlichen Preissteigerungen, mit denen sie ganz Europa in Kontribution setzten. 1487 und 1488 lieh Jakob gemeinsam mit dem Bankhaus Antonio de Cavallis zu Genua dem Erzherzog Sigismund von Tirol unter Verpfändung der Schwazer Silbergruben 38 627 fl. 1509 bezahlte er innerhalb acht Wochen 170 000 Dukaten an Kaiser Maximilian als den Betrag der diesem für den italienischen Krieg bewilligten Subsidien, 40 000 von wegen des Papstes, 60 000 für Spanien, 70 000 für Frankreich. 1504 wurde er samt seinen Brüdern vom Kaiser geadelt, später auch zum kaiserlichen Rat ernannt. Ein gleiches Ansehen genoss er bei Papst Leo X., der ihn zum Pfalzgrafen des Laterans und equesaureatus bestellte. Bei der Kaiserwahl Karls V. schoss er für die Kosten derselben über 300 000 fl. vor. Der Ausbau des Fuggerpalastes in der Maximiliansstrasse zu Augsburg ist sein Werk. Ein den Ruhm seines Geschlechts lange überdauerndes Andenken sicherte er sich durch die Gründung der „Fuggerei", jener inmitten der Stadt gelegenen, in sich abgeschlossenen Stadt der Armen, deren Eigenart noch heute die Aufmerksamkeit aller Fremden erregt. Jakob ist auch der Begründer der später namentlich an kostbaren Handschriften so reichen Fuggerschen Familienbibliothek[1]).

Die höchste Blüte erlangte das Haus Fugger unter den beiden Neffen und Erben Jakobs, Raimund und Anton. Ihnen wurde jenes berühmte kaiserliche Privilegium vom 1. März 1530 erteilt, von dem Karl V. selbst sagte, dass kein deutscher Kaiser jemals ein ähnliches erteilt habe noch erteilen werde. Durch dasselbe wurden die Brüder in den erblichen Grafenstand des Reichs erhoben und ihnen für ihre Person und ihre Güter die volle Landeshoheit verliehen. Wie tief verpflichtet ihnen Karl V. war, können wir daraus entnehmen, dass sie es waren, von denen jener die Mittel zu seinen Expeditionen gegen Tunis und Algier und zur Unterdrückung des Schmalkaldischen Bundes erhielt. Dabei waren sie jedoch viel zu schlaue Geldmänner, als dass sie nicht, wie sie den Kaiser gegen die rebellischen protestantischen Fürsten mit ihrem Gelde stützten, als

---

1) E. Fink, Mitteil. über Bezieh. der Fugger zum Humanismus in der Zeitschr. d. hist. Ver. XXI. S. 54.

sich ihnen eine gewinnreiche Aussicht eröffnete, auch diesen in ihrer Auflehnung gegen das Reichsoberhaupt mit ihren Kapitalien unter die Arme griffen. Ein Ruhmesblatt in der Geschichte der Fugger sind ihre Beziehungen zum Humanismus und seinen Vertretern. Besonders Anton Fugger erwies sich als ein eifriger Förderer des Gelehrtentums, so dass man ihn die einzige Zuflucht der „Armen und Literaten" nannte. Namentlich zu Erasmus von Rotterdam stand er in einem freundschaftlichen Verhältnis und suchte ihn, als er 1529 Basel verliess, für Augsburg zu gewinnen [1]).

Wir können uns heutzutage kaum mehr eine richtige Vorstellung von dem Reichtum und Handel der Fugger im 16. Jahrhundert machen. Die Fugger waren nicht nur die grössten Kapitalisten, sie galten auch als die mächtigsten Grundbesitzer des damaligen Europas. In ihren Händen waren die Bergwerke Tirols, Steiermarks, Kärntens, Istriens, Ungarns und Spaniens. Welche Schätze mögen sie allein aus dem letztgenannten, damals auf der Höhe seiner Blüte stehenden Lande gezogen haben! Noch heute nennt sich eine Strasse Madrids nach ihnen, und ein spanisches Volkssprichwort heisst: „rico come un Fucar" (reich wie ein Fugger) [2]). An allen wichtigen Handelsplätzen hatten sie ihre Faktoreien. Nur so verstehen wir, wie jene bekannte Sage [3]) sich bilden konnte, welche Anton Fugger den Schuldschein Karls V. in dem mit Zimmetholz genährten Feuer des Kamins verbrennen lässt [4]).

Von den grossen Diensten, welche Anton Fugger seiner Vaterstadt im Schmalkaldischen Kriege leistete, haben wir bereits oben gesprochen. In die Zeit Antons fallen auch jene uns erhaltenen Schilderungen mehrerer Zeitgenossen über die mehr als fürstliche Pracht des Fuggerschen Haushalts. Aber auch die lachendste Blüte birgt schon den Keim des Verfalls in sich: denn der ist nahe, trotz alles äusseren Glanzes, sobald der höchste Ehrgeiz der Familie nicht mehr ist, freie Bürger einer freien Stadt zu sein. Denken wir daran, wie fortgesetzt und mit welchem Ingrimm Ulrich von Hutten in seinen Gesprächen gegen die Fugger zu Felde zieht! Kirchlich und politisch gehörten sie zur Reaktionspartei. Ein Fuggerscher Kommis begleitete den Ablasskasten Tetzels, um die

---

1) E. Fink a. a. O.
2) Ueber andere volkstümlich gewordene Bezeichnungen s. R. Ehrenberg, Zeitalter der Fugger (1896) I. 117, Note 46.
3) Ueber die Unglaubwürdigkeit dieser Sage vgl. R. Ehrenberg I. 168—170.
4) Geschichtlich beglaubigt ist dagegen die gleichfalls bekannte Erzählung, Karl V. habe, als ihm Franz I. die Schätze der Pariser Residenz gezeigt, gegen diesen geäussert: „alles dies kann ein deutscher Leinenweber in Augsburg bezahlen".
5) Beatus Rhenanus, Graf Wolrad von Waldeck, Hans von Schweinichen, Michel de Montaigne, Mocenigo (venetianischer Gesandter), Roger Ascham, 1550—1553 Sekretär des englischen Gesandten Morysine am Hofe Karls V.

einlaufenden Summen zu kontrollieren, auf welche das Bankhaus dem Erzbischof von Mainz Geld geliehen hatte. Daneben trieben sie den so vielfach geschmähten Pfründenhandel. Ihr Einfluss in Rom war unbegrenzt. In ihren Diensten stand auch Dr. Johann Eck, Luthers hervorragendster Bekämpfer in den ersten Jahren seines Auftretens.

Neben den Fuggern waren es namentlich die Welser, die in der ersten Hälfte des 16. Jahrhunderts durch ihre kühnen Handelsunternehmungen eine Art Weltstellung in der damaligen Kaufmannswelt errangen. Im Gegensatz zu ihren noch berühmteren Konkurrenten gehörten sie dem alteingesessenen Patriziat der Reichsstadt an und führten ihren Stammbaum bis in die Zeit Karls des Grossen zurück. Zu Ende des 15. Jahrhunderts begründeten die Brüder Anton und Lukas Welser mit ihrem Schwager Hans Vöhlin die Handelskompagnie Anton Welser und Konrad Vöhlin. Nach der Entdeckung des Seewegs nach Indien waren sie mit die ersten Kaufleute, die den Gang ihrer Geschäfte den neuen Handelsbedingungen klug anzubequemen wussten. Schon 1503 schlossen sie mit König Manuel von Portugal einen Vertrag ab, kraft dessen sie in Portugal gebaute und mit Portugiesen bemannte Schiffe nach Indien entsenden durften, um dort Spezereien und Brasilholz einzuhandeln. Am 25. März 1505 liefen drei Welsersche Schiffe aus Lissabon aus und kamen am 22. Mai bezw. 24. November des nächsten Jahres wieder dahin zurück. Der Reingewinn des Unternehmens betrug 150 Prozent. Drei Söhne Antons, Anton, Bartholomäus und Franz, sind es dann, die die höchste Blüte des Handelshauses repräsentieren. Bartholomäus war der bedeutendste der Brüder. Gleich den Fuggern verpflichtete er sich Karl V. durch grosse Darlehen, so dass er 1532 in den Adelsstand erhoben wurde. Am bekanntesten ist er geworden durch seine Entdeckung und Kolonisierung der südamerikanischen Provinz Venezuela, die er 26 Jahre lang durch eigene Gouverneure und Truppen verwalten liess, bis sie ihm 1555 durch die Spanier weggenommen wurde. 1614 brach das grosse Kaufmannshaus zusammen.

Der jüngste Bruder, Franz, ist der Vater der Philippine Welser, weitbekannt durch ihre Schönheit und treffliche Herzenseigenschaften, namentlich aber durch ihre Heirat mit Erzherzog Ferdinand von Oesterreich, dem Sohn Kaiser Ferdinands I. Auch bei ihr hat, ähnlich wie bei ihrer unglücklichen Vorgängerin Agnes Bernauer, Mit- und Nachwelt einen Kranz von Sagen um ihre Gestalt gewoben, die aufzuklären und richtigzustellen jetzt, bei der Armut guter gleichzeitiger Nachrichten, eine schwierige und — undankbare Aufgabe ist.

Philippine Welser ist laut Ausweis des Ehrenbuchs der Familie Welser 1527 zu Augsburg geboren. Ihre Mutter, Anna, war die Tochter Jakob Adlers von Speyer; eine Schwester derselben, die mit dem böhmischen Ritter Georg von Loxan verheiratete Katharina von Loxan, spielt in Philippinens späterem Leben die Rolle der Aja, der treuen verschwiegenen mütterlichen Freundin. Die bekannte poetische Erzählung von den Anfängen ihres Liebesbundes mit dem Königssohn zerfällt bei nüchterner Prüfung in sich. Wahrscheinlich hat Erzherzog Ferdinand Philippine während des Augsburger Reichstags von 1547, vermutlich im Hause ihrer Eltern kennen gelernt: die Brüder Welser gehörten der altaristokratischen Partei ihrer Vaterstadt an und waren überdies dem alten katholischen Glauben treu geblieben. Noch während des Reichstags oder doch bald nach demselben hat Philippine Augsburg verlassen und sich zu ihrer Tante Loxan nach Böhmen begeben. Erzherzog Ferdinand residierte seit 1549 als kaiserlicher Statthalter von Böhmen in Prag und mag von hier aus mit Philippine weiter verkehrt haben. Merkwürdigerweise findet sich von einer ehelichen Verbindung der beiden vor dem Jahre 1557 keine Spur. Wahrscheinlich hat Ferdinand den Abschluss der Ehe so lange hinausgezögert, bis sein Oheim Karl V., bei dem er in besonderer Gunst stand, Deutschland auf immer verlassen hatte, was erst im Herbst 1556 der Fall war. Ende dieses Jahres treffen wir Ferdinand in den Niederlanden, wohin er von seinem Vater abgeschickt worden war, um Karl zur Rücknahme seiner Thronentsagung zu bestimmen. Bald nach der Rückkehr von dieser erfolglosen Reise fand in aller Heimlichkeit die Trauung des Paares statt. Die Ehe wurde mit grösster Vorsicht und unter Anwendung der merkwürdigsten Kautelen geheim gehalten, denn man hatte den Zorn des kaiserlichen Vaters zu fürchten. Am 15. Juni 1558 gebar Philippine auf Schloss Brzesnitz, dem Besitztum ihrer Tante Loxan, ihren ersten Sohn, Andreas, 1560 auf dem königlichen Schloss Burglitz ihren zweiten, Karl, 1562 ebendaselbst die früh verstorbenen Zwillinge Maria und Philipp. Auf die Dauer konnte jedoch trotz aller Vorsichtsmassregeln der Ehebund nicht geheim gehalten werden. Im September 1561 fand nach mannigfachen Verhandlungen eine Aussöhnung zwischen Vater und Sohn statt. In der Vertragsurkunde verpflichten sich die Gatten eidlich, das Ehegeheimnis auch künftig aufrecht erhalten zu wollen, und leisten für ihre Kinder Verzicht auf die Nachfolge in dem Erbfürstentum; nur wenn der ganze legitime Mannesstamm aussturbe, sollten die Nachkommen Ferdinands zur Succession, mit Ausnahme der in die Länder der ungarischen und böhmischen Krone, befähigt sein. Ferner war ihnen untersagt, Titel und Wappen des Hauses Oesterreich zu führen. Dagegen wird ihnen und ihrer Mutter, falls sie ihren Gatten überlebt, ein standesgemässes Deputat zugesichert, und zwar den Söhnen insgesamt 30000 fl. jährlich und jeder Tochter 10000 fl. Heiratsgut. Der Fussfall Philippinens vor Kaiser Ferdinand gehört in das Bereich der Fabel. Ferdinand war nicht so weichmütig, um sich unvorbereitet von den Tränen einer Frau zu einem Schritte bestimmen zu lassen, der von den wichtigsten staatsrechtlichen Folgen für ihn und sein Haus begleitet war, und Philippine viel zu stolz, um zu einer solchen Rührszene die Hand zu bieten; sie liegt auch ganz und gar nicht im Charakter der damaligen Zeit.

1567 übernahm Ferdinand die Regierung des ihm kraft väterlichen Testaments zugefallenen Landes Tirol. Noch zu Lebzeiten seines Vaters hatte er seiner Gemahlin Schloss und Herrschaft Ambras bei Innsbruck schenkweise überlassen. 1576 entband Papst Gregor XIII. Ferdinand von seinem Gelöbnis der Heimlichhaltung des Ehebundes. Von jetzt an führte Philippine den fürstlichen Titel und genoss alle Vorrechte einer legitimen Gattin. Aber schon vier Jahre später, am 24. April 1580, starb sie nach kurzer Krankheit. Beigesetzt ist sie in der Innsbrucker Hofkirche, in der von Ferdinand kurz vorher für sich und seine Gemahlin errichteten silbernen Kapelle.

Von ihren Söhnen wurde der ältere bereits mit neunzehn Jahren Kardinal, der jüngere erhielt 1605 als österreichisches Mannlehen die Markgrafschaft Burgau nebst der Landgrafschaft Nellenburg; nach seinem kinderlosen Tode (1618) fielen dieselben an Kaiser Matthias zurück.

Die zweite Hälfte des 16. Jahrhunderts ist in der politischen Geschichte der Stadt Augsburg bereits eine Zeit des beginnenden Niedergangs. Trotzdem blieb dieselbe bis zum Ausbruch des dreissigjährigen Krieges noch immer eine sehr reiche Stadt, was besonders in ihrer äusseren Gestalt aufs vorteilhafteste zur Geltung kommt. In erster Reihe gehören hierher die drei herrlichen Monumentalbrunnen in der Hauptstrasse. 1589 begann Hubert Gerhard von Herzogenbusch, der damals im Dienst des prachtliebenden Herzog Wilhelms V. von Bayern stand, mit der Ausführung des Augustusbrunnens und vollendete ihn 1594. Der Guss desselben stammt von dem Augsburger Peter Wagner; auch die Steinmetz- und Schlosserarbeiten stammen von Augsburger Meistern her. Galt der Augustusbrunnen dem Andenken des Stadtgründers, so ist der zweite dem Gott des Handels, Merkur, gewidmet; der blühende Handel war durch alle Jahrhunderte hindurch das Lebenselement der Stadt gewesen. Das Modell dieses Brunnens rührt von Adrian de Vries aus dem Haag, der Guss von dem Augsburger Wolfgang Neidhard her. Vollendet wurde er 1599. Ebenso ist der dritte, 1596—1602 ausgeführte Herkulesbrunnen ein Werk dieser Meister.

Auch die Kirchen erfuhren um die gleiche Zeit eine neue und reiche Ausstattung. Die St. Ulrichskirche erhält 1604 und 1607 neue Altäre (Hochaltar und St. Ulrichs- und Afraaltar), 1605 eine grosse Kreuzigungsgruppe.

VIII. Dreissigjähriger Krieg.

In den ersten Jahren des dreissigjährigen Krieges hatte Augsburg, da weit abliegend von dem eigentlichen Kriegsschauplatz, direkt nichts zu leiden[1]). Trotzdem warb der Rat schon 1619, um allen Eventualitäten zu begegnen, mehrere Fähnlein Kriegssöldner an und setzte einen Kriegsrat ein, der mit dem Kommandanten der Besatzung für die Sicherheit der Stadt zu sorgen hatte. Weiter wurde mit dem Haupt der katholischen Liga, Herzog Maximilian von Bayern, ein Abkommen getroffen, kraft dessen dieser sich verpflichtete, der Stadt im Falle eines Angriffs mit 2—3000 Mann zu Hilfe zu kommen, wofür er von der Stadt eine jährliche Subvention von 5000 fl., bezieh. eine entsprechende Menge Pulver, Blei und Lunten erhalten sollte. Naturgemäss litt namentlich die Kaufmannschaft empfindlich unter den Nachwirkungen des Krieges, vornehmlich durch die sogenannte Münzkipperei, ein Verfahren der Münzherren, durch welches das gute Geld eingeschmolzen und geringhaltiges ausgeprägt wurde. Dieses Unwesen herrschte besonders zur Zeit des dreissigjährigen Krieges, und der Wert des guten Geldes stieg dadurch so sehr, dass 1621 ein guter Taler 7—8 und 1623 sogar 16—20 Tlr. galt. Auch der Preis aller Lebensmittel, insbesondere des Getreides stieg ins Ungeheuerliche. 1625 kam dazu noch die Pest, die unter der durch die Teuerung geschwächten Bevölkerung arg aufräumte.

Bedenklicher, wenigstens für den evangelischen Teil der Bürgerschaft, gestalteten sich die Verhältnisse mit dem Jahre 1627. Der glaubenseifrige und höchst energische Bischof Heinrich von Knöringen, dem die Mitberechtigung der Protestanten längst ein Dorn im Auge war, hatte sich beschwerdeführend an Kaiser Ferdinand II. gewendet, als ob die Augsburger Katholiken von den dortigen Protestanten hart bedrückt und ihres Besitzes beraubt seien, und die Entsendung einer kaiserlichen Untersuchungskommission nach Augsburg durchgesetzt. Da jedoch der konfessionell gemischte Rat die Insinuationen des Bischofs als unberechtigt zurückwies, musste die Kommission unverrichteter Dinge wieder abziehen. Der Kaiser suchte jetzt der Stadt auf andere Weise beizukommen: im März 1628 verlangte er von ihr die Verpflegungskosten für 15 Kompagnien Kriegsvolk, und nur unter Opferung eines Douceurs von 1000 Dukaten an den kaiserlichen Kriegskommissar von Ossa gelang es, die Zahl auf 4 Kompagnien zu Pferd mit einer monatlichen Unterhaltungssumme von c. 18 000 fl. herabzusetzen.

Aber diese Auflage war nur ein kleiner Vorgeschmack dessen, was die Stadt im folgenden Jahre zu erdulden hatte. Am 6. März 1629 er-

---

1) L. Simmet, Die Reichsstadt Augsburg in der ersten Hälfte des 30jähr. Krieges (Beigabe zum Jahr.-Ber. über d. k. Realgymn. z. Augsburg f. 1900—01).

liess Ferdinand das bekannte Restitutionsedikt, worin den Protestanten die Herausgabe aller seit dem Passauer Vertrag vom 29. Juli 1552 säkularisierten oder eingezogenen Kirchengüter an die Katholiken befohlen wurde. Gerade in Augsburg gelangte dasselbe zuerst zum Vollzug. Von einer solchen Rückgabe konnte jedoch nicht die Rede sein, da sich die Protestanten keine Uebergriffe hatten zu Schulden kommen lassen; es war auf etwas ganz anderes abgesehen. Am 1. August traf der kaiserliche Kommissar Kurtz von Senfftenau in der Stadt ein und stellte sofort die Forderung, dass bei den bevorstehenden Wahlen in die städtischen Aemter keine Protestanten mehr berücksichtigt werden dürften. Die Bürgerschaft fügte sich. Am 8. August wurden sämtliche evangelische Prediger auf das Rathaus berufen. Hier wurde ihnen im Beisein des Kommissars der kaiserliche Befehl eröffnet, sich bei Leibes- und Lebensstrafe jeder öffentlichen und heimlichen Uebung ihrer Konfession fürderhin zu enthalten und dies eidlich zu geloben. Die Geistlichkeit musste sich fügen, obwohl sie mit Recht darauf hinweisen konnte, dass der Kaiser bei der in Augsburg zehn Jahre vorher eingenommenen Huldigung ausdrücklich den Schutz beider Konfessionen versprochen hatte. Die Protestanten wurden von der Ratswahl ausgeschlossen, alle Stellen mit Katholiken besetzt, die nicht eingebürgerten evangelischen Prediger vertrieben, den übrigen jede Vornahme geistlicher Handlungen streng untersagt, selbst auf dem St. Stefans-Gottesacker sich zu versammeln und geistliche Lieder zu singen oder auswärts protestantischem Gottesdienst beizuwohnen, den Protestanten verboten. Die protestantischen Kirchen wurden gesperrt, später auch wohl für den katholischen Gottesdienst wieder geöffnet und neu geweiht. Die heil. Kreuz- und die St. Georgskirche wurden völlig niedergerissen. Die letztere ist nach dem westfälischen Frieden nicht wieder aufgebaut worden. Auch das gesamte, teilweise sehr kostbare Kircheninventar ging damals den Protestanten für immer verloren. Das Gymnasium bei St. Anna kam in die Hände der Jesuiten. Den Stadtbediensteten blieb nur die Wahl, katholisch zu werden oder den Dienst zu verlieren. Nur Katholiken sollten künftig in das Bürgerrecht und Meisterrecht aufgenommen werden[1]).

Dieser Zustand dauerte bis zum Frühjahr 1632. Gustav Adolf kam in raschem Sieges- und Triumphzug durch Thüringen und Franken Mitte April an die Donau, erzwang gegen Tilly bei Rain den Uebergang über den Lech und rückte gegen Augsburg vor. Die Stadt hatte eine ligistische Besatzung von 1200 Mann aufnehmen müssen, Tilly selbst hatte die Befestigungen besichtigt und eine Verbesserung derselben angeordnet (wobei auch das neuerbaute Karmeliterkloster niedergerissen wurde). Doch kam es zu keinem Kampfe. Am 20. April übergab sich die Stadt dem

---

1) Näh. bei E. Schott, Gustav Adolf in Augsburg, im „Sammler" (Beil. d. Augsb. Abendzeit.) 1886. nr. 15 flgd.

Schwedenkönig gegen Bewilligung freien Abzugs für die Besatzung; am 24. hielt jener seinen Einzug durch das Jakobertor, wo er von den gesamten protestantischen Rats- und Gerichtsverwandten empfangen worden war. Der König begab sich sofort in die St. Annakirche, wo beim Mangel einheimischer Geistlichkeit der pommerische Hofprediger Dr. Jakob Fabrizius die Predigt über den Text aus dem zwölften Psalm hielt: „Weil denn die Elenden verstöret werden und die Armen seufzen, will ich auf, spricht der Herr; ich will eine Hilfe schaffen, dass man getrost lehren soll". Der Stadt ward eine monatliche Kontribution von 2000 Reichstalern auferlegt, die Katholiken aus allen Stellen verdrängt und ihre Geistlichen, sofern sie sich der Huldigung entzogen, zur Auswanderung gezwungen. Diese Huldigung ging unmittelbar nach dem Gottesdienst bei St. Anna vor den Fuggerhäusern auf dem Weinmarkt, wo der König Quartier genommen hatte, vor sich. An sie schloss sich die Ueberreichung der Ehrengeschenke an den König: ein kunstvoller Schreibtisch aus Ebenholz und Elfenbein, der nach Angaben des bekannten Augsburger Kunstsammlers Philipp Hainhofer angefertigt worden war und auf 6000 Reichstaler geschätzt wurde, fünf kostbare silberne Gefässe im Werte von 13000 fl., sechs Fass Wein und zwei Legel Rheinfall, zwei Wagen Hafer und 6 Zuber Fische. Nach der Mittagstafel besichtigte Gustav Adolf das neuerbaute Rathaus und bestieg dabei sogar die beiden Türme. Die Nacht brachte er in seinem Lager bei Lechhausen zu, kam aber am nächsten Tage nochmals in die Stadt und empfing hier eine katholische Ratsdeputation, welche gleichfalls Treue und Gehorsam gelobte und dagegen vom König Duldung ihres Bekenntnisses zugesichert erhielt, denn die Herrschaft über die Gewissen gebühre Gott allein. Dann besuchte er noch das Zeughaus und nahm die Befestigungswerke in Augenschein. Abends kehrte er wieder nach Lechhausen zurück, um am folgenden Tage mit seinem Heere nach München aufzubrechen. Die Geschlechter wurden durch eine Anzahl protestantischer Familien, die sogenannten schwedischen Geschlechter (Paller, Sulzer, Mannlich, Hainhofer, Hofer, Thenn, Zobel, Honold, Scheler u. a.) vermehrt. In der Folge hatte die Stadt durch die neuen Festungsbauten, die Gustav Adolf anordnete, stark zu leiden.

Die Besetzung der Stadt durch die Schweden dauerte bis Frühjahr 1635. Am 6. September 1634 war bei Nördlingen die schwedische Armee durch die Kaiserlichen bis zur Vernichtung getroffen worden. Gleich nach der siegreichen Schlacht ging man an die Einschliessung Augsburgs. Feldmarschall-Leutnant von Wahl befehligte das Blokadecorps. Die Stadt war sehr stark befestigt und auf gewöhnlichem Wege schwerlich zu gewinnen. Man rechnete aber, sie durch Aushungerung zu bezwingen, und täuschte sich auch in dieser Erwartung nicht. Nahezu sechs Monate blieb die Stadt eingeschlossen. Als Mangel an Lebensmitteln sich stärker fühlbar machte, liess der schwedische Kommandant Johann Georg aus dem Winkel am 1. Februar 1635 das bayerische Städtchen Aichach überfallen und ausplündern. Die gewonnene Beute hielt jedoch nicht lange vor; die Hungersnot der Belagerten wuchs allmählich zu grauenerregender Höhe. Man ass Katzen, Hunde, Mäuse, zuletzt gesottene Leichenteile. Dazu wütete die Pest, sodass, als endlich am 30. März die Uebergabe erfolgte, die Einwohnerzahl von 40 000 auf 18 000 zurückgegangen war. Die Stadt musste 300000 fl. Strafgeld an den Kaiser, 50 000 an Kurfürst Maximilian von Bayern zahlen und eine kaiserlich-bayerische Besatzung einnehmen. Der zwischen dem kaiserlichen General Gallas und dem protestantischen Rat abgeschlossene Löwenberger Akkord beliess zwar den Protestanten die freie Religionsübung und einen gewissen Anteil am Regiment, drängte sie aber aus der herrschenden Stellung zurück. Die schwedische Schöpfung neuer Adelsgeschlechter wurde für nichtig erklärt.

Im Sommer 1646 ertönte um Augsburg neuer Kriegslärm. Der schwedische General Wrangel erschien im August an der Donau und bedrohte die Stadt. Zahlreiche Katholiken, darunter ein Teil der Geistlichkeit, flüchteten nach Tirol, nachdem ein Versuch, sich mit den Protestanten hinsichtlich ihrer Religionsübung zu vergleichen, gescheitert war. Aber ein schwedischer Abgesandter erhielt doch nur ausweichenden Bescheid, da auch kaiserliche und bayerische Truppen im Anzug waren. Kurfürst Maximilian hatte vorsorglich schon am 23. August 1645 mit dem Rat einen Vertrag wegen der Verteidigung der Stadt abgeschlossen. Vom 13. September an rückten noch rechtzeitig bayerische und kaiserliche Truppen zur Verstärkung der Besatzung in die Stadt. Trotzdem erfolgte die Belagerung durch die vereinigten Schweden und Franzosen. Die Stadt wurde heftig beschossen, zuerst von der Ost-, dann von der Nordwestseite, am 7. und 11. Oktober auch vergeblich bestürmt. Am 12. Oktober erschien in der Nähe das kaiserlich-bayerische Heer unter dem Erzherzog Leopold Wilhelm, das sich bei Dachau vereinigt hatte, in einer Stärke von 25 000 Mann. Es ging sogleich zum Angriff auf die Belagerer vor, eroberte eine Schanze derselben und zwang sie nach neunzehntägiger sehr verlustreicher Belagerung zum Abzug.

Noch einmal, bevor der westfälische Friede dem langen furchtbaren Kriege ein Ende machte, sah Augsburg die Schrecken des Krieges. Am 17. Mai 1648 schlugen die vereinigten Schweden und Franzosen unter Wrangel und Turenne bei Zusmarshausen die Kaiserlichen und Bayern unter Holzappel und Gronsfeld. Die Trümmer des geschlagenen Heeres zogen sich unter die Mauern Augsburgs zurück; die Gegner drangen nach und erzwangen den Lechübergang.

Auf dem Friedenskongress war Augsburg durch einen leidenschaftlichen Katholiken, Dr. Valentin von Leuchselring, vertreten, der der protestantischerseits angestrebten konfessionellen Parität entgegenarbeitete[1]). Dass dieses Ziel gleichwohl erreicht wurde, ist das Verdienst Johann David Herwarts, dem der Lindauer Ratssyndikus Valentin Heider wacker assistierte. Die Protestanten erhielten wieder die Kirchen zu St. Anna, St. Ulrich, St. Jakob, zu den Barfüssern und im Hospital zum heil. Geist; die zum heil. Kreuz lag vorläufig noch in Trümmern und konnte später auch nur mit Unterstützung auswärtiger Glaubensgenossen (sogar in Dänemark und Schweden) wieder aus dem Schutt erstehen. Durch paritätische Ratswahl wurde der Grund zum neuen Regiment gelegt. Zwei Stadtpfleger, der eine katholisch, der andere protestantisch, bildeten mit drei katholischen und zwei evangelischen Geschlechtern den Geheimen Rat und waren die eigentlich regierenden Häupter des aus 24 Geschlechtern, 4 Mehrern der Gesellschaft, 3 Kaufleuten und 7 Mitgliedern der Gemeinde gebildeten Senats. Alle Stadtämter bis herab zu den Ofenheizern des Rathauses waren zur Hälfte mit Katholiken, zur Hälfte mit Protestanten besetzt. Man hat vielfach dieses Prinzip strenger Parität als engherzig und geistesbeschränkt bezeichnet, es ist aber darauf hinzuweisen, dass die Toleranz des 18. und 19. Jahrhunderts im 16. und 17. noch nicht möglich war, sondern nur ein Vergleich auf dem Boden des formellen Rechts.

Auch dieser war nur schwer durchzusetzen[2]). Es widersetzten sich zunächst die extremen Augsburger Katholiken, die an dem päpstlichen Nuntius eine Stütze für ihre intoleranten Bemühungen gefunden hatten. Da griff Kaiser Ferdinand III. selbst mit energischer Hand ein, indem er den Kurfürsten Maximilian von Bayern am 10. Januar 1649 beauftragte, dass er seinen Kommandanten in Augsburg befehle, die Exekution der Friedensbestimmungen in keiner Weise zu hindern. Der Kurfürst verlangte vom Stadtrat gebieterisch eine Erklärung, ob er sich dem Friedensschluss fügen wolle, und der Rat fügte sich.

In das erste Viertel des 17. Jahrhunderts fällt die Tätigkeit eines Künstlers, der wie kein anderer noch heute im Volksmund seiner Vaterstadt fortlebt, da er derselben seine bis auf die Gegenwart erhalten gebliebene malerische Physiognomie gegeben hat: des Baumeisters Elias Holl (1573—1646)[3]). Wenn wir heute bei einer Wanderung durch Augsburgs Strassen fast nirgends mehr an das Mittelalter gemahnt werden, wenn uns das ganze Stadtbild so merkwürdig einheitlich und fest in sich abgeschlossen anmutet, so ist dies das Werk Holls. Er hat in wenigen Jahrzehnten ganz Augsburg umgebaut. Der Charakter seiner Kunst ist eine Ueber-

---

1) H. Vogel, Der Kampf auf dem westfäl. Friedenskongress um die Einführung d. Parität in Augsb. 1900.
2) H. Vogel, die Exekution der die Reichsstadt Augsb. betr. Bestimm. d. westfäl. Friedens (Blätt. a. d. Augsb. Reform.-Gesch. III.).
3) Vgl. Die Selbstbiographie des Elias Holl, her. v. Christian Meyer. 1873.

tragung der einfachen italienischen Hochrenaissance auf die veränderten deutschen Verhältnisse, ein Verzicht auf jeden ornamentalen Schmuck, die architektonischen Mittel auf die Wirkung der Verhältnisse und Profilierungen beschränkt. Das baukünstlerische Talent steckte ihm schon von seinen Voreltern her tief im Fleisch, namentlich sein Vater Johannes Holl (gestorben 1594) hatte sich durch zahlreiche Bauten, von denen hier nur die Kirche und der Turm des Sternklosters und das Kollegium St. Anna genannt seien, einen Namen gemacht. Schon in sehr jungen Jahren konnte der junge Holl durch die Munifizenz eines reichen Bürgers, dem er ein Haus gebaut hatte (das sogen. Garb'sche Haus in der Maximiliansstrasse) Venedig besuchen. Noch zwölfmal kam er in der Folgezeit dahin. Der tiefe und nachhaltige Eindruck, den die gerade in Venedig zum lebendigsten Ausdruck gelangte Renaissance auf den jungen und empfänglichen deutschen Baukünstler machen musste, zeigt sich insbesondere in den Modellen zum neuen Rathaus, von denen eines den venetianischen Palaststil mit seiner ganzen dekorativen Pracht repräsentiert. 1602 wurde er Stadtbaumeister. Sein erster Bau im Dienste der Stadt war das Zeughaus, eines der schönsten öffentlichen Gebäude Augsburgs. Ihm folgten das jetzt abgebrochene Siegelhaus, die Stadtmetzg, die beiden Jakober-Wassertürme, die Münze, Tortürme (Rotes Tor, Wertachbruckertor, Stephingertor, Umbau des Gögginger-, Klinker- und Fischertors und der innern Tortürme [Heil. Kreuz, Frauen- und Barfüssertor]), das Gymnasium zu St. Anna, das Hospital zum heil. Geist und ungezählte Privatgebäude [1]).

Das Hauptwerk seines Lebens ist das Rathaus, eines der herrlichsten Baudenkmale der deutschen Spätrenaissance, bei aller Einfachheit gross gedacht und in seiner ruhigen Klarheit imponierend. Fünf Jahre währte es, bis der ganze Prachtbau vollendet war; am 3. August 1620 wurde die erste Ratssitzung in demselben abgehalten. Nach Art der ähnlichen grossen Anlagen in Norditalien hat Holl den Hauptaccent bei dem Bau auf den grossen Festsaal gelegt. Hier hat er auch gezeigt, was er als Dekorateur zu leisten vermochte; es ist die reichste derartige Anlage in Deutschland.

Als 1629 das Restitutionsedikt Ferdinands II. in Augsburg zur Durchführung gelangte, blieb Holl als Protestanten nur die Wahl, katholisch zu werden oder seinen Dienst zu verlieren. Er wählte das letztere. Doch es kam noch schlimmer. Obwohl der grosse Meister schon 58 Jahre zählte, entschloss er sich dennoch, die Vaterstadt zu verlassen und seine Tätigkeit an einem ruhigeren Orte fortzusetzen. Er hatte sich durch

---

1) Treffend bemerkt P. Dirr (S. 2): „Als der grosse deutsche Religionskrieg anfing, war das mittelalterliche Augsburg, wenn man von Kirchenbauten, etlichen Tor- und Mauertürmen und einigen versteckten Bürgerhäusern absieht, verschwunden".

Fleiss und Sparsamkeit ein Vermögen von 12000 fl. erworben und bei der Stadtkasse verzinslich angelegt. Als er nun das Geld zurückverlangte, wurde ihm dasselbe bis auf einen kleinen Bruchteil unter nichtigen Vorwänden vorenthalten. Nun begann eine Zeit der ärgsten Not für den Künstler. Um Frau und zwölf Kinder zu ernähren, sah er sich gezwungen, als gewöhnlicher Maurer um Taglohn zu arbeiten. Dies dauerte bis zum Einzug Gustav Adolfs in Augsburg im Jahre 1632. Mit den übrigen protestantischen Stadtbediensteten erhielt auch Holl seine Stelle als Stadtbaumeister zurück. Die kriegerischen Zeiten liessen ihn jedoch zu keiner ruhigen Tätigkeit mehr kommen: „neben dem Bauwerk bin ich von dem schwedischen Ingenieur zu allerhand mühsamen Fortifikationen stark angetrieben worden, dass ich fast weder Tag noch Nacht in Ruhe gewesen." 1635, nach der Wiederaufrichtung des katholischen Stadtregiments, verlor Holl seine Stelle zum zweiten Male; dazu wurde er „dermassen mit starker Einquartierung und Kontribution gelohnt, dass es einen Stein hätte erbarmen mögen; bin dadurch um alle meine Lebensmittel kommen und ausgesogen worden". Bisher nahm man das Jahr 1637 als das Todesjahr des grossen Künstlers an, der neuerdings aufgefundene Grabstein deutet jedoch auf das Jahr 1646 hin. Auch ausserhalb seiner Vaterstadt führte Holl Bauten auf, so die Willibaldsburg bei Eichstätt und Schloss Schwarzenberg bei Scheinfeld in Franken. Auch an dem kurfürstlichen Residenzschloss in Mainz hat er mitgebaut. Kaiser Rudolf II. verlangte von ihm die Risse seiner Arbeiten.

IX. Vom westfälischen Frieden bis 1790.

Im späteren 17. Jahrhundert ist für die Augsburger Kunstgeschichte namentlich die Künstlerfamilie Kilian wichtig. Sie stammte aus Schlesien; der Stammvater derselben ist der 1583 gestorbene Goldschmied Bartholomäus Kilian. Das bedeutendste Glied der Familie ist der gleichnamige Kupferstecher (1630—1696). Weiter ist zu nennen der Maler Joachim von Sandrart (1606—1688). Die Augsburger Gemäldegalerie und die Barfüsserkirche weisen sehr geschätzte Arbeiten dieses Meisters auf. Unter den Augsburger Malern des 18. Jahrhunderts — um diese Periode hier gleich mit zu behandeln — sind es besonders zwei Namen, welche durch ganz Deutschland hin bekannt geworden sind: der Schlachtenmaler Georg Philipp Rugendas (1666—1748) und der Tiermaler Johann Elias Riedinger (1698—1767). Der spanische Erbfolgekrieg gewährte dem Erstgenannten reichen Stoff für seine Studien und befeuerte seine Phantasie. Als 1703 Augsburg belagert wurde, konnte er die Wirkungen des Krieges in unmittelbarer Gegenwart wahrnehmen. Als 1710 auf Betreiben des

Kunsthändlers Jeremias Wolff die städtische Kunstakademie ins Leben trat, wurde Rugendas der erste protestantische Direktor derselben. Auch Riedinger bekleidete eine Zeitlang (seit 1759) diesen Posten. In dem konventionellen Stil, der jene Epoche charakterisiert, wirken seine Tierbilder wie ein frischer Naturquell. Johann Georg Bergmüller (1688—1762) ist durch seine Kirchenmalereien bekannt geworden (Fresken in der Katharinenkirche, jetzt nicht mehr erhalten, Deckenbilder in der Dominikaner-, St. Anna- und Barfüsserkirche). Weitere Kirchenmaler sind Gottfried Eichler, H. Schönfeld, Joh. Heiss und Isaak Fischer. Die Künstlerfamilie Haid ist namentlich durch ihre Meisterschaft in der damals in Mode kommenden Schwarz- oder englischen Kunst, einer Nebenart des Kupferstichs, bekannt geworden. Der bildnerische Teil des weitverbreiteten Prachtwerkes „Ehrentempel der Gelehrten" rührt von Jakob und dessen Sohn Joseph Elias Haid (1739—1809) her.

Liegt hiemit eine schöne Nachblüte der Malerei des 16. Jahrhunderts vor, so lässt sich ein Gleiches von der Schwesterkunst der Architektur nicht behaupten.

Die monumentalen Aufträge durch die Stadt, die während der vergangenen Periode so reichlich geflossen waren, hörten jetzt ganz auf; von bedeutenderen Neubauten sind im 18. Jahrhundert nur zu nennen die bischöfliche Residenz und die Kirche von St. Stephan, die jedoch keinen Vergleich mit den Palast- und Kirchenbauten aushalten, die gleichzeitig in dem benachbarten Schwaben und Bayern entstanden. Nur das Kunstgewerbe und die dekorative Malerei weisen eine erfreuliche Nachblüte auf. 1714—1715 wurde die gotische Kirche von St. Moriz im modischen Rokokostil umgebaut, 1716—1719 folgte die Heil. Kreuzkirche, 1723—1724 die Barfüsserkirche. 1755—1757 wurde die Kirche von St. Stephan ganz neu erbaut, 1765 der Festsaal im Jesuitenkollegium, ein Prachtstück dekorativer Kunst. Ziemlich unbedeutend ist der 1743 begonnene Neubau der bischöflichen Residenz. Von grösseren Privatbauten ist nur das Palais des Bankiers Liebert (1765—1770) in der Maximiliansstrasse, jetzt der v. Schäzlerschen Familie gehörig, zu nennen; der grosse Festsaal desselben ist wohl das Prächtigste, was die bürgerliche Hausbaukunst jener Zeit aufzuweisen hat.

Eine rege Pflege hat in Augsburg während des 17. und 18. Jahrhunderts die Musik gefunden. Für die Hausmusik wirkten der Prediger Paul Jenisch, der Rechtsgelehrte Bessardus, dessen Anweisung zur Lautenkunst 1617 in Augsburg gedruckt wurde, und Philipp Hainhofer; für protestantische Kirchenmusik S. Salminger, dessen cantiones 1539 erschienen, der Organist J. Paix und der Kantor Gumpelzhaimer; auf katholischer Seite der Benediktiner J. Treer, ein Schüler Orlandos, dann die Fuggerschen Komponisten und Kapellmeister Aichinger, M. Boets und besonders J. L. Hassler durch seine Messen. Auch die Meistersinger sind füglich hierher zu rechnen. Vor der Reformation hatten sie meist sogenannte „Fabeln" aus dem heidnischen Altertum zur Aufführung gebracht; später kultivierten sie das geistliche Lied und lustige Schwänke. Ihre „Schule" hielten sie (bis 1701) teils in protestantischen Kirchen teils in Privathäusern, zuletzt in dem sogenannten Komödienstadel in der Jakobervorstadt (1777 zum alten Stadttheater umgebaut).

Der lange Krieg hatte in jeder Beziehung die furchtbarsten Verheerungen angerichtet. Zu Anfang desselben gab es in Augsburg nach Ausweis der Steuerbücher nahezu 11 000 Steuerpflichtige, was einer Einwohnerzahl von gegen 44 000 Seelen entsprechen dürfte. 1627 und 1628 raffte die Pest 12 059 Personen hin, während nur 2304 geboren wurden; 1634—1635 trat zu der neuerdings auftretenden Pest noch eine furchtbare Hungersnot; es starben in den beiden Jahren 11 903 Personen, während nur 1566 geboren wurden. Noch in den Anfangsjahren des Krieges finden sich in den Steuerbüchern nirgends Lücken von Steuerpflichtigen; um 1635 dagegen ist fast keine Seite ohne Lücken, manchmal sehen wir spaltenlang lauter dicke schwarze Punkte statt der Namen eingezeichnet und ganze Reihen von Häusern ohne Bewohner. Die Zahl derselben war 1645 auf 21 018 zurückgegangen [1]).

Die Stadt konnte sich nur langsam erholen. Dennoch regte es sich, nachdem die übelsten Folgen des grossen Krieges erst einmal weggeräumt waren, bald wieder an den verschiedensten Punkten zum neuen Aufbau. Verloren blieb zwar der alte Glanz, die achtunggebietende Stellung, die Augsburg als Reichsstand eingenommen hatte; der grosse Kampf hatte in gewaltigem Ringen die Fürsten obenauf gebracht; immer mehr schwand die reiche Gliederung des mittelalterlichen Staats- und Gesellschaftsbaus vor der aufgehenden Sonne der alle gleich abhängig machenden Fürstengewalt. Die Städte konnten an dem Schicksal ihrer im westfälischen Frieden geopferten Schwestern ihr künftiges Los wie in dem Macbethschen Hexenspiegel voraussehen. Eine andere Klasse von Städten, auf die man noch vor fünfzig Jahren mit mitleidiger Geringschätzung heruntergesehen hatte, die fürstlichen Residenzstädte, waren in die Höhe gekommen und nahmen dabei den alten Reichsstädten den besten Teil ihres Glanzes weg. So erhob sich München, das zur Zeit, wo Augsburg bereits in seine zweite Blüteperiode eingetreten war, nur eine um die herzogliche Zollstätte an der Isar angelegte ärmliche Ansiedlung war, allmählich durch die Gunst seiner Fürsten, während die Nachbarstadt mehr und mehr sank.

Die äussere Geschichte der Stadt in den nächsten anderthalbhundert Jahren ist die dürftigste und wenigst interessante seit ihrem Bestehen. Es genügt daher, hier lediglich einige Daten und Notizen zu geben.

Am 31. Mai 1653 fand in Augsburg in der Sakristei der St. Ulrichs-

---

1) A. Buff, Augsburg in der Renaissancezeit.

kirche die Wahl Ferdinands IV. zum römischen König statt. 1686 erfolgte hier der Abschluss des grossen Bündnisses gegen Ludwig XIV. Brandenburg, Schweden und die Niederlande hatten sich bereits früher gegen denselben zusammengetan, jetzt in Augsburg schlossen sich Kaiser Leopold I., Bayern und Spanien dem Bunde an. Am 19. Januar 1690 fand in der Domkirche durch den Kurfürst-Erzbischof von Mainz die Krönung der Kaiserin Eleonore, Gemahlin Leopolds I., am 24. Januar in der St. Ulrichskirche die Wahl und drei Tage später die Krönung Josephs I. zum römischen König statt.

Arge Bedrängnisse hatte die Stadt während des spanischen Erbfolgekrieges zu erdulden. Im Sommer 1703 zog sich der Krieg vom Rhein her an die mittlere Donau. Augsburg suchte sich Neutralität zu bewahren. Anfangs September erschien jedoch der bayerische General Graf Arco mit 4000 Mann bei Haunstetten und verlangte unter Androhung des Bombardements die Uebergabe der Stadt und am nächsten Tage der kaiserliche General Markgraf Ludwig von Baden bei Göggingen mit dem gleichen Ansinnen. Am 6. September nahm die Stadt eine kaiserliche Besatzung ein. Anfang Dezember lagerten sich dann die vereinigten Bayern und Franzosen vor die Stadt und eröffneten ein Bombardement gegen dieselbe. Nach achttägiger Beschiessung, der die meisten Werke an der Nord- und Ostfront zum Opfer fielen, öffnete der kaiserliche Kommandant von Bibra am 15. Dezember den Belagerern die Tore und zog am folgenden Tage mit militärischen Ehren ab. Ueber eine Million Gulden waren an Kontributionen zu entrichten und der reiche Inhalt des Zeughauses wanderte nach München. Die für die kaiserlichen Waffen siegreiche Schlacht bei Höchstädt (17. August 1704) vertrieb die Bayern und Franzosen dann wieder auch aus Augsburg, aber viele Häuser, Tore und Wälle lagen in Trümmern und der Kriegsaufwand für das letzte Jahr berechnete sich auf 4 Millionen fl. Die weggeführten Bestände des Zeughauses kamen später wieder nach Augsburg zurück; auch eine Milderung des Reichsanschlags und die Ueberlassung des bayerischen Dorfes Lechhausen nebst der Meringer Au brachten eine wenn auch nur geringe Entschädigung.

Noch ärmer an äusseren Ereignissen als die letzte Hälfte des 17. ist die Geschichte Augsburgs in der Zeit von 1715—1790. Hier wäre lediglich zu erwähnen, dass Kaiser Karl VII. das obenerwähnte Privilegium Kaiser Sigismunds wegen der Reichslandvogtei dahin erweiterte, dass jeder, den die Stadt zu diesem Amte vorschlagen würde, die Belehnung erhalten sollte. Von den Kriegen des 18. Jahrhunderts blieb Augsburg weiterhin verschont, doch forderten die Hungerjahre 1771 und 1772 nahezu 5000 Opfer. Durch die Aufhebung des Jesuitenordens (1773) fielen die benachbarten Orte Kissing und Mergentau an den katholischen Schulfonds. Vom 2. bis 6. Mai 1782 weilte Papst Pius VI. in Augsburgs Mauern.

Um die Mitte des 18. Jahrhunderts macht sich zuerst wieder ein grösserer Aufschwung der Industrie bemerkbar. Er knüpfte namentlich an die in Augsburg schon seit den frühesten Zeiten blühende Weberei an. Dieselbe war seit dem dreissigjährigen Kriege fast ganz verfallen. 1761 fing Joachim Heinrich Schüle sein grosses Manufakturgebäude vor dem Roten Tor zu bauen an; erst nach zwölf Jahren war es ganz fertig. In demselben wurden teils in Augsburg gewebte, teils ostindische Kattune appretiert, gedruckt, bemalt und gepresst. Die einfarbigen Muster wurden mit grossen Kupferplatten abgedruckt, die vielfarbigen hatte man noch nicht in Platten versucht, sondern bediente sich hierzu hölzerner Formen. Im Jahre 1780 wurden von 350 Arbeitern ungefähr 40000 Stücke Kattune und Zitze gedruckt, wovon fast ein Drittel in Augsburg selbst gewebt worden war. Neben der Schüleschen Fabrik ragten die Manufakturen von Joh. Gignoux sel. Erben, von Matth. Schüle und Co. und von Joh. Christ hervor.

Nächst der Kattunweberei war die Lodenweberei oder das Weben von Fussdecken einer der blühendsten Erwerbszweige. Der grösste Absatz geschah nach Italien. Die Lodenweber verarbeiteten vorzugsweise die grobe walachische oder mazedonische Wolle, von der 1781 der Zentner 26 fl. kostete.

Ausserdem standen die Silberarbeiten Augsburgs in altem Rufe. Bis in das erste Drittel des 18. Jahrhunderts wurden die Silbergeschirre fast aller deutschen und nordischen Höfe in Augsburg angefertigt. Das Berliner Schloss zeigt eine sehr grosse Menge von unter Friedrich I. und Friedrich Wilhelm I. teils in Augsburg selbst, teils von nach Berlin berufenen Augsburgern verfertigten Silbergegenständen und noch Katharina II. liess 1777 sechs silberne Tafelservice, jedes für 40 Personen und zum Preise von 80000 fl., hier anfertigen.

Der altberühmte Geldhandel hatte sich ebenfalls auf einer beachtenswerten Höhe gehalten. Noch immer machte die Stadt Kassa für die benachbarten Länder, besonders für Oesterreich, Schwaben, die Schweiz und Italien. Doch wurden die österreichischen Staatsanleihen nicht über Augsburg, sondern über Frankfurt a. M. gemacht.

Erhalten blieb der Stadt auch der von Alters her bewährte Wohltätigkeitssinn seiner Bewohner, wie er sich namentlich durch eine Fülle von dem Kultus, dem Unterricht und der Fürsorge für Arme und Kranke gewidmeten Stiftungen kundgab; ja er hatte sich vielmehr in den Glaubenskämpfen des 16. und 17. Jahrhunderts noch gesteigert; besonders der protestantische Teil der Bevölkerung glaubte den Eifer für die Erhaltung der schwer errungenen Freiheit seines Bekenntnisses durch solche letztwilligen Zuwendungen betätigen zu müssen. Aus dem Anfang des 17. Jahrhunderts ist namentlich die Fuggersche Stiftung des Franziskanerklosters mit Kirche von St. Max hervorzuheben. 1662 wurden die Englischen Fräulein nach Augsburg berufen und ihnen 1680 eine eigene Kirche erbaut. 1695 erfolgte die Stiftung des protestantischen Armenkinderhauses.

Die Stadt zählte wieder 32000 Einwohner, aber der politische Geist reichsstädtischer Selbständigkeit war für immer gewichen. Als Markgraf Ludwig von Baden im spanischen Erbfolgekrieg zu Augsburg lag, schrieb er an den Kaiser: „forchtsamb und kleinmütig zu seyn, ist unter denen Bürgern eine durchgehende Krankheit". Es ging bei der Reichsstadt im grossen wie bei ihren Zünften im kleinen: die taube Schale, das tote Formenwesen der alten Selbstherrlichkeit hielt man um so steifer fest, je mehr der Kern, Freiheit und Tatkraft, zusammengeschrumpft war. Innerhalb der Bürgerschaft hatten sich die grossen Leidenschaften der beiden vorhergehenden Jahrhunderte gelegt; Ruhe war eingetreten, aber es war die Ruhe des Grabes. Der westfälische Friede hatte die strengste Ordnung in den Verhältnissen der beiden Konfessionen aufgerichtet, die in eben dem Geiste auch erhalten wurde. Im 18. Jahrhundert bestanden in Augsburg acht Kaffeehäuser, vier protestantische und vier katholische. Als 1762 zwei neue konzessioniert wurden, gab man das eine in katholische, das andere in protestantische Hände, damit die Parität nicht gestört werde. Parität sollte überall bestehen, bei den Bürgern und im Rat, bei Zivil und Militär. Denn auch bei der Stadtgarde unterschied man eine katholische und eine protestantische Leutnantsstelle.

Durch eine kaiserliche Kommission wurde die alte Verfassung, wie sie in den Jahren 1548, 1552, 1555 und 1648 geregelt worden war, in der Regimentsordnung vom Jahre 1719 nochmals bestätigt und im einzelnen näher bestimmt. Fast alle Regierungsgewalt wurde nun in den Händen der beiden Stadtpfleger, den eigentlichen Stadthäuptern, und der fünf geheimen Räte, welche die Beistände der beiden Stadtpfleger waren, konzentriert. Die Stadtpfleger mit den geheimen Räten hatten nicht bloss die Leitung der Geschäfte, sondern auch die Entscheidung mit Ausnahme der wichtigeren Angelegenheiten, in welchen der innere Rat und in einigen wenigen Fällen auch noch der grosse Rat beigezogen werden musste. Auch wurde verordnet, dass im geheimen Rat keine nahen Verwandten Sitz und Stimme haben sollten. Im gleichen Jahre wurde auch noch das Aemterwesen geordnet. Und zu all diesen Ordnungen und Verordnungen kamen im Laufe des 18. Jahrhunderts noch eine ganze Menge sogenannter Supplemente und Additionalartikel hinzu, durch welche die Verwaltung und der Geschäftsgang dabei genau reguliert und unter anderem bis ins einzelnste bestimmt wurde, wem das Prädikat Hochadelige Gnaden oder bloss Ihre Gnaden, Hochadelige Herrlichkeit oder bloss Ihre Herrlichkeit, Hochedelgeboren, Wohledelgeboren, Wohledelfest, Wohlehrenfest, Hochgelehrt oder bloss Ew. Gestrengen gebühre.

Aus den wenigen Andeutungen geht zur Genüge der aristokratische

Charakter der Staatsverfassung hervor. Dies wäre jedoch an und für sich noch nichts Schlimmes gewesen. Schlimm dagegen war der Nepotismus, der die ganze öffentliche Verwaltung kennzeichnete. Bei der Wahl der Ratsmitglieder wurde nur in den seltensten Fällen auf Fähigkeiten, sondern meist auf verwandtschaftliche Interessen gesehen. Daher kam es, dass die Gewählten alle Geschäfte den Offizianten überliessen, Sklaven dieser letzteren wurden und sich verächtlich machten. Ein grosser Teil war Alters halber nicht mehr brauchbar, ein anderer hatte von Jugend auf, gestützt auf die Sicherheit einer Pfründe, nichts gelernt, und von einem dritten, nämlich von Kaufleuten und gemeinen Bürgern, konnte man ohnehin nichts erwarten.

Eine solche Verfassung konnte nur so lange Bestand haben, als allenthalben noch grosser Wohlstand herrschte, als von neuen Auflagen auf die Bürgerschaft noch selten die Rede, auch viele Patriziatsfamilien noch reich und begütert waren und dem Staat allein um der Ehre willen oder doch nur gegen geringes Honorar dienten. Als sich aber dieser Wohlstand verlor, die Patriziatsfamilien nicht mehr allein der Ehre wegen, sondern für Geld dienen mussten und bei ihren geringen Besoldungen ihren Söhnen keine zweckmässige Erziehung mehr zu geben vermochten, als infolgedessen die Ratsstellen nur als Pfründen angesehen wurden, zu denen man durch Geburtsrechte allein, ohne persönliche Verdienste gelangen konnte, und als endlich der Geist der Zeit in seinem raschen Laufe ohne Schonung einem Aristokratismus und Nepotismus zu Leibe ging, der alle Nachteile derselben über das gemeine Wesen verbreitete, wurde endlich einhellig ein Ausschuss aus dem Senat beauftragt, einen vorläufigen Plan zu bearbeiten, wodurch das grosse Personal in Rat und Aemtern vermindert, der Geschäftsgang vereinfacht und durch Anwendung zweckmässiger Mittel der Finanzzustand verbessert werden konnte. Der Ausschuss bearbeitete diesen Plan mit einer seltenen Freimütigkeit, deckte alle Verwaltungsgebrechen ohne Ausnahme auf, drang auf Abstellung der schreiendsten Missbräuche, auf Beschränkung der Vorrechte des Patriziats und auf starke Reduktion im Rats- und Aemterpersonal. Dieser Plan wurde genehmigt und 1804 an den Reichshofrat zur Bestätigung übersandt, wo er, da die Ereignisse des Jahres 1806 dazwischen traten, unerledigt liegen blieb.

So wie das sogenannte Regiment übersetzt war, so waren es, zum grössten Nachteil des Staatsärars, alle Aemter und Stellen. Wenn man die damaligen Kameralämter und Stellen durchgeht und sich mit ihrem Wirkungskreis näher bekannt macht, so drängt sich die Wahrnehmung auf, dass viele von ihnen nur deshalb bestanden und mit vier und sechs Ratsgliedern besetzt waren, nicht um die Geschäfte zu fördern, sondern um die 45 Personen, aus welchen sich der Rat zusammensetzte, anzustellen. Aber auch bei einer guten Verwaltung würden die Einkünfte der Stadt niemals hingereicht haben, unvorhergesehenen Ereignissen die Stirne zu bieten, wie dies die Stadt seit dem Ausbruch der Revolutionskriege zu ihrem Verderben sattsam erfahren hat. Daneben wurden die Stadtgüter meist von den Ratsmitgliedern selbst verwaltet und zum Teil auch selbst genossen. Welche Nachteile für das gemeine Wesen daraus entsprangen, liegt klar zu Tage: einesteils fehlten jenen Administratoren meistens die nötigen praktischen Kenntnisse und Erfahrungen, andernteils konnten sich dieselben jeder schärferen Kontrolle vermöge ihrer bevorzugten Stellung entziehen. Dazu kam, dass alle Geschäfte, die irgendwie nach Arbeit aussahen, den Niederbediensteten überlassen blieben. Bei der obersten Finanzstelle, dem Einnehmeramt, waren die unverständigsten und zeitraubendsten Formen in Uebung; die untergeordneten Kassen amtierten ganz unabhängig von der Hauptkasse, besoldeten sich selbst aus den bei ihnen eingehenden städtischen Gefällen u. s. w.

Fast noch verwickelter als die Finanz- war die Justizverfassung der Reichsstadt. Dieselbe war so ziemlich unter alle städtischen Aemter verteilt und wurde meist von Leuten getragen, die keine Rechtskenntnisse hatten. Eine der ersten Justizbehörden, das Stadtgericht, musste wegen Mangels geeigneter Kräfte grösstenteils unbesetzt gelassen werden, oder man wählte in dasselbe junge Leute, welche nach ihrer Wahl erst auf Universität gingen, aber den Richtersold während ihrer Studienzeit als ein Stipendium bezogen. Erwuchs erst eine Rechtssache ins Appellatorium, so kam sie in die Hände des Konsulenten-Kollegiums, wo man sich bei dem geringfügigsten Gegenstand jahrelang mit Terminserteilungen begnügte und endlich die Sache so lange liegen liess, bis die streitenden Teile darüber starben oder sich gerne verglichen.

Dieselben Zustände fanden sich auch in der Polizeipflege. Von den unzähligen Ratsdeputationen waren wenige, welche nicht einen Teil der Polizei zu besorgen hatten. Daher kam es, dass, wenn es sich um die Abstellung eines Missbrauches handelte, endlose Kompetenzkonflikte entstanden, über welchen selbst die notwendigsten Anordnungen versäumt wurden, so dass man eigentlich sagen konnte, dass die Augsburger Polizei nie durch ihr Dasein, sondern nur durch ihre Abwesenheit bekannt war.

Die Finanzen der Stadt waren, so bedeutend auch die städtischen Einnahmen waren, zerrüttet. Von 1790—1800 ergab sich ein jährliches Durchschnittsdefizit von 72 000 fl. Das Sonderbarste dabei war, dass gerade dadurch, womit die Stadt sich zu helfen geglaubt hatte, nämlich durch den Anfall der ehemaligen geistlichen Besitzungen im Jahre 1803, die Unmöglichkeit, ihre Selbständigkeit dauernd zu behaupten, sich bald klar herausstellte. Von dem Wert dieser Besitzungen hatte man ungeheuerliche Begriffe, indem man den Kapitalfond derselben zu drei Millionen Gulden anschlug, in Wirklichkeit aber belief sich der Revenüenstatus nur auf 22 000 oder gar nur auf 15 000 fl., ungerechnet die darauf ruhenden Lasten (Unterhaltung der Mitglieder der aufgehobenen Stifter und Klöster, Baulast der Gebäulichkeiten, Uebernahme der Schulden u. a.). Der Haupteinnahme der Stadt, dem Bierungeld, mit einem jährlichen Erträgnis von mehr als 200 000 fl. stand dadurch die empfindlichste Verringerung bevor, dass das Hauptabsatzgebiet, nämlich die ganze umliegende Gegend, bayerisch geworden war und die bayerische Regierung die Einfuhr fremden Bieres zu verbieten drohte. Dazu kam, dass die bürgerliche Nahrung, welche ohnedies durch die ständigen Kriegswirren seit 1792 stark abgenommen hatte, durch die Auflösung der bischöflichen Hofhaltung, des Domkapitels und der andern reichen Stifter und Klöster eine weitere bedeutende Einbusse erlitt. Auch der Handel einer mitten in einem grossen Staate gelegenen einzelnen fremden Stadt musste beengt werden. Augsburg führte die Hälfte des bayerischen Lechflusses in zahlreichen Kanälen ab, durch welche die dortigen Fabriken im Gang gehalten wurden: der Stillstand, ja Ruin derselben lag also in der Hand des Nachbarstaats. Auch konnten bayerische Fabriken vor den Toren der Reichsstadt angelegt oder den Augsburger Fabriken der Absatz nach Bayern erschwert oder ganz abgeschnitten werden. Endlich bedrohte das bayerische Projekt der Anlegung einer neuen Strasse nach Nürnberg (mit Umgehung Augsburgs) den ganzen italienischen Speditionshandel der Stadt.

X. Ausgang der Reichsfreiheit.

In diesem traurigen Zustand wurde die Stadt von den Stürmen der Koalitionskriege des ausgehenden 18. Jahrhunderts betroffen. Schon 1796 hatte sie unter den Durchmärschen, Besetzungen und Brandschatzungen der österreichischen und französischen Armeen furchtbar zu leiden. 1799 und 1800 erneuerten sich die Kriegsbedrängnisse. Am 28. Mai 1800 besetzte der französische General Lecourbe Augsburg und legte der Stadt eine Kontribution von 600 000 Francs nebst der Lieferung von 500 000 Brotportionen u. a. auf. Doch schon am 6. Juni räumte er vor dem anrückenden österreichischen Korps Meerwaldt die Stadt und Umgebung wieder. Sechs Tage später kehrten die Franzosen nochmals zurück; auch diesmal ging es nicht ohne die üblichen Requisitionen ab. Erst am 28. April 1801, elf Wochen nach dem Abschluss des Luneviller Friedens, zogen die letzten französischen Truppen aus Augsburg ab. Da der genannte Friede eine Entschädigung der auf dem linken Rheinufer depossedierten deutschen Fürsten auf Kosten des übrigen Reichsgebiets ausspracht, erschien bereits damals die Unabhängigkeit der Stadt stark gefährdet. Zu ihrer Erhaltung wurde die Vermittlung des ersten französischen Konsuls Bonaparte und des Ministers der auswärtigen Angelegenheiten Talleyrand angerufen. Eine geheime Deputation wurde nach Paris geschickt, welche die Zusage erhielt, die französische Regierung sei gegen Zahlung einer bestimmten Summe geneigt, der Stadt ihre Unmittelbarkeit zu garantieren. Zunächst verlangte man in Paris 600 000 fl. (200 000 für die „geheimen Negociationen" und 400 000 für das Gouvernement), ermässigte dann aber den Preis auf ein Drittel und 2000 Louisdors Extragratifikation für Talleyrand. Erst im November 1803, nachdem inzwischen der Reichsdeputationshauptschluss vom 25. Februar dieses Jahrs der Stadt ihre Reichsfreiheit zugesichert hatte, gelang es, jene Summe mittelst eines Anlehens bei jüdischen Bankhäusern aufzunehmen. Das genannte Reichsgesetz sprach der Reichsstadt weiter den Besitz aller in derselben gelegenen geistlichen Güter und Einkünfte und unbedingte Neutralität, selbst in Reichskriegen, zu. Man hoffte jetzt, sich erholen zu können; eine eigene Reorganisationskommission wurde niedergesetzt.

Da brach von neuem der Krieg aus. In der zweiten Hälfte des Jahres 1805 wurden in London, St. Petersburg und Wien die Verträge eines neuen Kriegsbündnisses, der sogenannten dritten Koalition, gegen den im Vorjahr zum Kaiser der Franzosen gekrönten Napoleon Bonaparte abgeschlossen. Während die Verbündeten den Beitritt der süddeutschen Reichsfürsten zu erwirken bemüht waren, hatte jedoch Napoleon bereits in Karlsruhe, Stuttgart und München diplomatische Siege errungen und die dortigen Fürstenhöfe auf seine Seite gezogen. In den letzten Tagen des Septembers erliess er von Strassburg aus die Befehle zum Uebergang über den Rhein. Schon Anfang Oktober waren die Franzosen Meister der beiden Donauufer, nachdem sie bei Donauwörth den Fluss überschritten und die Oesterreicher bei Wertingen, Günzburg und Albach geschlagen hatten. Am 9. Oktober, vormittags 11 Uhr, erschien General Milhaud mit Gefolge vor dem Göggingertor-Schlagbaum in Augsburg und verlangte höflich Einlass, um im Gasthof „zu den Drei Mohren", dessen Keller längst einen europäischen Ruf hatte, ein Gabelfrühstück einzunehmen. Man konnte eine solche Bitte nicht abschlagen. Aber kaum sass der General zu Tisch, so standen auch schon die Vorposten der von Aichach kommenden Division Vandamme vor dem Schlagbaum des Jakober und Roten Tores. Die beim Anrücken der streitenden Heere gebildete Neutralitätsdeputation trat ihr mit einem feierlichen Protest entgegen, der jedoch nicht beachtet wurde: die Stadt — drohte Vandamme — würde im Weigerungsfalle mit Gewalt genommen werden. Der Senat musste sich fügen; gegen 30 000 Mann drangen im Laufe des Tages in die Stadt ein und quartierten sich teils in den Bürgerhäusern ein, teils lagerten sie auf den Strassen und requirierten in grösstem Massstabe. Am folgenden Tage (10. Oktober), abends 9 Uhr, kam Napoleon selbst nach Augsburg und nahm, von dem Kurfürsten von Trier und Bischof von Augsburg, Clemens Wenzeslaus (Sohn August III., Königs von Polen und Kurfürsten von Sachsen), feierlichst empfangen, in der bischöflichen Residenz Wohnung. Am nächsten Vormittag empfing er eine Abordnung des Senats. Die begrüssende Anrede derselben erwiderte der Kaiser zunächst mit den Worten: „Sie haben schlechtes Pflaster, ich muss sie einem Fürsten geben!" und vertröstete sie im übrigen wegen der ungeheuren Requisitionen. Am 12. Oktober, nachts, brach er wieder zu seiner die Reichsfestung Ulm einschliessenden Armee auf. Auch die französischen Truppen zogen grösstenteils dahin ab, dafür wurden aber zahlreiche Gefangene und Verwundete in die Stadt gebracht, die man zu verpflegen hatte. Die Requisitionen wuchsen zu unerschwinglicher Höhe: 641 000 fl. sollte die Stadtkasse aufbringen, weitere 1 322 850 fl. für gelieferte Monturen versprach der Kaiser später zu bezahlen. Ein bei den Kaufleuten aufgenommenes Zwangsanlehen ergab mit knapper Not die Bagatelle von 107 000 fl.

Am 21. Oktober, nachts 10 Uhr, kam Napoleon nach der Kapitulation Ulms und der österreichischen Armee unter General Mack zum zweitenmal nach Augsburg und empfing am nächsten Tage neuerdings eine städtische Deputation. Die Audienz dauerte dreiviertel Stunden und bildet einen Wendepunkt in der Geschichte Augsburgs insofern, als sie die Entscheidung über das künftige Schicksal der alten Reichsstadt brachte. Napoleon war in gereizter Stimmung gegen Augsburg, weil er argwöhnte, dass Augsburger Kaufleute englische Subsidien nach Oesterreich übermacht hätten, und liess sich von diesem Argwohn durch die gegenteiligen Versicherungen der Deputation nicht abbringen. Sein Interesse — führte er aus — habe früher die Unabhängigkeit der Stadt erheischt, jetzt aber mache sein Bündnis mit Bayern und das Arrondierungsbedürfnis dieses Staates das Aufgehen der Reichsstadt in diesem notwendig.

Der enge Anschluss Bayerns an Frankreich, der in dem Nymphenburger Vertrag vom 29. August 1805 seinen Ausdruck gefunden hatte, darf also als die eigentliche Ursache der Mediatisierung Augsburgs angesehen werden. Bereits die schmähliche Kapitulation Macks zu Ulm hatte den Kalkül der Montgelasschen Politik als richtig erwiesen: Parteinahme für Oesterreich oder auch nur Neutralität, wie sie Kurfürst Max Joseph anfänglich im Auge gehabt hatte, würde sich jetzt bitter gerächt haben. Vermutlich hat Montgelas schon vor oder bei Abschluss des Nymphenburger Bündnisvertrags die französischen Unterhändler auf die bei dem grossen Kehraus von 1803 noch übrig gebliebenen süddeutschen Reichsstädte Augsburg und Nürnberg als für Bayern geeignete Annektierungs- und Arrondierungsobjekte aufmerksam gemacht und auch gewisse bedingte Zusagen von jener Seite erhalten. Jetzt, bei seinem ersten Münchener Aufenthalt (24.—28. Oktober), bestätigte Napoleon Montgelas gegenüber jene Zusicherungen, ja erweiterte sie, indem er dem Minister von Gravenreuth erklärte, dass er in dem von ihm geplanten süddeutschen Staatenbunde nur Bayern, Württemberg und Baden als souveräne Glieder würde Platz nehmen lassen. Am 6. November reiste Kurfürst Max Joseph in Begleitung des Kurprinzen Ludwig zum Besuch Napoleons nach Linz: bei dieser Zusammenkunft mag auch über den Anfall Augsburgs und Nürnbergs an Bayern verhandelt worden sein, denn am 30. November schrieb Napoleon an Talleyrand, dass Augsburg an Bayern kommen solle.

Mit dem Siege Napoleons bei Austerlitz (2. Dezember) wurde auch das Schicksal Augsburgs endgültig besiegelt. Mit stumpfer Resignation liess die Bürgerschaft dasselbe über sich ergehen. Sie hatte in den letzten Monaten allzuviel erlitten, als dass sie überhaupt noch etwas anderes fühlte, als das Verlangen, endlich zur Ruhe zu kommen, sei der Preis welcher er wolle. Am 9. Dezember schloss Gravenreuth zu Brünn mit Talleyrand ein neues Bündnis ab, das Bayern u. a. den Besitz Augsburgs endgültig zusicherte. Der Friede von Pressburg (26. Dezember) brachte dann die Bestätigung der Brünner Abmachungen seitens Oesterreichs.

Noch vor dem definitiven Friedensschluss waren am 21. Dezember Abends von dem neuerrichteten freiwilligen bayerischen Jägerkorps 125 Mann zu Pferd und 150 zu Fuss in Augsburg eingerückt. Mit ihnen kam der kurfürstliche Landesdirektionsrat Freiherr von Widmann als Spezialkommissär und überreichte den Stadtpflegern eine Notifikation des kurpfalzbayerischen Landeskommissariats in Schwaben, des Inhalts, dass die Reichsstadt aufgehört habe zu existieren und nunmehr bayerisch sei. Der Senat antwortete, dass er die Besitznahme so lange nicht formell anerkennen könne, als er nicht vom deutschen Kaiser und dem Regensburger Reichstag seinen Verpflichtungen gegen das Reich losgesprochen worden sei. Im übrigen fügte er sich den Anordnungen des neuen Regiments und erliess in diesem Sinne auch die nötigen Anweisungen an die untergeordneten Beamten. Am 24. Dezember ging eine städtische Deputation nach München, um die Stadt der Gnade des künftigen Herrn zu empfehlen: sie kam nach einer überaus huldvollen Aufnahme am 3. Januar 1806 zurück. Auch eine Abordnung des Augsburger Handelsstandes begab sich nach München und erhielt gleichfalls vom König die gnädigsten Zusicherungen.

Am 17. Januar 1806 kam Napoleon zum drittenmal — diesmal von der drei Tage vorher zu München vollzogenen Vermählung seines Stiefsohnes Eugen Beauharnais, Vizekönigs von Italien, mit Prinzessin Auguste, ältesten Tochter König Max Josephs — nach Augsburg und wurde mit allen dem Bundesgenossen und nahen Verwandten des neuen Landesherrn gebührenden Ehren empfangen. Am gleichen Tage rückte das dritte bayerische Infanterieregiment „Herzog Karl" unter Oberst Reiman und am folgenden Tage das erste Chevauxlegers-Regiment „König" unter Oberstleutnant Floret als künftige Besatzung in Augsburg ein. Beide Regimenter stehen heute, nach hundert Jahren, noch in Augsburg.

Am 4. März endlich erfolgte, nachdem bis dahin noch die alten Verfassungs- und Verwaltungsformen, allerdings unter bayerischer Oberleitung, fortgedauert hatten, die feierliche Besitznahme der Stadt durch die bayerische Regierung — der Schlussakt in dem Drama des Untergangs der reichsständischen Herrlichkeit Augsburgs. Der französische Stadtkommandant General Réné war von Napoleon mit der Uebergabe beauftragt. Am frühen Morgen holte eine Ratsdeputation die Uebernahme-Kommission, den Landesdirektor von Merz und den Freiherrn von Widmann, aus ihrem Quartier zum „Weissen Lamm" in die Wohnung Renés ab. Von da gingen sie alle durch die Spaliere des aufgestellten Militärs nach dem Rathause, wo die Kommissare von einer zweiten Deputation in das Sitzungszimmer des Geheimen Rates geleitet wurden. Hier war bereits der gesamte Rat, das Konsulenten-Kollegium und die Beamtenschaft der Stadt versammelt, während vor dem Rathause ein Bataillon französischer Infanterie, eine Abteilung des 3. bayerischen Infanterie-Regiments und die reichstädtische Stadtgarde aufgestellt waren und eine Kompagnie Bürgermilitär im Innern des Rathauses bis zum Sitzungssaal Spalier bildete. General Réné verkündete dem versammelten Rate seine Vollmacht zur Uebergabe, die bayerische Kommission gleichfalls ihren Auftrag zur Uebernahme. Dann nahm Landesdirektor von Merz die städtischen Kollegien in Eid und Pflicht für den neuen Landesherrn, ihm antwortete der Stadtpfleger Joseph Adrian von Imhof mit der Versicherung unwandelbarer Treue und Gehorsams, indem er zugleich der Hoffnung Ausdruck gab, dass die Regierung eines so aufgeklärten Fürsten wie Max Josephs alle etwa noch vorhandenen Bitternisse und schmerzlichen Erinnerungen nach und nach verschwinden machen werde. Vom Balkon des Rathauses herab und in den Hauptstrassen der Stadt wurde sodann unter Trompetenschall das Besitznahmepatent verlesen und an allen Toren und den hauptsächlichsten öffentlichen Gebäuden angeschlagen. Ein Festmahl von 142 Gedecken in den „Drei Mohren" schloss den Festakt. Fünf Tage später folgte dann noch ein kirchliches Dankfest und eine Illumination der Stadt. Der „Weinmarkt" wurde in „Maximilianstrasse" umgetauft und eine Deputation stellte sich dem Herrscherpaar in München zur Empfehlung vor.

XI. Die bayerische Stadt.

Am 1. Juli 1806 trat an die Stelle des reichsstädtischen Regiments zunächst ein provisorischer Stadtmagistrat und seit 1. Januar 1807 ein königlicher Verwaltungsrat mit zwei Bürgermeistern und sieben Magistratsräten. Das Aemterwesen wurde vereinfacht und Justiz (Errichtung eines Stadt- und Wechselgerichts) und Verwaltung scharf getrennt. Die beiden letzten Stadtpfleger, von Stetten und von Imhof, wurden in den Ruhestand versetzt, ein Teil der reichsstädtischen Beamtenschaft wurde in den neuen Dienst übernommen.

Zunächst blieb die Stadt von französischen Truppen besetzt, die nach wie vor einen fast unerträglichen Druck auf Verwaltung und Einwohnerschaft ausübten. Eine Probe desselben ist der bekannte Prozess des Augsburger Buchhändlers J. Fr. von Jenisch. Zu Anfang des Jahres 1806 war im Verlag der Steinschen Firma in Nürnberg eine Broschüre ohne Angabe des Verfassers, Verlegers und Druckers unter dem Titel: „Deutschland in seiner tiefen Erniedrigung" erschienen. Die Schrift beleuchtete mit reifem politischem Verständnis die gleichzeitige traurige Lage unseres Vaterlandes, indem sie sich namentlich in scharfen, aber durch die Verhältnisse vollauf gerechtfertigten Worten gegen die furchtbaren Plackereien der Napoleonischen Soldateska, die trotz des längst geschlossenen Pressburger Friedens im Lande geblieben war, wandte. Zwölf Exemplare dieser Broschüre gelangten im Juni 1806 an die Stagesche Buchhandlung in Augsburg. Die dortige Polizei erhielt Kenntnis von der Schrift; durch eine Haussuchung wurde festgestellt, dass jene Exemplare von der Steinschen Buchhandlung in Nürnberg übersandt worden waren. Die Polizei beschränkte sich aber nicht darauf, das Ergebnis der Untersuchung ihrer vorgesetzten Behörde mitzuteilen, sondern setzte hievon auch den französischen Kommandanten General Réné in Kenntnis. Dieser erstattete Meldung an Marschall Berthier in München, der seinerseits wieder an Napoleon nach Paris berichtete. Schon am 5. August erging an jenen eine direkte Ordre des Kaisers, in der es u. a. bezeichnend genug heisst: „Es ist mein Wille, dass sie (die Buchhändler von Augsburg und Nürnberg) vor ein Kriegsgericht gezogen und in 24 Stunden erschossen werden." Der Geschäftsführer der Stageschen Buchhandlung, von Jenisch, und der Besitzer der Steinschen Buchhandlung in Nürnberg, Johann Philipp Palm, wurden in Haft genommen und letzterer am 26. August in Braunau standrechtlich erschossen. Das gleiche Schicksal drohte Jenisch, und nur durch das persönliche Dazwischentreten König Max Josephs, der ihn bei Berthier als bayerischen Untertan für die Landesgerichte reklamierte, entging er dem Tode.

Am 1. Januar 1808 kehrten die bayerischen Besatzungstruppen aus dem Kriege gegen Preussen und Russland zurück und bezogen später die zu Kasernen umgewandelten Klöster zum heil. Kreuz (3. Infanterieregiment), St. Ulrich (Chevauxlegersregiment) und der Jesuiten (Artillerieregiment), während das St. Georgskloster zum Militärlazarett eingerichtet wurde.

Bei der Einteilung Bayerns in 15 Kreise im Jahre 1808 wurde Augsburg zum Lechkreis geschlagen und Sitz des General-Kommissariats und der Finanzdirektion desselben.

1809 war wieder ein Jahr arger Kriegsbedrängnisse. Die Festungswerke wurden neuerdings verstärkt, da ein Angriff von österreichischer Seite her zu befürchten stand. Im Februar begannen die Durchmärsche französischer Korps nach Oesterreich und dauerten fast das ganze Jahr hindurch. Am 22. Oktober hielt sich Napoleon auf der Rückkehr von Wien nach Paris kurze Zeit hier auf. Dann war Ruhe bis März 1812, wo die Truppen-Durchmärsche neuerdings begannen und sich bis zum Schluss des nächsten Jahres fortsetzten. An der Erhebung des Jahres 1813 war, wie ganz Bayern, auch Augsburg nur wenig beteiligt.

Am 1. Mai 1813 trat an die Stelle des bisherigen königlichen Verwaltungsrats gemäss dem Edikt vom 24. September 1808 der aus der Mitte der Bürgerschaft gewählte Munizipalrat.

Der endliche Friede von 1815, der eine mehr als zwanzigjährige Kriegsperiode abschloss, brachte dann die Besserung namentlich der wirtschaftlichen Verhältnisse unseres engeren und weiteren Vaterlandes. Zwei Geschehnisse der nächsten Folgezeit sind es namentlich, die einen erneuten Aufschwung auch unserer Stadt herbeigeführt haben: die Gründung des Zollvereins und die Eröffnung der Eisenbahnen. Die Bevölkerungszahl hob sich von 28 000 zu Anfang des 19. Jahrhunderts auf nahezu 100 000 am Ende desselben. Die Verfassung von 1818 brachte der Stadt die volle Selbstverwaltung und den ungeschmälerten Besitz ihres Vermögens, das sich unter der eigenen Verwaltung namentlich an Fonds für Unterricht und Wohltätigkeit weit reicher erwies, als man bisher geahnt hatte. Die Industrie Augsburgs war auch in den trübsten politischen Zeitläuften nie völlig erloschen, aber erst jetzt konnte sich dieselbe, von allen hemmenden Schranken befreit, dank den trefflichen natürlichen Verhältnissen und dem Unternehmungsgeist und der Intelligenz zahlreicher hervorragender Männer aus der Einwohnerschaft, zu einem Wachstum und bald zu einer Blüte emporschwingen, die Augsburg in die vorderste Reihe der deutschen Grossindustriestätten gerückt hat. Besonders seine unvergleichlichen Wasserkräfte beförderten diesen wirtschaftlichen Aufschwung, der durch grossartige Fabrikgründungen (mechanische Spinnerei und Weberei 1837, Maschinenfabrik 1841, Baumwollspinnerei am Singoldbach 1847, mechanische Weberei am Fichtelbach 1851 u. s. w.) deutlich markiert wird.

1834 wurde das ursprünglich als Benediktinerinnenkloster gegründete, im 13. Jahrhundert in ein Augustinernonnenkloster umgewandelte, 1803 aufgehobene St. Stefansstift wieder als Benediktiner-Abtei mit einem humanistischen katholischen Gymnasium errichtet.

Mit der Einführung der Gasbeleuchtung (1847) ging Augsburg fast allen deutschen Städten voran; ebenso war die 1849 errichtete freiwillige Feuerwehr das erste derartige Institut in Bayern. 1852 gab eine Industrieausstellung Zeugnis von dem Aufschwung, den das einheimische Gewerbe, namentlich das Kunstgewerbe, genommen hatte.

Vom 14. Juli bis 24. August 1866 beschloss hier in dem altberühmten Gasthof zu den „Drei Mohren" der Deutsche Bundestag sein ruhmloses Dasein.

Namenregister.*

A.

Adalbert, Bischof 7.
Adalbert, Neffe Bisch. Ulrichs 12.
Adalbert v. Marchtal, Graf 9. 10.
Adelheid, Kaiserin 14.
Adler, Jakob 97.
Adolf v. Nassau, König 32. 33.
Aelius Hadrianus 3.
Afra, Heilige 4, 5.
Agilolfinger 6.
Agnes, Kaiserin 15, 16.
Aichach 47, 115.
Aichinger, Fugger'scher Kapellmeister 107.
Aitinger, Wolfgang 65.
Alb, Rauhe 35.
Alba, Herzog v. 81.
Albach 115.
Albrecht I., König 33, 44.
Albrecht II., König 55.
Albrecht III., Herz. v. Bayern-München 47, 49.
Albrecht IV., der Weise, Herzog von Bayern 51, 90.
Albrecht V., Herzog v. Bayern 81.
Albrecht Achilles, Markgr. v. Brandenburg 47.
Albrecht Alcibiades, Markgraf von Brandenburg 81.
Aleander, Nuntius 66.
Alemannen 5.
Alemannien 6.
Algier 95.
Alpen 2, 12, 37.
Altdorfer, Albrecht, Maler 90.
Amberger, Christof, Maler 89.
Ambras, Schloss 99.
Amerika 93.
Ammergau 92.
Andreas, Kardinal 98.
Ansbach 43.
Anselm v. Nellingen, Bischof 43.

Antwerpen 93.
Araber 14.
Arco, Graf, bay. General 109.
Argon, Peter v. 43.
Arnulf, König 7.
Arnulf, Pfalzgraf 10.
Arzt 74.
Ascham, Roger 96.
Augsburg
  Amphitheater 4.
  Annahof 86.
  Annakirche 102, 104, 107.
  Armenkinderhaus, prot. 111.
  Artilleriekaserne 120.
  Augustusbrunnen 99.
  Bach'sches Seelhaus 45.
  Badeanstalten, römische 4.
  Badehäuser:
    B. d. Bäcker 45.
    Bürgerbad 45.
    Gallingerbad 45.
    Judenbad 54.
    Luitpoldsbad 45.
    Mauerbad 45.
    Neidbad 45.
    Oberes Bad 45.
    Rappenbad 45.
    Schlechtenbad 45.
    Stierbad 45.
    Sumersbad 45.
  Bäckerzunfthaus 44.
  Barfüsserkirche 104, 106, 107.
  Barfüsserkloster 44, 66, 67, 71, 73.
  Barfüsser- (Sträffinger-) Tor 10, 26, 105.
  Basilika 4.
  Baumwollspinnerei am Singoldbach 120.
  Begräbnisplatz, römischer 4.
  Brunnenwerke 45.
  Burgtor, südliches 8, 26.
  Chevaulegerkaserne 120.

---

* Der Name Augsburg ist nicht aufgenommen.

Augsburg (Forts.).
Citadelle 4.
Dechanei 42.
Dinghaus 29.
Dominikanerinnen auf dem Gries 20.
Dominikanerkirche 78, 86, 87, 107.
Domkirche 4, 6, 8, 9, 13, 14, 17, 18, 44, 72, 78, 87, 109.
Dompropstei 87.
Drei Mohren-Gasthof 115, 118, 121.
Einlass 87.
Englische Fräulein-Kloster 111.
Exerzierplatz, grosser 74.
Fischertor 105.
Fleischbank 78.
Fleischbank der Juden 54.
Fleischhaus 58.
Forum 4.
Franziskanerkloster S. Max 110.
Frauenhäuser 59.
Frauentor 8, 26, 105.
Fronhof 8, 13, 16, 90.
Fuggerei 95.
Fuggerhaus (Max.-Str.) 90, 95, 102.
Fuggerhaus (Phil.-Welser-Str.) 88.
Fuggerkapelle b. S. Anna 87.
Garb'sches Haus 105.
Gemäldegallerie 106.
Georgskirche 26, 45, 73, 87, 101, 104.
Gertrudkirche 16.
Giesshaus 87.
Gögginger Tor 26, 89, 105, 115.
Gries 20.
Grottenau 90.
Gymnasium S. Anna 85, 86, 101, 105.
Habers Haus 59.
Hegniberg 54.
Heiliggeistspital 59, 104, 105.
Heiligkreuzkirche (kath.) 4, 19, 26, 54, 64, 71, 72, 87, 107.
Heil. Kreuzkirche (prot.) 101, 104.
Heiligkreuztor 26, 65, 89, 105.
Herkulesbrunnen 87, 99.
Herrenstube 40.
Hoher Weg 4.
Hospitalbach 54.
Imhof'sches Haus 4.
Infanteriekaserne 120.
Jakober Tor 26, 45, 102, 115.
Jakober Vorstadt 26, 45.
Jakobskirche 38, 44, 104.
Jakobspfründe 45.
Jesuitenkollegium 84, 107.
Johanniskirche 9.
Judenberg 54.
Judengasse 54.
Judenkirchhof 54, 55.
Judenschule 53.
Kapitol 4.

Augsburg (Forts.).
Karmeliterkloster S. Anna 44, 66, 67, 68, 70, 73, 78, 84, 87.
Karmeliterkloster, neues 101.
Katharinakloster 20, 73, 87, 107.
Katzenstadel 87.
Kaufleutestube 74, 80.
Kirchhöfe 87.
Klinker Tor 26, 105.
Königsturm 4.
Kollegium S. Anna 85, 101, 105.
Kornhaus 87.
Laurentiuskapelle 16.
Leonhardskapelle 20.
Ludwig-Strasse 26.
Luginsland 4.
Luginslandturm 45.
Margarethenkloster 20, 44.
Martinskirche 16.
Maschinenfabrik 120.
Mauerberg 4.
Maximilians-Museum 88.
Maximilians-Strasse 118.
Mechan. Spinnerei u. Weberei 120.
Meierhof, bisch., vor dem Haunstetter Tor 27.
Merkurbrunnen 99.
Metzgerzunfthaus 44, 80, 105.
Michaeliskapelle 16.
Militärlazareth 120.
Morizkirche 15, 20, 26, 36, 44, 45, 73, 107.
Mühle, bisch. 27.
Münze 42, 105.
Nachrichterhaus 59.
Oblattertor 26.
Obstmarkt 4.
Perlach 8, 20, 26, 44, 45, 51, 59, 62.
Perlachturm 58, 64, 87.
Peterskirche 16, 20.
Pfalz, bisch. 8, 13, 16, 42, 71, 87, 107, 116.
Pfalz, kön. 14.
Pfannenstiel 4.
Philippine Welser-Strasse 90.
Rathaus 30, 38, 40, 44, 51, 58, 67, 71, 78, 87, 90, 101, 102, 105, 118.
Rotes- (Haunstetter-) Tor 26, 27, 54, 79, 105, 110, 115.
Salzstadel 59.
v. Schäzler'sches (vorm. Liebert-sches) Palais 107.
Schwalbeneck 4.
Schwedenberg 4.
Schwibbogentor 42.
Sebastian-Siechenhaus 45.
Servatius-Siechenhaus 20.
Siechenspital 20.
Siegelhaus 105.

Augsburg (Forts.).
Spitalmühle 54.
Stadtbibliothek 84. 86.
Stadtgefängnis 90.
Stadtmühle 59.
Stefansfriedhof 101.
Stefanskirche u. Kloster 4. 16, 26.
 73, 107, 121.
Stefinger-Tor 26. 105.
Sternkloster 73. 105.
Stiftsschule a. Dom 84.
Stiftsschule b. S. Moriz 84.
Stiftsschule b. S. Ulrich 84.
Synagoge 52.
Tal 4.
Tanzhaus 45.
Tanzhaus d. Geschlecht. 87.
Tanzhaus, jüd. 54.
Theater, altes 108.
Theater, neues 87.
Trinkstube d. Geschlecht. 87.
Ulrichskirche (kath.) 4, 6. 8. 9. 10.
 15, 16, 19. 20, 26. 63. 73, 78. 86.
 87, 89, 99, 108, 109.
Ulrichskirche (prot.) 80. 104.
Untere Stadt 26.
Ursulakloster 42.
Vogeltor 26.
Wagenhals 42.
Wassertürme. Jakober 105.
Weberei am Fichtelbach 120.
Weberzunfthaus 44, 80, 87, 90.
Weinmarkt 45, 87, 102, 118.
Weisses Lamm 118.
Wertachbruckertor 4. 26. 45. 105.
Wertachbrücke 27.
Wohnlich'scher Garten 4.
Wolfgangkapelle 51.
Wolfgang-Siechenhaus 45.
Zeughaus 87, 102, 105, 109.
Zwingerhäuschen 88.
Auerberg 1.
Augstgau 12.
August II., König von Polen 116.
Auguste, Tochter Max Josefs v. Bay. 117.
Augustus, römischer Kaiser 2.
Austerlitz 117.
Azo, Bischof von Acqui 18.

B.
Baden 117.
Bajuwaren 5.
Bart, Konrad 29.
Basel 38, 49, 96.
Baumgarten 74. 93.
Bayern 6. 10. 16. 17. 34. 35, 37, 68,
 69. 73. 75, 82. 83. 84. 107, 109, 114.
 116. 117. 121.
Berengar v. Ivrea. Markgraf 10.

Bergmüller, Joh. Georg. Maler 107.
Berlin 110.
Bernauer
 Agnes 47. 48. 49. 97.
 Kaspar 47.
Berthier, französisch. Marschall 119.
Bertold, Sohn Pfalzgraf Arnulfs 10.
Bertold, Erzbischof von Mainz 86.
Bertold, Bischof von Eichstätt 36.
Bessardus, Musiker 107.
Biberbach, Erkinger v., bay. Marschall
 42.
v. Bibra, kaiserl. Kommandant 109.
Bild, Veit 65, 84.
Birk, Sixtus 85.
Bischofszell 66.
Bitschlin, Bertold 20, 34, 59.
Blanca Maria, Gemahl. Maxim. I. 87.
Bodensee 2.
Böhmen 5, 18, 98.
Box, M., Musiker 107.
Bogen 3. 93.
Boleslaw, Herzog von Böhmen 11.
Brandenburg 109.
Braunau 119.
Bregenz 1, 3.
Brenner 3.
Brenz 35.
Breu, Jörg. Maler 89.
Britannien 3.
Brixen 93.
Bruck b. Fürstenfeld 75.
Bruck a. d. Leitha 47.
Brünn 117.
Bruno, Bischof 15.
Brzesnitz, Schloss 98.
Bucer, Martin 72.
Buchloe 33.
Burgau 20, 34.
Burgkmair, Hans 88, 89, 90, 91.
Burglitz, Schloss 98.
Burkhard, Herzog von Schwaben 11.
Burkhard v. Ellerbach, Bischof 36, 42.

C. u. K.
Kärnten 94, 96.
Kager, Mathias, Maler 90.
Cajetan, Kardinal 66.
Canossa 16.
Capistranus, Johannes 64.
Karchan Bultzn 11.
Karg, Leopold 45.
Karl der Dicke 7.
Karl der Grosse 6, 7, 8.
Karl IV., Kaiser 35, 36, 40, 41, 55.
Karl V., Kaiser 40, 70, 71, 72, 74, 79,
 80, 81, 95, 96, 97.
Karl VII., Kaiser 109.
Karlsruhe 115.

Namenregister.

Karolinger 9. 12.
Kasimir, Markgraf v. Brandenburg 90.
Kaufbeuren 41, 93.
Cavallis, Antonio de, Bankhaus 95.
Kelheim 48.
Celle 71.
Kelten 1. 2.
Celtes, Konrad 84.
Kempten 1.
Chiavenna 3.
Christ, Johann, Fabrikant 110.
Christoph, Herzog von Bayern 47, 90.
Christoph von Stadion, Bischof 66, 67.
Chur 3.
Kiessling, Hans 70.
Kilian
— Barthol., Goldschmied 106.
— Barthol., Kupferstecher 106.
Kindlin, Valentin, Werkmeister 86.
Kissing 19, 109.
Klemens VI., Papst 35.
Klemens Wenzeslaus, Bischof 116.
Knöringen
Heinrich v., Bischof 100.
Hilpolt v. 47.
Köln 14, 21, 25, 82, 92.
Kolmar 88.
Colonna 14.
Como 3.
Konrad II., Kaiser 15.
Konrad, Herzog von Franken 11.
Konrad von Hochstaden, Erzbischof von Köln 25.
Konradin, Herzog von Schwaben 27, 28, 52.
Konstanz 14, 38, 68, 70, 76.
Konstanze, Gemahl. Kais. Heinr. VI. 19.
Kurtz v. Senfftenau, kais. Kommissar 100.

D.
Dachau 103.
Dachser, Jakob 70.
Dänemark 104.
Damasia 1.
Denk, Hans 69, 70.
Deutschland 72.
Dienecker, Jos., Holzschneider 91.
Dietpold v. Dillingen, Graf 9, 10, 11.
Dietpold, Graf 15.
Dillingen 64, 72, 75, 76.
Dinkelscherben 75.
Diocletian 5.
Dionysius, Bischof 5.
Donau 2, 101. 109.
Donauwörth 42, 69, 75, 115.
Drusus 2.
Dürer, Albrecht 89, 94.

E.
Eberhard d. Greiner, Graf v. Württemberg 40, 41.
Eberhard, Bischof 15.
Eberlin 34.
Eck, Dr. Johann 97.
Eger 42.
Ehem, Afra 69.
Ehrenberger Klause 75, 77.
Eichler, Gottfried, Maler 107.
Eichstätt
Willibaldsburg 106.
Einhard 8.
Ekkehard, Abt v. Reichenau 17.
Eleonore, Kaiserin 109.
Ellerbach, Burkhard v. 34.
Embriko, Bischof 16.
Emma, Gemahl. Ludw. d. Deutsch. 7.
Engelberger, Burkhard 86.
Eparchus, Antonius, Bisch. v. Korcyra 86.
Erasmus v. Rotterdam 65, 96.
Ernst, Herzog von Schwaben 15.
Ernst, Herz. v. Bayern-München 47, 48.
Ernst d. Bekenner, Herz. v. Braunschweig-Lün. 71.
Eugen, Vizekönig von Italien 117.

F.
Faber, Johann, Prior des Dominik.-Klost. 65.
Fabrizius, Dr. Jak., Hofprediger 102.
Felber, Hans 45.
Ferdinand I., Kais. 72, 75, 77, 91, 97, 98.
Ferdinand II., Kaiser 101. 105.
Ferdinand III., Kaiser 104.
Ferdinand IV., röm. König 109.
Ferdinand, Erzherzog 97, 98, 99.
Fischer, Isaak, Maler 107.
Floret, bayr. Oberstleutnant 118.
Fludeisen, Stadtschreiber 50.
Forster, Johann 72.
Frank, Sebastian 69, 90.
Franken 101, 106.
Frankfurt a. M. 110.
Frankreich 6, 30, 88, 95, 116.
Franz I., König von Frankreich 96.
Franz, Herz. v. Braunschw.-Lüneb. 71.
Franzosen 103, 109.
Frauenpreis, Matthäus, Plattner 91.
Freiberg, v..
— Bastian 69.
— Konrad, Vitztum 41.
Friedberg 5, 33, 48, 68, 70.
Friedrich I., Kaiser 19, 20, 24.
Friedrich II., Kaiser 19.
Friedrich III., Kaiser 94.
Friedrich der Schöne 33, 34.
Friedrich I., König v. Preussen 110.

Friedrich, Herz. v. Bayern 41. 42. 43.
Friedrich, Herzog von Teck 41.
Friedrich, Bischof 33.
Friedrich v. Grafeneck, Bischof 43.
Friedrich von Bolanden, Bischof von Speyer 25.
Friedrich, Dompropst 33.
Friedrich Wilhelm I., Kön. v. Preuss. 110.
Frosch 68.
Füssen 16. 17. 28. 42. 75. 93.
Fugger 63. 74. 83. 93. 94. 97. 107. 110.
— Andreas 94.
— Anton 77. 94. 95. 96.
— Georg 94.
— Jakob 86. 89. 94. 95.
— Johann 94.
— Raimund 94. 95.
— Ulrich 94.
Fundan, Ulrich 29.

G.

Gallas, kaiserl. General 103.
Gallien 3.
Gasser, Achill, Pirm. 6. 8. 93.
Geiler, Johann, v. Kaysersberg 64.
Geisenhausen 20.
Geldenhauer, Gerhard 85.
Genua 95.
Georg der Fromme, Markgr. v. Brandenburg 71.
Georg der Reiche, Herzog v. Bayern-Landshut 63.
Gerhard, Priester 7.
— Hubert, Bildhauer 99.
Germanien 3.
Giengen 47.
Gignoux, Joh. sel. Erb., Fabrikant 110.
Giltlingen, Joh. v., Abt v. S. Ulrich 89.
Göggingen 109.
Graben 94.
Granvella 78.
— Anton, Bischof v. Arras 86.
v. Gravenreuth, bayr. Minister 117.
Gregor III., Papst 6.
Gregor VII., Papst 16.
Gregor IX., Papst 19.
Gregor XIII., Papst 99.
Griechenland 92.
Gronsfeld 103.
Gross, Jakob 68.
Gültlinger, Gumpolt, Maler 89.
Günzburg 75. 115.
Guggenberg 73.
Gumpelzhaimer, Kantor 107.
Gunzenle 19.
Gustav Adolf, König von Schweden 101. 106.

H.

Haag 99.
Habsburg 33.
Haid, Maler
— Jakob 107.
— Josef Elias 107.
Hainhofer
— Philipp, Musiker 107.
— Philipp, Kunstsammler 102.
Haldenberg 68.
Hammel 28.
Hammelberg 25.
Hanto, Bischof 7.
Hartmann, Bischof 25. 27. 30. 52. 58.
Hassler, F. L., Musiker 107.
Haunstetten 109.
Haunswies 11.
Hebbel, Friedrich 49.
Heideck, Oberst 75.
Heider, Valentin, Ratssynd. 104.
Heinrich II., Kaiser 15.
Heinrich III., Kaiser 15.
Heinrich IV., Kaiser 13. 16. 17. 20.
Heinrich VI., Kaiser 19.
Heinrich II., Herzog v. Bayern 14.
Heinrich der Zänker, Herzog von Bayern 14.
Heinrich, Markgraf v. Burgau 28.
Heinrich, Herz. v. Bayern-Landshut 48
Heinrich, Herzog v. Braunschweig 73
Heinrich, Graf 14.
Heinrich, Bischof 15.
Heinrich v. Schöneck, Bischof 35.
Heinrich v. Bamberg 65.
Heiss, Joh., Maler 107.
Helffenstein, Graf v. 55.
Helmschmid, Plattner
— Desiderius 91.
— Kolman 91.
Herbrot, Jakob 73. 79. 81. 82.
Hermann v. Luxemb., Gegenkönig 16.
Hermann, Bischof 18. 20.
Hermunduren 2.
Herrieden 33. 94.
Herwart 74. 93.
— Joh. David 101. 104.
Herzogenbusch 99.
Hessen 15. 87.
Hetzer, Ludwig 68. 70.
Hiltino, Bischof 7.
Hochstetten, Graf v. 55.
Hochstetter 95.
Hoechstädt 16. 41. 73. 76. 109.
Hofer 102.
Hofmaier 74.
Hofmayer, Mag. Ulrich 35.
v. Hoheneck
— Bertold 28.
— Rudolf 28.

Hohenlohe, Kraft v. 33.
Holbein
— Hans d. Ae. 88, 89.
— Hans d. Jü. 89.
— Michael 88.
— Sigmund 88.
Holl
— Elias 88, 93, 104, 105, 106.
— Johannes 105.
Holzappel, kais. General 103.
Holzer, Johann, Maler 90.
Holzmann, Dionys, Plattner 90.
Honold 102.
Hopfer, Daniel, Maler 89.
Horaz 2.
Hubmaier, Balthasar 68, 69.
Hus 65.
Husiten 47.
Hutt, Hans 69, 70.
Hutten, Ulrich v. 84, 96.

J.
Ilsung 74.
— Ulrich 44.
Imhof 74.
— Jos. Adrian, Stadtpfleger 118.
Indien 93, 97.
Ingelheim 12.
Ingolstadt 70.
Inn 2.
Innsbruck 3, 91, 93, 99.
— Hofkirche 99.
Irene, Gemahl. Philipps v. Schwaben 19.
Istrien 96.
Italien 10, 11, 15, 17, 18, 37, 89, 92, 94.
Jenisch, Paul, Musiker 107.
— J. Fr. v., Buchhändler 119.
Joachim I., Kurf. v. Brandenburg 63.
Johann XXII., Papst 34.
Johann, Kurfürst v. Sachsen 71.
Johann, Herzog v. Bayern 43.
Johann, Landgraf v. Leuchtenberg 43.
Johann Friedrich, Kurf. v. Sachsen 76.
Johannes, Meister, Drucker 91.
Joseph I., Kaiser 109.
Judith, Herzog. v. Bayern 14.

L.
Landsberg 33, 41, 73, 75.
Landshut 48.
Lang, Matthäus, Dompropst 87.
Langenargen 67.
Langenmantel 74.
— Christof 66.
— Hans Eitel 69, 70.
— Heinrich 20.
— Mechtild 20.
— Ulrich 20, 84.

Lanto, Bischof 7.
Lauginger 63.
Lauingen 82.
Lech 1, 2, 3, 5, 10, 11, 14, 37, 41, 42, 101, 103, 114.
Lechbrücke 15.
Lechfeld 6, 11, 32, 37, 63, 92, 93.
Lechhausen 102, 109.
Lechrain 68.
Lecourbe, franz. General 114.
Leo X., Papst 95.
Leopold I., Kaiser 109.
Leopold, Herzog v. Oesterreich 33, 34, 42.
Lermoos 75.
Leuchselring, Dr. Valent. v. 103.
Leupoldt, Hans 69.
Liechtenberg, Feste 41.
Likatier 1, 2.
Lindau i. B. 76.
Linz a. D. 117.
Lissabon 93, 97.
Liudolf, Herzog v. Schwaben 10.
Liudolf, Bischof 14.
Löffler, Georg, Giesser 91.
Löwenberg 103.
London 115.
Loscher, Sebast., Bildhauer 87.
Lothar, Kaiser 17, 18, 19.
v. Loxan
— Georg 97.
— Katharina 97, 98.
Ludwig d. Bayer, Kaiser 20, 33, 34, 35.
Ludwig v. Bayern, Sohn Ludwigs des Frommen 7.
Ludwig d. Deutsche 7.
Ludwig d. Fromme 7.
Ludwig das Kind 7.
Ludwig d. Strenge, Herzog v. Bayern 27, 28, 32.
Ludwig d. Reiche, Herzog v. Bayern-Landshut 47.
Ludwig d. Bärt., Herzog v. Bayern-Ingolstadt 49.
Ludwig XIV., König v. Frankreich 109.
Ludwig, Markgraf v. Baden 109, 112.
Ludwig, Kurprinz v. Bayern 116.
Ludwig, Otto, Dichter 49.
Lüneville, 114.

M.
Mack, österr. General 116.
Madrid 93, 96.
Madruzzo, kais. Hauptmann 75.
Mähren 68.
Mailand 91.
Main 2.
Mainz 14, 38.
— Erzbistum 7, 97.

Mainz
— Schloss 106.
Mannlich 102.
Mantahinga (Mantichingen) 9, 10, 16.
Manuel, König von Portugal 97.
Maria, Tochter Erzh. Ferdinands 98.
Mark Aurel 3.
Markwart v. Randeck, Bischof 35, 36, 41, 44.
Mars 3.
Martin V., Papst 43.
Matidia 3.
Matthias, Kaiser 99.
Maximilian I., Kaiser 62, 83, 87, 89, 90, 91, 95.
Maximilian I., Kurfürst v. Bayern 100, 103, 104.
Max Josef, König v. Bayern 116, 117.
Meerwaldt, österr. General 114.
Melanchthon 71.
Mergentau 33, 41, 109.
Mering 42.
Meringer Au 109.
Merkur 3, 99.
v. Merz, bay. Landesdirektor 118.
Meuting, Ludwig 63.
Meutung 74.
Meyr, Melchior 49.
Milhaud, franz. General 115.
Miller, Joh., Drucker 92.
Mindelberg, Feste 36.
— Schwigger v. 36.
Mittenwald 93.
Mocenigo, venet. Gesandter 96.
Möringen 16.
Montaigne, Michel de 88, 96.
Montgelas, bay. Minister 116, 117.
Moriz, Kurfürst v. Sachsen 76.
Morysine, engl. Gesandter 96.
Mühlhausen 41.
München 33, 69, 70, 108, 115, 117, 118, 119.
Murano 92.
Murmann, Christof 69.
Muttershofen 19.
Mylius, Dr. Georg 83.

N.

Napoleon I., Kaiser der Franzosen 115, 116, 117, 118, 119, 120.
Nassereut 75.
Neidhard, Wolfgang, Giesser 99.
Neidhart 74.
— Susanne 90.
Nellenburg, Landgrafsch. 99.
Neuburg a. d. D. 47, 82.
Nidgar, Bischof 7.
Niederlande 87, 94, 98, 109.
Nördlingen 76, 102.

Norbert, Erzbisch. v. Magdeburg 18.
Nürnberg 41, 71, 87, 89, 114, 116, 117, 119.
Nymphenburg 116.
Nymwegen 85.

O.

Oberinntal 2.
Odilo, Herzog v. Bayern 6.
Oeglin, Erhard, Drucker 91.
Oekolampadius, Johann 66.
Oesterreich 82, 94, 116, 120.
Onsorg, Hartmann 43.
Orlando di Lasso 107.
v. Ossa, Kriegskommissar 100.
Ostindien 95.
Ott, Georg, Stadtvogt 51.
Otto I., Kaiser 10, 11, 12, 14.
Otto II., Kaiser 14.
Otto III., Kaiser 15.
Otto, Truchs. v. Waldburg, Bischof 77, 82.
Otto, Bischof v. Bamberg 19.

P.

Paar 33.
Padua 93.
Paller 102.
Paix, J., Organist 107.
Palm, Joh. Phil., Buchhändler 119.
Pappenheim, Marschalk v., Reichslandvogt 51.
Paris 96, 115, 119, 120.
Passau 100.
Peter v. Schaumberg, Bischof 47.
Petersburg 115.
Peutinger 74.
— Juliana 63.
— Konrad 63, 66, 67, 70, 77, 83, 84, 91.
— Ignatz 84.
— Klaudius 77.
Pfeersee 4.
Pfister 74.
Pfronten 1.
Philipp v. Schwaben 19.
Philipp d. Grossmütige, Landgraf v. Hessen 71, 72, 76.
Philipp, Sohn Karls V. 80, 81.
Philipp, Sohn Max. I. 90.
Philipp, Sohn Erzherz. Ferd. 98.
Pippin 6.
Pius VI., Papst 109.
Pluto 2.
Poebene 2.
Polen 94.
Ponzano, Antonio, Maler 90.
Pordenone, Julius, Maler 90.
Portner, Heinrich 36.

Namenregister.

Prag 47, 98.
Pressburg 117, 119.
Preussen 120.
Proserpina 3.
Ptolemäus 1.
Püttrich, Jakob 41.

R.

Raetien 1, 2, 3.
Rain 101.
Randeck, Konrad v., Domkustos 44.
Ratold, Erhard, Drucker 92.
Ratpoto, Graf 15.
Ravensburg 17.
Ravensburger 74.
Regel, Georg 68, 69.
Regensburg 3, 14, 20, 48, 69, 117.
Reginbald 9, 11.
Rehlinger 74.
Reichenau 75.
Reiman, bay. Oberst 118.
Rem 74, 93.
— Andreas 69.
— Georg 90.
Réné, franz. General 118, 119.
Reutlingen 41, 71.
Rhegius, Urban 67, 68, 71.
Rhein 109.
Rhenanus, Beatus 96.
Richard, König 52.
Riedinger, Joh. Elias, Maler 106, 107.
Römer 2.
Rom 2, 97.
Roth 74.
Rothenburg o. T. 41.
Rottenhammer, Hans, Maler 90.
Rudolf v. Habsb., Kaiser 28, 30, 32, 52.
Rudolf II., Kaiser 106.
Rudolf, Gegenkönig 16.
Rudolf, Herz. v. Bayern 32, 34.
Rugendas, Gg. Philipp, Maler 106, 107.
Russland 120.

S.

Saale 2.
Sachsen 75.
Salminger
— Sigismund 70.
— S., Musiker 107.
Salzburg 14, 69.
Sandrart, Joachim v. 106.
Sankt Gallen 9.
Sastrow, Barthol. 78.
Schankwitz, Ulmischer Hauptmann 75.
Scheinfeld 106.
Scheler 102.
Schenk, Matthias 85.
Schertlin, Sebastian 74, 76, 77.
Scheufelin, Hans, Zeichner 91.

Schilling, Johann, 66, 67.
Schlesien 73.
Schmalkalden 72, 73.
Schmutter 28.
Schneid, Prediger 71.
Schönefeld 88.
Schönfeld, H., Maler 107.
Schönsperger, Drucker 91.
Schongau 41, 92.
Schongauer 58.
— Heinrich 27, 29.
— Martin 88.
Schüle, Fabrikanten
— Joach. Heinr. 110.
— Matth. u. Co. 110.
Schwabeck
— Burg 28, 41.
— Adelgoz 24.
— Herren v. 22, 24.
Schwaben 7, 25, 33, 35, 37, 107, 117.
Schwabmünchen 42.
Schwarz
— Michael, Maler 89.
— Ulrich 40, 47, 49, 50, 51.
Schwarzenberg, Schloss 106.
Schwarzwald 10.
Schweden 103, 104, 109.
Schweinichen, Hans v. 96.
Siboto, Bischof 19.
Siegfried, Erzbischof v. Mainz 16.
Siegfried I., Bischof 15.
Siegfried II., Bischof 16, 17.
Sigismund, Kaiser 43, 45, 48, 90, 109.
Sigismund, Erzherzog 95.
Sintpert, Bischof 6, 7.
Slaven 5, 18.
Sorg, Anton, Drucker 91.
Spanien 95, 96, 109.
Spanier 78.
Speyer 25, 38, 71, 97.
Stage, Buchhändler 179.
Stadtbergen 4.
Stätzling 42.
Stanham, Melch. v., Abt v. S. Ulrich 91.
Stefan, Herzog v. Bayern 41, 42, 43.
Steiermark 96.
Steiner, Heinrich, Drucker 92.
Stetten 74.
Stolzhirsch
— Konrad d. A. 29.
— Konrad d. J. 29.
— Leopold 37.
— Siboto 29, 37.
Stotzingen 35.
Strabon 1.
Strassburg 14, 21, 25, 28, 72, 115.
Straubing 20, 48.
— Donaubrücke 49.
Stuttgart 115.

Tübinger Studien. 14: Meyer, Augsburg. 9

Sulzer 102.
Susanna. Herz. v. Bayern 90.

T.
Tacitus 2.
Taglang. Johs., Bäckerzunftmeister 51.
Talleyrand, französ. Minister 115, 117.
Tassilo, Herzog v. Bayern 6.
Tegernsee, Kloster 15.
Tetzel 96.
Thenn 102.
Thüringen 101.
Tiberius 2.
Tilly 101.
Tirol 75, 81, 92, 94, 96, 99, 103.
Todtenweis 11.
Trauchburg 28.
Treer, J., Komponist 107.
Trient 3, 74, 75, 93.
Trier 14, 94.
Turrene 103.
Tunis 95.

U.
Ulm 38, 41, 73, 76, 77, 116.
Ulrich. Herz. v. Württemberg 72, 77.
Ulrich, Graf v. Württemberg 42.
Ulrich, Bischof 3, 5, 7, 8, 9, 10, 11, 12, 13, 14.
Ungarn 5, 6, 9, 10, 11, 47, 94, 96.
Urban V., Papst 36.

V.
Vandamme, franz. Marschall 115.
Venantius Fortunatus 5.
Venedig 30, 86, 92, 93, 94, 95.
— Deutsches Kaufhaus 94.
Venezuela 97.
Verona 89, 93.
Victoria 3.
Vindonissa 3.
Vittel
— Hans 50.
— Leonhard 50.
Vöhlin 74.
— Hans 97.
— Konrad 97.
Vohburg 48.
Volkwin 29.
Vries. Adrian de. Bildhauer 99.

W.
Waaler, Kraft 41.
Wagner, Peter, Giesser 99.
v. Wahl, Feldmarsch.-Leutn. 107.
Waldshut 68.
Wallenfells, Wilh. v. 47.
Walter 74.
Walter v. Geroldseck, Bisch. v. Strass-

burg 25.
Walter, Philipp 86.
Weilheim, Heinr. v. 29.
Weis, Hans 38.
Weissenhorn 70.
Welf IV. 17.
Welf, Graf 15.
Wellenburg 43, 63.
Wels 63.
Welser 51, 74, 93, 94, 95, 97.
— Anna 97.
— Anton 97.
— Barthol. 97.
— Franz 97.
— Lukas 97.
— Markus 4, 83, 84.
— Philippine 47, 97, 98, 99.
Wenzel, König 41, 42.
Werden 14.
Werner, Gegenerzbischof v. Mainz 17.
Werner, Geg.-Bisch. 17.
Wernher, Abt v. Fulda 14.
Wertach 1, 5, 35, 37.
Wertingen 115.
Wieterp, Bischof 6.
v. Widmann, bay. Kommissar 117, 118.
Wien 43, 115, 120.
Wigold, Gegenbischof 16, 17.
Wilhelm III., Herz. v. Bayern-Münch. 90.
Wilhelm V., Herz. v. Bayern 81, 99.
Wilhelm. Landgraf v. Hessen 81.
Winkel, Joh. Georg aus dem. schwed. Kommandant 103.
Witgar, Bischof 7.
Wittelsbach 63, 73.
Wittenberg 65, 72.
Wolf, Hieronymus 85.
Wolff, Jeremias, Kunsthändler 107.
Wolfgang. Herz. v. Bayern 90.
Wolfgang, Fürst v. Anhalt 71.
Wolfhard, Bischof 32.
Wolrad, Graf v. Waldeck 76, 79, 96.
Worms 7, 14, 38, 52, 74.
Wrangel, schwed. General 103.
Württemberg 117.
Würzburg 14, 18.

Z.
Zeiner, Günther, Drucker 91.
Zobel 102.
Zosimus, Bischof 6.
Zotman, Giesser
— Hans 91.
— Laux 91.
Zürich 38.
Zusameck 75.
Zusmarshausen 103.
Zwingli 68.

www.ingramcontent.com/pod-product-compliance
Lightning Source LLC
Chambersburg PA
CBHW050910300426
44111CB00010B/1456